JN184634

太気拳・意拳研究ノート

佐藤聖二 遺稿集

2009.11.13 ～ 2015.4.23

日貿出版社

著者近影

本書の構成

本書は、著者・佐藤聖二氏（２０１５年6月9日永眠）が生前に、インターネット上で２００９年11月13日から２０１５年4月23日まで発表していた、ブログ「太気拳（意拳）拳学研究会」に残された内容を、氏の研究成果として書籍にまとめたものです。

一部の意訳引用の割愛と最低限の文章の整理などの編集を除き、可能な限り原文には手を入れておらず、ブログ発表当時のものとなっています。ただし発表の場がブログであったことから、原文にはあったリンク先アドレスについては、一部のものを除いては書き換え、削除などの編集を加えています。

本書の構成は、第一章を「佐藤聖二ブログ」と題し、生前、氏が研究、追求し続けた太気拳・意拳を中心とした拳法について著述をまとめています。第二章は氏が『太気至誠拳法通信講座』（太気拳連盟発行）に6回にわたり連載した「佐藤先生通信」の文章を掲載、第三章はブログから中華料理に関する文章をまとめています（氏は中華料理のシェフでもありました）。

文章中に登場する人物の肩書や団体名、その他情報などについては、いずれも発表当時のものとなっていますことをあらかじめご了承ください。

日貿出版社　編集部

目次

第一章　佐藤聖二ブログ

（2009年11月13日～2015年4月23日）　13

ブログ始めました　2009/11/13｜お知らせ　14
神如霧豹、意如霊犀　その1　2009/11/14｜王薌斎の言葉　14
太気拳の練について　2009/11/16｜太気拳意拳コラム　15
王薌斎先生の著書『意拳正軌』　2009/11/19｜太気拳意拳コラム　16
椿法換勁（『意拳正軌』より）Ver.1.1　2009/11/20｜王薌斎の言葉　17
神如霧豹、意如霊犀　その2（『霧豹』に関して）　2009/11/21｜王薌斎の言葉　19
澤井清先生のご指導　2009/11/22｜練習日記　20
鍛練筋骨（『意拳正軌』より）Ver.1.3　その1　2009/11/30｜王薌斎の言葉　21
鍛練筋骨　その2　2009/11/30｜太気拳意拳コラム　23
鍛練筋骨　その3　2009/12/01｜王薌斎の言葉　24
鍛練筋骨　その4　2009/12/02｜王薌斎の言葉　25
名著『拳学新編』　2009/12/04｜太気拳意拳コラム　27
釈拳（『拳学新編』より）Ver.2.1　2009/12/05｜王薌斎の言葉　28
第三章　意拳（『拳学新編』より）第三節　意動の解釈　Ver.2.0　2009/12/08｜王薌斎の言葉　30
第三章　意拳（『拳学新編』より）第四節　合意運動　Ver.1.1　2009/12/09｜王薌斎の言葉　32
韓嗣煌先生の著書『椿法概要』その1　2009/12/14｜韓嗣煌先生の遺著　33
韓嗣煌先生の著書『椿法概要』その2　2009/12/15｜韓嗣煌先生の遺著　36
韓嗣煌先生の著書『椿法概要』その3　2009/12/16｜韓嗣煌先生の遺著　39
韓嗣煌先生の著書『椿法概要』その4　2009/12/17｜韓嗣煌先生の遺著　42
韓嗣煌先生の著書『論拳勁』その1　2009/12/18｜韓嗣煌先生の遺著　44
韓嗣煌先生の著書『論拳勁』その2　2009/12/19｜韓嗣煌先生の遺著　46
韓嗣煌先生の著書『論拳勁』その3　2009/12/20｜韓嗣煌先生の遺著　49
韓嗣煌先生の著書『泛論虚実』その1　2009/12/21｜韓嗣煌先生の遺著　51
韓嗣煌先生の著書『泛論虚実』その2　2009/12/23｜韓嗣煌先生の遺著　54
韓嗣煌先生の著書『論矛盾在拳術訓練的中的地位及其他』その1　2009/12/25｜韓嗣煌先生の遺著　56
韓嗣煌先生の著書『論矛盾在拳術訓練的中的地位及其他』その2　2009/12/27｜韓嗣煌先生の遺著　58
韓嗣煌先生の著書『論矛盾在拳術訓練的中的地位及其他』その3　2009/12/29｜韓嗣煌先生の遺著　60
韓嗣煌先生の著書『論矛盾在拳術訓練的中的地位及其他』その4　2009/12/30｜韓嗣煌先生の遺著　63
韓嗣煌先生の著書『論矛盾在拳術訓練的中的地位及其他』その5　2010/01/02｜韓嗣煌先生の遺著　64
韓嗣煌先生の著書『論矛盾在拳術訓練的中的地位及其他』その6　2010/01/03｜韓嗣煌先生の遺著　66
韓嗣煌先生の著書『論矛盾在拳術訓練的中的地位及其他』その7　2010/01/04｜韓嗣煌先生の遺著　67
韓嗣煌先生の著書『論矛盾在拳術訓練的中的地位及其他』その8　2010/01/06｜韓嗣煌先生の遺著　68

韓嗣煌先生の著書『論矛盾在拳術訓練的中的地位及其他』その9　2010/01/07—韓嗣煌先生の遺著　70
韓嗣煌先生の著書『論矛盾在拳術訓練的中的地位及其他』その10　2010/01/08—韓嗣煌先生の遺著　71
韓嗣煌先生の著書『試力』その1　2010/01/11—韓嗣煌先生の遺著　73
韓嗣煌先生の著書『試力』その2　2010/01/12—韓嗣煌先生の遺著　75
韓嗣煌先生の著書『試力』その3　2010/01/13—韓嗣煌先生の遺著　77
韓嗣煌先生の著書『試力』その4　2010/01/14—韓嗣煌先生の遺著　78
韓嗣煌先生の著書『試力』その5　2010/01/15—韓嗣煌先生の遺著　79
韓嗣煌先生の著書『試力』その6　2010/01/16—韓嗣煌先生の遺著　80
韓嗣煌先生の著書『試力』その7　2010/01/18—韓嗣煌先生の遺著　82
韓嗣煌先生の著書『試力』その8　2010/01/19—韓嗣煌先生の遺著　84
韓嗣煌先生の著書『試力』その9　2010/01/20—韓嗣煌先生の遺著　86
韓嗣煌先生の著書『試力』その10　2010/01/21—韓嗣煌先生の遺著　87
韓嗣煌先生の著書『試力』その11　2010/01/22—韓嗣煌先生の遺著　88
根節について　その1　2010/01/24—太気拳意拳コラム　90
「速い」と「早い」　2010/01/25—練習日記　91
根節について　その2　2010/01/26—太気拳意拳コラム　93
何鏡平先生の著書『回憶向王薌斎先生習拳』その1　2010/01/27—何鏡平先生の遺著　94
何鏡平先生の著書『回憶向王薌斎先生習拳』その2　2010/01/28—何鏡平先生の遺著　96
何鏡平先生の著書『回憶向王薌斎先生習拳』その3　2010/01/29—何鏡平先生の遺著　97
何鏡平先生の著書『回憶向王薌斎先生習拳』その4　2010/01/30—何鏡平先生の遺著　99
何鏡平先生の著書『回憶向王薌斎先生習拳』その5　2010/01/31—何鏡平先生の遺著　101
1月30日、31日の練習のレジュメ　その1「中節」　2010/02/01—練習日記　102
1月30日、31日の練習のレジュメ　その2「含畜」　2010/02/02—練習日記　103
1月30日、31日の練習のレジュメ　その3「形不破体、力不出尖」　2010/02/03—練習日記　104
何鏡平先生の著書『回憶向王薌斎先生習拳』その6　2010/02/04—何鏡平先生の遺著　106
何鏡平先生の著書『回憶向王薌斎先生習拳』その7　2010/02/05—何鏡平先生の遺著　108
何鏡平先生の著書『回憶向王薌斎先生習拳』その8　2010/02/06—何鏡平先生の遺著　108
何鏡平先生の著書『回憶向王薌斎先生習拳』その9　2010/02/07—何鏡平先生の遺著　111
何鏡平先生の著書『回憶向王薌斎先生習拳』その10　2010/02/08—何鏡平先生の遺著　113
何鏡平先生の著書『回憶向王薌斎先生習拳』その11　2010/02/09—何鏡平先生の遺著　114
何鏡平先生の著書『回憶向王薌斎先生習拳』その12　2010/02/10—何鏡平先生の遺著　115

何鏡平先生の著書『回憶向王薌斎先生習拳』その13　2010/02/11｜何鏡平先生の遺著　116
何鏡平先生の著書『回憶向王薌斎先生習拳』その14　2010/02/12｜何鏡平先生の遺著　117
関西地区同好会スタート　2010/02/13｜お知らせ　118
何鏡平先生の著書『回憶向王薌斎先生習拳』その15　2010/02/14｜何鏡平先生の遺著　119
何鏡平先生の著書『回憶向王薌斎先生習拳』その16　2010/02/16｜何鏡平先生の遺著　121
何鏡平先生の著書『回憶向王薌斎先生習拳』その17　2010/02/17｜何鏡平先生の遺著　123
澤井清先生のご指導再び　2010/03/01｜練習日記　125
楊徳茂（?）談推手　その1　2010/03/03｜楊徳茂先生の遺著　126
楊徳茂（?）談推手　その2　2010/03/05｜楊徳茂先生の遺著　128
楊徳茂（?）談推手　その3　2010/03/07｜楊徳茂先生の遺著　130
楊徳茂先生著『站椿功概論』その1　2010/03/08｜楊徳茂先生の遺著　131
楊徳茂先生著『站椿功概論』その2　2010/03/09｜楊徳茂先生の遺著　134
楊徳茂先生著『站椿功概論』その3　2010/03/11｜楊徳茂先生の遺著　135
楊徳茂先生著『站椿功概論』その4　2010/03/12｜楊徳茂先生の遺著　136
楊徳茂先生著『站椿功概論』その5　2010/03/13｜楊徳茂先生の遺著　137
楊徳茂先生著『站椿功概論』その6　2010/03/14｜楊徳茂先生の遺著　138
楊徳茂先生著『站椿功概論』その7　2010/03/18｜楊徳茂先生の遺著　140
楊徳茂先生著『站椿功概論』その8　2010/03/19｜楊徳茂先生の遺著　141
楊徳茂先生著『站椿功概論』その9　2010/03/22｜楊徳茂先生の遺著　142
楊徳茂先生著『站椿功概論』その10　2010/03/23｜楊徳茂先生の遺著　143
楊徳茂先生著『站椿功概論』その11　2010/03/24｜楊徳茂先生の遺著　144
楊徳茂先生著『站椿功概論』その12　2010/03/29｜楊徳茂先生の遺著　145
交流会お疲れ様でした　2010/04/07｜練習日記　146
澤井清先生のご指導第3回　2010/04/26｜練習日記　147
「月刊秘伝」7月号に、4月の交流会についての記事が掲載されます　2010/06/17｜お知らせ　148
澤井清先生のご指導第4回　2010/06/22｜練習日記　149
這について　2010/06/29｜練習日記　150
意拳の歴史について　2010/08/04｜太気拳意拳コラム　151
王薌斎は誰から学んだのか？　その1（郭雲深について）　2010/08/09｜太気拳意拳コラム　153
王薌斎は誰から学んだのか？　その2（兄弟子、周明泰について）　2010/09/08｜太気拳意拳コラム　156
王薌斎は誰から学んだのか？　その3（兄弟子、李振山＝李豹について）　2010/09/11｜太気拳意拳コラム　158
王薌斎は誰から学んだのか？　その4（謎の人物、謝鉄夫／解鉄夫）　2010/10/13｜太気拳意拳コラム　159
東北関東大地震に関しまして　2011/03/21｜お知らせ　161
3月19日、20日福岡博多体育館での講習会無事終了　2011/03/21｜練習日記　162
交流会無事終了　2011/04/05｜練習日記　165
意拳における誤解「緊と鬆」の「緊」とは「緊張」の「緊」に非ず　2011/07/11｜太気拳意拳コラム　165

意念とはイメージに非ず、意拳はイメージ拳術に非ず　2011/07/12｜太気拳意拳コラム　166
意は形から生じる？　意は力なり？　2011/07/13｜太気拳意拳コラム　168
更に……意は神より生じる？　力は意に随い転じる？　2011/07/22｜太気拳意拳コラム　169
王薌斎先生論「単双重と不着象」　2011/07/26｜王薌斎の言葉　170
7月16～17日の神戸講習会　2011/07/28｜練習日記　173
用勁／剛柔方圓（『意拳正軌』より）　2011/12/05｜太気拳意拳コラム　173
力は内から外に向かって張ってはならない（1月8～9日神戸講習会にて）　2012/01/11｜練習日記　175
中節の重要性（1月8～9日神戸講習会にて）　2012/01/12｜練習日記　176
立禅について　2012/04/12｜練習日記　177
一法不立、無法不容　その1　2012/09/22｜太気拳意拳コラム　179
9月29日　関西稽古会（大阪）の練習のレジュメ　2012/10/02｜練習日記　181
2012年第三回太気拳・意拳福岡講習会、無事終了　2012/10/11｜練習日記　183
「大成拳祖師王薌斎先生談拳学要義」（答記者問）その1　2012/10/17｜王薌斎の言葉　184
無節不含放縦与開展、所謂酒放互為　2012/10/18｜練習日記　186
「大成拳祖師王薌斎先生談拳学要義」（答記者問）その2　2012/10/19｜王薌斎の言葉　188
10月20日（土）関西稽古会（大阪）の練習のおさらい（上下運動）　2012/10/23｜練習日記　190
「大成拳祖師王薌斎先生談拳学要義」（答記者問）その3　2012/10/24｜王薌斎の言葉　192
一法不立、無法不容　その2　2012/11/13｜太気拳意拳コラム　193
嬉しいニュースです　2012/12/26｜練習日記　194
お詫びと訂正です（『猛虎跳澗』12月22―23日神戸の練習会にて）　2013/01/02｜お知らせ　195
骨重如弓背、筋伸似弓弦（『意拳正軌―鍛練筋骨』より）　2013/01/17｜練習日記　196
試力―定中について（レジュメ）　2013/02/10｜練習日記　197
有形無形、有名無名？　その1　2013/02/11｜太気拳意拳コラム　198
有形無形、有名無名？　その2（這―虎撲）　2013/02/14｜練習日記　200
虎僕　一到全到　2013/02/22｜練習日記　202
世の中広いものです　2013/03/18｜練習日記　204
4月7日の太気拳交流会お疲れ様でした　2013/04/08｜練習日記　205
王薌斎の大弟子・周子岩（周松山）　2013/04/09｜太気拳意拳コラム　205
前回4月の大阪での練習での注意点です　2013/04/24｜練習日記　207
「武友会」の西松さんと　2013/05/11｜太気拳意拳コラム　209
馬建超と螳螂拳　2013/05/15｜太気拳意拳コラム　210
緊は緊張に非ず（骨重如弓背、筋伸似弓弦）　2013/05/16｜練習日記　213
福岡の講習会にて　その1　2013/05/22｜練習日記　214
張長信先生の站樁写真　2013/06/19｜太気拳意拳コラム　216
太気会の皆さんと　2013/07/24｜練習日記　217
ただ是非の違いが有るのを知るだけで……　2013/07/27｜練習日記　219

功夫は学んで得るものではなく、練ることで得られるものである　2013/08/06　太気拳意拳コラム　220
立禅（站椿）をおこなうときの腕の上げ方　2013/08/07　練習日記　222
新潟の練習会参加の皆様、お疲れ様でした　2013/08/11　練習日記　224
神戸の練習お疲れ様でした（鷹捉その1）　2013/08/21　練習日記　225
腕を盾にする（鷹捉その2）　2013/08/22　練習日記　227
銃を抜くように（鷹捉その3）　2013/08/23　練習日記　228
石垣を築くように（騎馬椿と伏虎椿）　2013/08/28　練習日記　229
明治神宮の森の音　2013/09/05　練習日記　230
形意拳名家・張占魁（張兆東）先生の写真　2013/09/18　太気拳意拳コラム　234
福岡講習会、練習会参加の皆様お疲れ様でした　2013/10/05　練習日記　235
福岡の講習会にて（一動無不動?）　2013/10/08　練習日記　236
八字訣について　2013/11/12　練習日記　237
鼓蕩（グーダン）について　2014/02/17　練習日記　239
「崩」（ボン）について　2014/02/25　練習日記　240
2014年春の交流会　2014/04/15　練習日記　241
交流会での反省（空中の旗の如く、浪の中の魚の如く……）　2014/04/22　練習日記　242
訃報　2014/04/23　お知らせ　244
北京へ　2014/07/17　北京の思い出　247
姚宗勲先生のご指導　2014/07/18　北京の思い出　251
走歩（摩擦歩）、快歩について　2014/07/20　北京の思い出　254
姚承栄先生東京講習会　2014/07/21　練習日記　256
姚承栄先生の講習会に参加された会員の方々へ　2014/07/23　練習日記　258
敖碩鵬先生と対面　2014/07/24　北京の思い出　260
藤棚周りでの贅沢な練習　2014/07/25　北京の思い出　262
公園での基本練習　2014/07/26　北京の思い出　263
他派との交流　2014/07/27　北京の思い出　265
先生と老師　2014/07/28　北京の思い出　268
Tさんよりのご質問に関して　2014/07/28　練習日記　269
内面の高頻率運動　2014/07/29　練習日記　271
臨清潭腿門、洪緒如、連順先生　2014/07/30　太気拳意拳コラム　273
澤井先生と洪先生（黄樹和?）　2014/07/31　太気拳意拳コラム　276
驚力、推手を学ぶ　2014/08/01　北京の思い出　278
朝陽区小関（三環路外土城）での組手（実做）練習　2014/08/02　北京の思い出　280
竇世明先生の思い出　2014/08/04　北京の思い出　282
澤井先生に関するお話　2014/08/06　北京の思い出　285
意念活動とイメージトレーニングに関して　2014/08/08　練習日記　288
お盆期間の練習お疲れ様でした　2014/08/14　練習日記　292
まさかの姚宗勲先生の逝去……　2014/08/15　北京の思い出　295
「中」と「環」について　2014/08/20　練習日記　298
塔手（ターショウ）　その1（本日の朝練にて）　2014/08/27　練習日記　300
塔手　その2（対人練習にて）　2014/08/28　練習日記　302
神戸での練習にて　その1　2014/09/03　練習日記　304
神戸での練習にて　その2　2014/09/04　練習日記　307

神戸での練習にて　その3　2014/09/05　練習日記　309
絶対的、片面的な見方に注意しましょう　2014/10/06　練習日記　311
効率よく……　2014/10/21　練習日記　312
切磋琢磨と山籠りの話　2014/10/22　練習日記　314
裏（グオ）の復習　その1　2014/10/23　練習日記　316
裏の復習　その2　2014/10/24　練習日記　320
「平衡（ピンヘン）＝バランス」について　2014/10/26　練習日記　324
「鑚（ヅァン）」、「順力逆行（順著対方的力、逆著対方来打）」について　2014/11/12　練習日記　325
各種の能力（勁力）について　2014/11/13　練習日記　327
エレメンツ（物事を構成する元素、要素、自然力）　2014/11/26　太気拳意拳コラム　331
試声　2014/11/27　練習日記　333
試声（追加）　2014/11/28　王薌斎の言葉　336
『意拳正軌―用勁』　2014/12/03　王薌斎の言葉　337
『拳学新編』（総論―拳学述要）　2014/12/11　王薌斎の言葉　340
『拳学新編―養気の章』の一部、目と気の鍛錬に関して　2014/12/12　王薌斎の言葉　342
『拳学新編』（習拳六要、第四節　要作体認功夫）　2014/12/13　王薌斎の言葉　345
『拳学新編』（習拳六要、第五節　要去三病）　2014/12/14　王薌斎の言葉　347
立禅（站樁）と試力　2015/01/09　王薌斎の言葉　348
頭頂如懸磬（頭を持ち上げるは、磬をつるすが如く）　2015/01/10　王薌斎の言葉　350
『拳学新編』（樁法前論 応知自身之位置）　2015/01/11　王薌斎の言葉　351
張壁と大成拳　2015/01/12　太気拳意拳コラム　352
「支那武術由来記」（武田熙先生著）　2015/01/13　太気拳意拳コラム　355
『拳学新編』に見る站樁における要点に関して　その1　2015/01/16　王薌斎の言葉　357
『拳学新編』に見る站樁における要点に関して　その2　2015/01/17　王薌斎の言葉　360
『拳学新編』に見る站樁における要点に関して　その3　2015/01/18　王薌斎の言葉　361
意念、欲望、助長について　2015/01/19　王薌斎の言葉　363
枝節片面之刻板方法　2015/02/02　練習日記　366
強い意志、忘れず失わず〝拳拳服膺〟　2015/02/08　太気拳意拳コラム　368
韓星垣先生の十二趟手　2015/02/18　太気拳意拳コラム　369
六合八法拳　その1　2015/03/05　太気拳意拳コラム　371
澤井先生の一言「プロになるつもりで」　2015/03/11　練習日記　373
六合八法拳　その2　2015/03/14　太気拳意拳コラム　374
上海時代の意拳　2015/03/15　太気拳意拳コラム　377
考え過ぎだけど、ちょっと縁を感じます　2015/03/16　練習日記　381
梁子鵬系意拳の墩腰（ドゥンヤオ）　2015/03/21　太気拳意拳コラム　383
『拳学新編』第四章　習拳六要　第三節　要重樁法粗述（樁法粗述を重視する）　2015/03/24　王薌斎の言葉　385
虚中に実を求め、実中に虚を求める　その1　2015/03/25　練習日記　387
虚中に実を求め、実中に虚を求める　その2（硬打硬進、無遮攔）　2015/03/26　練習日記　388

虚中に実を求め、実中に虚を求める　その3（追風赶月）　2015/03/27｜練習日記　391
硬打硬進、遮るもの無し。挎勁について　2015/03/28｜練習日記　392
〝胯（クア）（腰の両側と足の付け根、股の部分）〟と〝肩窩（ジェンウオ）（肩のくぼみ部分）〟　2015/03/29｜練習日記　394
蛇の筋肉　2015/03/30｜練習日記　396
魚の群れのように　その1　2015/04/13｜練習日記　398
魚の群れのように　その2　2015/04/15｜練習日記　400
アーチ型の骨格構造と動きについて　2015/04/23｜太気拳意拳コラム　402

第二章　佐藤先生通信

（『太気至誠拳法通信講座』より）　405
太気拳との出会いと入門時代　406
拳法漬けの少年時代　409
太気拳は、いつのまにか強くなる　410
姚宗勲先生のビデオ　411
初めての中国留学　413
中国に行って見えた澤井先生の感覚　414
待ち焦がれた姚宗勲先生の指導　416
さまざまな先生から学んだ、貴重な中国留学　418
帰国後、組手が変わった　420
「太気拳・意拳拳学研究会」の発足　422
太気拳、意拳、この貴重な文化　423

第三章　中華料理について

（2015年2月10日～2015年4月20日）　425
中華料理にハマって……　2015/02/10｜中国料理　426
長春で食べた東北料理、大拉皮（ダーラーピー）　2015/02/11｜中国料理　428
清蒸海上鮮（清蒸石斑魚）＝ハタの姿蒸し　2015/02/18｜中国料理　430
避風塘炒辣蟹（香港式カニのニンニク風味揚げ）　2015/02/19｜中国料理　432
杭州名物　東坡肉（トンポーロー）　その1　2015/02/22｜中国料理　435
杭州名物　東坡肉　その2　2015/03/01｜中国料理　437
西湖醋魚（西湖の淡水魚を使った黒酢あんかけ）　2015/03/02｜中国料理　439
「飲み会にも礼儀あり！」の山東省　2015/03/03｜中国料理　441
北京の麺料理　2015/03/04｜中国料理　443
ラーメンの原点？　蘭州牛肉ラーメン　2015/03/06｜中国料理　446
上海の夏はこれ！　お酒のお供の必需品、紹興酒の酒粕風味の冷菜　2015/03/07｜中国料理　448
蒸し鶏の生姜ソースがけ　姜蓉（姜茸）白切鶏（白斬鶏）　2015/03/09｜中国料理　450
四川式蒸し鶏　よだれ鶏（口水鶏）　2015/03/10｜中国料理　453

衝撃的湖南料理、魚の頭の唐辛子蒸（剁椒魚頭） 2015/03/11（中国料理） 456
上海の麺 2015/03/12（中国料理） 459
葱油そば（葱油拌麵） 2015/03/13（中国料理） 461
孜然羊肉／牛肉（ラム肉・牛肉のクミン炒め） 2015/03/17（中国料理） 463
北京の小吃（シャオチー）（軽食） 2015/03/18（中国料理） 466
香港屋台の定番、椒塩富貴蝦（シャコのニンニクと唐辛子風味のから揚げ炒め）と、椒塩茄子、七味椒塩豆腐 2015/03/19（中国料理） 468
白灼蝦（マキエビのサッと茹で） 2015/03/20（中国料理） 471
鼓椒炒蟹（カニのトーチー風味蒸炒め） 2015/03/22（中国料理） 474
鼓椒炒海蠣（カキのトーチー炒め）と鼓椒炒蜆（アサリ・ハマグリのトーチー炒め） 2015/03/23（中国料理） 476
青島の海鮮料理 2015/04/20（中国料理） 479

武道そのものの人生　澤井清 482
佐藤聖二君を想う　岩間統正 484
畏友、佐藤聖二氏へ　天野敏 486
弔辞　姚承光 489

あとがきにかえて　佐藤美穂 491

第一章　―佐藤聖二ブログ（2009年11月13日～2015年4月23日）

ブログ始めました

2009／11／03｜お知らせ

拳学研究会の皆様へ、練習の効率を上げる為ブログを始めてみました。このブログを通じて今までおこなってきた練習時の注意点や反省点、あるいは太気拳、意拳への基礎知識、会の連絡事項などを皆さんに連絡できればと思います。

神如霧豹（シェンルーウーバオ）、意如霊犀（イールーリンシー）

2009／11／14｜王薌斎の言葉

この句は、王先生の著書『拳道中枢』の中の「技撃 椿法―神意之運用」等に出てくる站椿の状態を示した言葉です。

ここで言う「神」とは「神態（＝表情）」を指します。

「霧豹（ウーバオ）」とは、豹が自分の毛並みや模様を美しく保つには潤いが必要と思い、深い霧の日は、食事もせずにただひたすら霧の中でじっとしている、という昔話から来ています。

「霊犀（リンシー）」とは長く生き続け、霊力を持つようになった犀（さい）のことです。古代中国人は霊犀は、ツノから目には見えない糸を四方八方に張り巡らせて、世の中の動きを鋭敏に感じ取る能力があると伝えられてきました。

つまり站椿をおこなう際は、〝ただひたすら気力を養う為、やたら動かずじっと立ち、且つ意識は常に四方八方、万物の変化を感じ取るように集中しなければならない〟ということでしょう。

太気拳の練について

2009／11／16 ― 太気拳意拳コラム

「練」には、身体の基本的な動きを鍛練するものと、攻防技術に特化するものとに大別できるかと思います。とは言っても両者は完全に異なるわけではなく、基本の動きも攻防に役立ちますし、差手や迎手などの攻防技術も自然と身体の使い方が鍛錬されます。

ただし太気拳の差手、迎手、払手、打拳などは固定化されたものではなく、みな無定型であり、これらは各自の気質本能から基本練習を通じて生まれてくるものです。

そして差手（はね手を含む）、迎手、払手、打拳は、明確に分類される技でもなく、相手と接触した際に変化する力の方向性、あるいはその目的などによって便宜上分類された言葉でしかありません。

故に、太気拳の技は無限であると同時に、どの技にも名前などありません。あるのは是が非か、つまり物理的、人体力学、時空など各方面から見て合理的、効果的であるかどうかです。

王薌斎先生の著書『意拳正軌』

2009／11／19―太気拳意拳コラム

会員の人たちには、是非王先生の著書を読まれることをお勧めします。とは言っても文章は古文で書かれ、非常に難解です。また世に出ている著名なものでも偽物と思われるものもあり注意が必要なので、参考までにお知らせします。

『意拳正軌』

原本は、民国17年（1928年）に初版、民国18年に序文の修正がされ再版されました。今世に出ているものは、再版のものですが、既にこの時代には站樁を中心とした意拳独特の練習体系がおこなわれていたことがうかがえます。

後に王先生は自ら記した内容を否定し、その為この本はいつの間にか消失してしまいました。

1961年になって香港に移住した梁子鵬先生（20年代から30年代にかけて上海で意拳を学んだ）の所蔵するものを李英昻氏が書き写し、当時河北省保定市の中医研究院に勤めていた王先生に送ったことにより、再び世に出ることになったものです。

内容は以下の通り、13の文章から成り立っております。

1．自序　2．樁法換勁　3．鍛練筋骨　4．用勁　5．練氣　6．養氣　7．五行合一　8．六合　9．歌訣　10．交手経法　11．龍法　12．虎法　13．意拳正軌

王先生が亡くなった１９６３年、姚宗勲先生は各章に対して以下の様な注釈をされています。

「椿法換勁」、「鍛練筋骨」、「用勁」の章はここ20年間の説明と大きな変わりはない。「練氣」の章は昔の伝統的なもので30年前に先生は既に否定されている。「五行合一」の章はその後と差異はなく、「六合」の章では「全身の法の相合を合という」、「形勢相対の合に非ず」という言葉のみが残されている。「歌訣」においては、誤字があるかもしれないがほとんど変わっていない。「交手経法」の章は昔の伝統的な法則であり、「下腹を充実させる」、「氣を吐き声を出す」は「小腹は常円に」、「試声」に改められている。「龍法」、「虎法」はこの20年間再び語られることはなかった。

椿法換勁（『意拳正軌』より）Ver.1.1

２００９／11／20―王薌斎の言葉

王先生が否定した『意拳正軌』の中で、その内容が晩年まで変わっていないという「椿法変勁」の章を意訳したので参考にしてください。

樁法換勁

技撃の妙用を望むのであれば、須く站樁換勁を根源として始めなければならない。これいわゆる弱を転じて強となし、拙を霊に化すなり。

禅を学ぶ者は、戒律から始まり、定、彗に精通し、心源を証し、虚空を悟り、極處を窮し、後に道を学ぶことができる。

技撃もまた禅功の如くである。初学者にとって、樁法は複雑で数多く、例えば降龍樁、伏虎樁、子午樁、三才樁などがある。今、この複雑さを取り除き簡素にし、各樁法の長所を取り入れ、合わせて一とした。その名を渾元樁という。勁を生むに利あり、実戦に役立ち、攻防と氣学に精通する。学ぶものは旬日（約10日間）鍛錬すれば自ずと効果が表れる。その神妙さは文字で表せるものではない。

この樁法の学は身心に力を用いることを最も忌み、力を用いれば気は滞り、気が滞れば意は停まり、意が停まれば神は断たれ、神が断たれれば愚となる。

とりわけ頭を反らし腰を折り、肘膝を過度に曲げ伸ばすことを忌む。総じて曲に似て曲に非ず、直に似て直に非ずを宜しとする。筋、経絡を伸展させることを是とし、頭を持ち上げ、脊髄尾骨を真っ直ぐにし、気を沈め、心を静め、手足の指先は僅かに力を用いる。歯は閉じるに似て閉じるに非ず、舌を巻き上顎を押上げるに似て押上げるに非ず、全身の毛穴は緩むに似て緩むに非ず。この様にすれば内力は外に発せられ、弱点は強い勁に変換され、その要領を得難いことはない。

神如霧豹、意如靈犀　その2（「霧豹」に関して）

2009／11／21―王薌斎の言葉

11月14日の記事「霧豹」の語源に関して、質問がありましたので、再度紹介します。

この話は、前漢の時代の劉向によって書かれた『列女伝』の〈陶答子妻〉からきています。


陶を治めていた答子は、陶での名声は決して高くなかったが、家の富は3倍になった。答子の親戚一族はみな浮かれていたが、妻は、かえって嘆き悲しんだ。姑が怒ると、妻はこう言った。

「旦那さまはあまりにも力がありません。功績もないのに家が栄えますのは、災いの荷と申します。昔、楚の令尹子文さまが国を治めていたときは、子文さまの家は貧しく、しかし国は富んでおりました。君は子文様を敬われ、民は愛戴し、その為子文さまの子孫までも福が集まり、名声は後世に残ったのです。しかし旦那さまはそうではありません。富にいやしく、後の害のことなどお考えにもなりません。聞くところによれば、南山にいる玄豹（＝黒豹のこと）は、7日間動かずにじっと霧に打たれ、ものを食らおうともしないそうです。それは毛を潤して文様を美しくしたいと思うからです。犬や豚は食べ物を選ばず何でも食べて肥やします。坐して死を待つのみですから……」

怒った姑は彼女を家から追い出すが、その一年後、答子家族は背任横領で捕えられてしまった。姑は歳をとっていた為許された。答子の妻はそれを知り家に戻って姑の世話をして生涯を終えた。という物語です。

これより、隠居して身心を修養する賢者のことをこの物語の「霧豹」に喩えられます。言うまでもなく、王先生の言葉は、拳術の力を得るまで（毛の潤いを得るまで）、むやみに動かず（ものを食らうことをせず）じっとしていることの大切さを述べています。

我々も陥りやすい過ちですが、拳勁を求めようとせず、力任せの安易な攻防術に走っても、一時は強くなったような気になりますが、それでは太気拳、意拳を選んだ意味がありません。会員の皆さんも是非留意してください。

澤井清先生のご指導

2009／11／22―練習日記

本日澤井先生のご長男である澤井清先生が来られて稽古を見ていただきました。先生は、差手とか迎手など今太気拳で使われている用語は一切使われませんが、「こういう場合はこう、この場合はこうする」など手振り身振りでご指導されました。

腕を交差した際（いわゆる差手）に受けた重みは中心を正確にとらえ、かつ足ごと地面から引き抜かれたように浮かされ、改めて差手の奥深さを知りました。

またこちらの打拳を捉え流すタイミングは実に絶妙で、吸い込まれるように流され、そのあと何度か腹を軽く打たれましたが、いずれも全く気づかぬうちに打たれたものです。

その他、顔面への打撃や逆手、立禅の形での打撃など、どれも外から見るのと実際に手を触れた時の何とも言えない重さ、圧力のギャップに大変驚きました。本日学んだものは今後の研究課題として取り組んでいきたいと思います。

悪天候の中、ご指導くださりました澤井清先生にこの場をお借りしてお礼申し上げます。

鍛練筋骨（『意拳正軌』より）Ver.1.3 その1

2009／11／30 ─ 王薌斎の言葉

『意拳正軌』の中の、「鍛練筋骨」の章を意訳してみました。一部よくわからないところもありますが、参考にしてください。

鍛練筋骨

力は骨より生じ、筋へ連なる。筋が長ければ力は大なり、骨が重ければ筋は霊（＝敏捷）なり。筋が伸び骨は縮み、骨が霊なれば勁は実なり。

頸と足、手首の筋を伸ばせば全身の筋絡はみな伸び伸びと展開し、頭を押し上げ歯を合わせ、足根はバネのような崩力を含み、手心、足心、頂心、本心の六心は互いに符合し、胸と背は丸く潤背筋、大雄筋に異常な力あれば、気は自然に展開する。

二の腕は水平に横に支え、兜（＝囲む）抱（＝抱く）開合伸縮の勁を用い、両腿は提（＝引き上げる）挟（＝挟む）扒（＝引っかく）縮（＝縮む）蹚（＝草ムラや水などの中を歩く）崩（＝破裂する）檸（＝ひねる）裹（＝巻き込む）の勁を用いる。肩は支え股関節を落とし、尾骨は真直ぐにし、神は上に貫き、侠脊三関を透り丸宮に至る。

骨の重きは弓の如く、筋を伸ばすは弦に似る。運勁は弦を張り満ちるが如く、手を発するは矢を放つに似る。

力は繭から糸を繰る如く、両手は綿を裂く如く、手足首を伸ばせば勁力は自ずと実となり、氣を沈め歯を合わせれば骨は自ずと堅くなる。姿様子は、龍がうねり（注：天空を悠雄と泳ぐ様）、虎が鎮座し（注：虎がある場所で威勢を振るう様）、鷹の目（注：瞬時に獲物を見つける様）と猿の身のこなし（注：走りまくったり、隠れたり、飛びかかったり、機敏な様子）、猫の歩みと馬の奔り、鶏の足つき蛇の身のこなしの如くである。

骨は勁力を査べ、腰（注：ウエスト、腰のくびれ部分）は伸ばし氣を沈め、股は座り膝は引き上げ、撐（＝支える、ピンと広げる）、截（＝さえぎる、断ち切る）、裹（＝巻き込む）、墜（＝落ちる、ぶら下げる）、粘（＝貼りつく）、定（＝定まる）、化（＝とける、なくす）、随（＝随う、任せる）。もしこの要素を得られれば、敵に遭遇しても機に随い動き、その変化は無限なり。いかなる偉大な英雄強敵でも、指一本動かせば千斤をも撥ねるが如し。

いわゆる身は平準（注：天秤ばかりの天秤棒や方位磁石の針など）に似て、腰は車輪に似る。氣は火薬の如く、拳は弾丸の如し。霊機（注：直感、インスピレーション）微かに動けば鳥も飛び難し、更に心は注意深くかつ大胆に、表情は優しそうだが心は激しく、静かなるは書生に似て、動けば龍虎の如く、総じて虚実は定まりなく、変化の痕跡もないのを原則とすれば、自ずとその神妙の変幻を得る。郭雲深先生が常に言われた、「形あるもの、意あるもの、みな偽りなり。技無心に至りて、はじめて奇を見る」とはこの事なり。

鍛練筋骨　その2

2009／11／30－太気拳意拳コラム

ここでいう「骨」とは、たんなる〝ホネ〟というよりも、「骨格」あるいは「骨節（関節）」などと理解した方がよいでしょう。

例えば金槌に布を巻いて、相手を叩いたとしても、凶器は布ではなく、金槌であることは言うまでもありません。我々が拳で打つ場合も、相手に衝撃を与えるのは、皮膚ではなく拳の骨です。そして金槌という工具の構造もまた極めて重要です。我々の拳も同様に、効果的な力を伝えるには、正しい骨格構造が必要で、いわゆる三角力、斜面力なども、この骨格構造による作用の名称にすぎません。

正しい骨格構造は、正しい関節角度によるもので、その関節はいくつかの骨が靭帯によって支持され、更にこれらの骨は腱から筋肉に繋がっています。

骨格構造が強固で、かつ筋の伸縮が活発であれば、関節の動きはスムーズで生み出される力量も優れたものとなります。また骨格の動きは梃子の原理ですから、より強大な力を発揮するには、手足、脊髄など各パーツが尖端まで正しくあそびのない構造状態で、かつ大きく伸び伸びと動くにこしたことはありません。

正しい骨格の位置を会得するには、はじめはやたらと動かず、立禅を通して身体で理解し、その後、這や揺などの僅かな動作から、少しずつ複雑な動作へと発展させていくべきかと思います。

鍛練筋骨　その3

2009／12／01—王薌斎の言葉

この文章の中には、また「用力如抽絲、両手如撕綿」（力は繭から糸を繰る如く、両手は綿を裂く如く）という句があります。

蚕の繭から糸をつむぐ作業を見たことのある人は少ないでしょうが、一個の繭は約1300メートルもの糸で出来ているとのことです。これを切らずにつむぐには、ゆっくりと僅かな、そして常に一定の力を保つことが想像できます。もしもつむぐ力が不均等であれば、細い糸はすぐに途中で切れてしまうでしょう。

我々の求める力も、先ずはこのように、「切らず弛ませず、延々と途切れることなく続く繊細な意」を以て試していくべきです。

また両手で綿をちぎるにしても、決して大きな力は必要ありません。綿をちぎるに足りる力さえあれば充分です。

意拳、太気拳の愛好者の中には、功力を高めようと焦るあまり、やたらと過度の緊張と弛緩を求めたり、過度の整体感にとらわれすぎて、ガチガチに堅くなる人も少なくないかと思います。私自身もこのような経験をしてきました。

試力とは、文字通り、「力のテスト」です。斜面、三角、梃子、螺旋、滑車などが持つ各能力とその運用を、認識し体得する為には、この様な繊細で地道な練習が必要だと思います。

鍛練筋骨　その4

2009／12／02　王薌斎の言葉

「身似平準、腰似車輪（身は平準に似て、腰は車輪に似る）」

この句も大変意味の深い言葉です。

〃平準〃とは、方位磁石の針のことを指しています（または天秤秤(ばかり)の天秤棒）。一方が北を指し一方が南を指すように、太気拳では、右に向くにも左に向くにも、腰を軸として、顔とお尻は常に反対方向に向かなければなりません。

また、盧山初雄先生の名著『生涯の空手道』の中には、

「王薌斎先生が屋根にいるハトを一心に見て、『ハトは歩きながら方向転換する時、必ず尾っぽの方から動かすだろう。武術にたとえれば、ハトの尾っぽは我々の腰であり、すべての動作は腰から入らねばだめだ』と言われた……」

と書かれています。(『生涯の空手道』には、澤井先生が王薌斎先生に学んだときの逸話が書かれていて大変勉強になります。未読の方は是非読んでみてください)

補足すると、このときハトの嘴と尾っぽの先端が、磁石の針の両端と思ってください。腰が一たび動けば末端まですべて同時に動くという意味です。

もう一つ紹介したい話があります。

以前、ある意拳の先生に推手を教えて頂いたときのことです。この先生は王先生の古い弟子、宁大椿先生のお弟子さんで、いつも朗らかな方なのですが、触れるとその手があまりに重くて全く相手になりませんでした。練習後に先生は大変面白いことを言われました。

「時計の針は、動いているか?(私が、「勿論秒針も分針も動いているでしょう」と答えると)針は動きはしない。動いているのはその軸だ。あなたは今手を動かしている。私は腰を動かしているだけだ」

名著『拳学新編』

2009／12／04 ─ 太気拳意拳コラム

『拳学新編』

この書は、1937年、王薌斎先生口述、1938年弟子の斉執度によって整理出版された『拳術新論』と、『意拳新編』をまとめたものです。斉執度の父親は、かつて中華民国陸軍次長を務め、当時四存学会という教育機関の校長を務めていた斉振林です。

四存学会とは中華民国第4代総統の徐世昌が設立した儒学顔李学派の教育機関で、董事長は辛亥革命の元老である張璧が務めていました。そしてこの張璧が、後に王薌斎先生の武術を大成拳と名付けた人物です。

『拳学新編』は、王先生が直接書いたものではありませんが、その内容は王先生の他の著書と比べても豊富な内容であり、私個人としてはとても参考になる名著です。

また面白いことに、

「王薌斎先生は、拳を授けるとき、意、氣、力の三文字を同様に用い、あるいは氣力を併称し、氣の文字を極めて重視した」

と、書かれてあるように、澤井先生の言われた〝氣〟という言葉が、至る所に見うけられ、大変興味深いものです。

尚、内容は以下の17章から成り立っています。

第一章　総論―拳学述要、第二章　釈拳、第三章　意拳、第四章　習拳六要、第五章　習拳階段、第六章　樁法前論、第七章　渾元樁（一）、第八章　渾元樁（二）、第九章　渾元樁（三）、第十章　樁法後論、第十一章　養氣、第十二章　論意、第十三章　試力、第十四章　運力、第十五章　対手功夫、第十六章　応敵、第十七章　瑣論

釈拳（『拳学新編』より）Ver.2.1

2009／12／05－王薌斎の言葉

第一章　釈拳（拳の解釈）

近世、拳術は宗が分かれ派となり、その方法も各異なるが、みな拳と名付けぬものは無い。しかし拳の意義についての研究は実に少なく、論じる者の多くは拳の字義の解釈を、あるいは手の指を握る拳とし、あるいは徒手で敵に対する勇猛な力を練習することを指して拳と為すが、これらはみな汎論であり、未だ拳の真義を会得していない。

薌斎先生は拳義を解釈して曰く、

「〝拳〟とはいわゆる〝拳拳服膺〟の〝拳〟なり。静動の中にあって、能く守り能く用い、こ

れ即ち我々の気質本能の道なり、套路に熟達し専ら招法を論じるいわゆる〝拳〟にはあらず」と。

「静動の中にあって、能く守り能く用いる」とは即ち拳理を得、静守動用、静即ち動、動即ち静、その守と用も一なり。

「拳拳服膺」とは永遠に失わぬことなり。

「我々の気質本能の道なり」とは、即ち拳理の所在である。

「套路に熟達し専ら招法を論じることにはあらず」とは、学ぶ者に誤った道を教え正しい軌道に乗せることを述べている。

薌斎先生は更に拳義を明確にして曰く、

「拳の拳たるは、身体の運動形式がどうかにあるのでなく、筋骨気力の鬆緊の作用、精神の指揮、及び心意の導きがどうかにある」と。

拳を習うに専ら形式を重んじるは本末の誤りで、末端にこだわり根本を忘れれば、行きつくところ是は無く、根本を得なければ、実践応用の実学とは言えず。

故に機に応じて発し、勢に因って変じ、動けばどこにも誤りなく、その神妙さ計り知れずというのは、当然ながら専ら套路を練り、招法を数えて得られるものではないということである。

第三章　意拳（『拳学新編』より）第三節　意動の解釈　Ver.2.0

2009／12／08 ─ 王薌斎の言葉

第三章　意拳

第三節　意動の解釈

意は我々自身に在り、心の動きであり、その作用も自己の為で、確かに存在し疑うことはできない。拳を習うには先ずこの意を明らかにしなければならず、その後動静は初めて理と合い、また身体に有益となる。

西洋では、「身体の発達は、心の発達を促進し、身体の損害は、多くは心の損害となる」という。では身体と内心を発達させ、また損害をなくすには如何にすべきか？　当然、身と心の合一の動用を求めるべきである。身心合一の動用は、健全な動用であり、あるべき動用である。そして身心を如何に合一させるのか？は、須く心の動用を合意と為して、身体の動用は、即ち身心合一が動用することを知り、自ずと身体は発達し有益無損の動用となり、これ自然の需要に順じ、機に応じ理に合う動用なり。

意は心の動きであり、この意が全身を指揮すると欲するのは脳である。脳は身体と心の鍵であり、身体において軍隊の元帥の如し。故に拳を学ぶときは、先ず頭を真っ直ぐにすることを言い、意の発動は自由（注：自己自身の本性に従うこと）万全に帰属し、強迫的感情は付帯しない。動作は自然に順じ、需要に合い、まさに合意の動用、自由の決定と為し、これ即ち本能の作業である。この種の決定とは個人に従属し、感じて身が受けるのもその個人だけであるのは言うまでもない。

人の動きは二種類に分けられる。合意の動用は有益な運動と為し、不合意の動用は無益の運動と為す。不合意の運動は、心理学者の言うところの衝動運動であり、欲望の運動に発し、正規の運動に非ず。衝動を受けた後、この衝動が欲望に一変し、執意（注：自分の意見や気持ちに固執すること）となり、この執意によって実際の運動が引き起こされる。故にいわゆる衝動運動は、自然の運動に反し、自由の意思から出た運動に非ず、妄動と為す。この種の運動は力を浪費させ、血液を集中し、血流はその自然を失う。また神経は傷害を受け、結果的に必ずや一種の反射の衝動が発生する。神経梢端は衝動を受け、抵抗が発生、同時に反射運動が生まれる。この反射力量は最も強烈で、神経中枢は刺激を感じまた損傷を受ける。この種の運動は、無益であるばかりでなく有害であり、故に拳を学ぶには決して妄動、力の浪費を避け、衝動運動をしてはならない。

第三章　意拳（『拳学新編』より）第四節　合意運動　Ver.1.1

2009／12／09 ―王薌斎の言葉

第三章　意拳

第四節　合意運動

合意の運動とは、心理学者が言うところの本能運動である。意、即ち運動神経の察知能力によって全身の需要を考察し、意の支配に順じて為す運動であり、自己の意思から出て且つ自然に順じる。よって本能運動とは、心身が一致し、需要に合った運動であり、有益無害の運動なり。

本能運動は、有意運動と自動運動に分けられる。有意運動とは、心意支配に基く運動であり、妙処に達すれば自動運動となり、意の支配を受ける感覚はなく、しかし意に合わぬところはない。

拳を学ぶとは、本来この本能運動の発達を促す作業であり、自動運動の境地に至らなければ、力を得、氣を得、神を得、化境（注：入神の境地）に入ることはできない。

韓嗣煌(ハンスーファン)先生の著書『椿法概要』その1

２００９／12／14 ― 韓嗣煌先生の遺著

韓嗣煌(ハンスーファン)（１９３３〜２０００年）先生は、かつて旧国民政府山東省主席である有名な軍閥、韓復渠の実子（六男）と言われています。王薌斎先生の晩年の弟子であり、姚宗勲先生からも多く指導を受けられ、後に意拳に関するいくつかの論文を書かれました。

ここに掲示するものは、10年以上前に会員の皆様に意訳して配布したものですが、まだ配布してない方達の為に再度掲示します。参考にしてください。

『椿法概要』

ほとんど静止した状態の中で拳勁を求め得る訓練を「站椿」と称する。この名前はいつの頃から言われてきたのか、すでに考査することは困難である。武術家の言う「椿」（＝杭）の意味は、膝下がまるで土中に埋まっている杭に似ているということを指しているのであり、このような感覚上の比喩は大いに考えさせられる。

「站椿」は拳術の訓練方法の一つとして現れ、それは我国の拳術が低級なものから高級なものに移り変わる過程での一つの重要な指標である。

かつて拳術の訓練は、みな「招法」から抜け出すことができなかったが、現在もなお拳術とは招法と套路だけのものと誤解している者がいる。しかし椿法が世に現れてからは、拳勁を求める道程は更に直接的になり、拳術を追求する目標と訓練方法に対しても更に深い認識ができた。練習者はより短い時間で、他の訓練方法では取って代わることのできない力の効果、即ち拳勁を得る様になった。

しかし我々は站樁こそが拳術訓練の唯一の方法と言うわけではなく、異なる段階で常に他の訓練を若干付け加えることで、一つの総合的な訓練体系を打ち立てているのである。

いわゆる「相対静止」(＝ほとんど静止)とは、站樁の過程の中での体各部が大幅に運動していないことを指し、これに相対するものが「試力」である。試力をおこなう時は身体各部と足の位置は絶えず変化するが、これより「站樁」は主に一定の姿勢のもとで力の調和を求めるが、「試力」では力の調和と運動の調和の統一を得ることが要求されており、站樁を基礎と見なすならば試力はその発展であって、両者には本質上一定の区別があると見ることができる。

以下に站樁時のいくつかの問題について簡潔な説明を挙げてみた。

(一) 站樁の根本的な意義は、全身の筋肉に対する神経系統の指揮を打ち立てることにあり(専門的な生理方面の材料が無い為、使っている言葉が適当でないかも知れないが)、神経面の訓練でもありまた筋肉面の訓練でもある。故に站樁は武術に役立つだけのものではなく、健康や病気の治療にも明確な効果があり、この方面でも多くの例証をあげている。しかし医療方面との大規模な合同研究がなされていない為に、我々はその効果を見ることはできるが理論的な深い研究に乏しく、今のところは実践の結果より站樁の健康効果に対して様々な推測をし仮説を立てている。

武術の基本訓練としては、站樁は最も容易に拳勁を求められる。拳勁の意味は別途論文を書いたので、ここでは省略する。

（二）我国の昔の拳術家は長期に渡る実践を経て、神経が筋肉の指揮するという目的を達成し、拳術領域内にある特殊な力 ─つまり「拳勁」を求め得る為には、必ずや意念の活動に助けを借りなければならないということを認識した。意念活動の提起は我国の拳術訓練に大きな飛躍を生み、拳術と体操の間で明らかな分類を形成した。

そして異なる訓練段階で、異なる訓練効果を得る為、意念の活動もそれに従い変化する。

一般的に拳術訓練の初期段階では、身体各部を緩めて伸び広げることを目的の主とする。故に意念活動は常にこの目的を取り巻くように設けられている。

（1）この段階では、身体が水中で漂っていることを仮想し、これが「第一の意念活動」と考えることができる。この様なシミュレーションを通じて、骨格を伸び伸びと拡張させ筋肉をリラックス状態に到達させる。その他にもシャワーを浴びていて心地よい状態を仮想する等々様々な言い方があるが、全て他でもなく心身を伸びやかにする目的であり、通常この範囲で健康に効果があり、更に先の要求に進む必要もない。

また身体を緩め伸びやかにすると同時に、必然的に呼吸を流暢で自然にして、気持ちを落ち着かすことが要求される。

ある人は、站椿は如何なる物事も思ってはいけないと言うが、このような言い方は根本的に誤りで、それは意念活動を否定するだけではなく生理上から見ても不可能である。（続く）

韓嗣煌先生の著書『椿法概要』その2

2009／12／15 ― 韓嗣煌先生の遺著

（2）一歩進んだ意念活動では、依然として身体が漂っていることと、更に全身の毛髪が伸び伸びと広がっている状態を仮想し、このような意念の誘導で各関節の靭帯を強化するだけでなく、更に訓練範囲を皮膚までにも拡張する。皮膚の訓練について指摘すると、これは我国の拳術訓練における特殊な部分である。拳術界には古くから「内練一気、外練筋骨皮」（＝内は気を練り、外は筋骨皮を練る）という言い方が伝わっている。その為多くの人は站椿を「気功」と誤解しているが、拳術の角度から言えば、「気」は均等で滞りない呼吸から着手し、更に呼吸と弛緩緊張の調和を訓練し、これは他の運動でも反映されている。特に爆発力の各動作の要求では、その発力の刹那が、呼吸との緊密な協力が無いことなどあり得ない。

また拳術訓練と筋肉とは無関係ではなく、我々が各種の訓練、動作をおこなう時、あるいは不動作でも、筋肉は自然に鍛練される。いわゆる「外は筋骨皮を鍛練する」とは、練習者に盲目的に力を入れて筋肉をこわばらせてしまうことを警告しているに過ぎない。

（3）高級な意念活動では常に矛盾訓練と切り離すことはできない。

矛盾対立の訓練は、一般的に身体から身体外に、局部から全体に達するが、訓練の過程により意念活動も自然と異なってくる。例えば初歩的な訓練である「抱球」（＝ボールを抱く）イメージでは、手、腕、肩、背を統一連係させる一種の訓練であり、自己と局部の訓練であると言うことができるが、一歩進んだ「抱樹」（＝樹を抱く）イメージでは、自己から身体外への拡張、局部から全身への拡張と見ることができる。更に一歩進むと弛緩緊張の矛盾対立があり、身体外での矛盾対立を構成することを考えるが、重要なことは身体外の矛盾訓練に進むには、必ず全身の矛盾対立が要求され、これがなければ歪みが生じてしまう。

矛盾の訓練が身体から身体外に達するにも、それは完全に分けることはできず、時には初期の頃に一定程度の身体外のイメージを導入することも効果的である。

例えば身体が漂う感覚を保つのと同時に、身体外の波の起伏する揺れに従っていることを仮想する。このような意念活動は、実際には身体外の矛盾と全身の矛盾訓練の一つである。

（4）站樁の一環部分から見ると、通常弾力の育成は「扽縄」（＝縄を引っ張る）のイメージを設けている。ただこの言葉の用い方には一定のずれがある。なぜなら実際に「引っ張る」

ものは「縄」ではなく、硬度の極めて大きいスプリングであるからだ。

感覚上のスプリングの強さは練習者の想像で自由に増大するのではなく、それは練習者のある一定程度の功力の強弱を反映している。更に具体的に言うと、それは練習者が初級段階でイメージする「抱くボール」の重さに依存する。王薌斎先生はかつて「先抱紙球、再抱木球、後抱鉄球」（＝先に紙のボールを抱き、次に木のボールを抱き、後に鉄のボールを抱く）と言われた。これは矛盾の感覚が練習者の身体上で増加することを説明しており、正確な訓練過程の下で得られる感覚及び感覚の変化は練習程度の「温度計」である。客観的に見ると、多くの練習者が功力の増加を焦って求める為、このような感覚の中に偽物を混ぜ、つまり力を入れることで矛盾の強さの増加に取って代わると妄想している。これは方向性の誤りである事は疑いの余地がない。王先生がよく批判した、いわゆる「抜苗出長」（＝早く育つようにと思うあまり、苗を引っ張る）の喩話であり、その結果拳勁を高めることが出来ないだけでなく、甚だしきは誤った道を歩き、やがてそれぞれ異った身体部分、異った段階でその結果が表れてくる。

（5）霊活と力量は拳術訓練が求める二つの重要な内容で、霊活の意義は、相手の力量の変化を鋭敏に感じて察し、更に自己を随時戦闘に適応できるよう調整することにあり、拳術で言う霊活とはそれなりの根拠があり、ただ変化の為に変化することではない。
この目的を達成する為に、いわゆる「抱羽毛球」と「鳥難飛」等の訓練があり、前者は「鋭敏な観察力」に重きを置き、羽毛（＝バドミントンに使うシャトルの羽根）の末梢を通じボールとの連係を求め、後者は意念の誘導を通じて迅速に自己の整体力（＝全身の力）を調整することに重きを置く。（続く）

韓嗣煌先生の著書『椿法概要』その3

2009／12／16—韓嗣煌先生の遺著

(三) 椿法訓練は必然的に一定の段階性があり、規律性がある。但し椿法そのものは無限無尽であって、拳法訓練に従事する者は一生堅持しなければならない基本功の一つである。いわゆる段階とは、期間毎の練習目的と、体験する感覚の差異を指す。

一般的に前期の訓練は主に伸びやかで心地良さを求め、自己の矛盾訓練を主として初歩的な局部の連通（＝繋がり）を打ち立てる。自己身体の矛盾訓練は通常身体外の矛盾訓練と交差し、極端に明確な境界線を引くことは出来ない。

後期の訓練は身体外の矛盾を主とし、徐々に弾力性と呼応する訓練を融合させていく。

拳術は実践性の極めて強いひとつの体育科学であり、異なる時期において異なる実践があるべきで、高い段階の訓練では常に自分が実践の中で問題を提起し、反対に基本功の訓練に戻り解決する必要がある。次に他人の実践を観察し、存在する問題を分析して学ぶに値するものを探し出し、あるいは他人の失敗した教訓の中から自分に課題を提起していく。

一般的に站樁の段階性とは、「矛盾」と「弾力性」の連通（＝繋がり）の訓練を重ね根拠として区別される。勿論三者の間には明らかな境界線は存在しないが、一つの段階内で訓練の目的が明確であり、ゆえに各段階の差別が形成される。

一定の段階内では、站樁の姿勢、意念活動の内容、練習者の感覚等、それぞれ異なるが、それ以外に、或る段階内で或る力量上の障害を克服する為更に特定の訓練方法を加えることもあるが、これはまた別の話である。

簡単に以下の概略区分を述べるので、愛好者の参考としたい。

（1）「連通」を主な訓練の目標とした時、身体各部の伸びやかさを求めることが主であり、この段階では養生樁が中心となる。その意念活動は身体が水に漂い浮いているという意念が主であり、同時に簡単な試力、例えば両手を水中で揺り動かしたり、摩擦歩やその他水の阻止力を体感する動作などを組み合せる。水の阻止力を体感することは極めて重要な訓練で、この種の感覚は局部、一般的には掌から徐々に全身に広げていく。その他各種の色々な感覚は站樁の程度によって異なっていくが、ここではその詳細は省略する。
この一段階の動作は必ずや、軽やか、緩やか、均等を強調しなければならない。同時に呼吸を均一にして、心臓や肺に大きな負担をかける事を防ぎ、姿勢の要求に至っては紙の上で論じるよりも実際は多くのことがあるので、私が後に優れた武術家の写真を集め参考に提供しようと思っている。

（2）訓練に徐々に随って、身体及び局部の矛盾訓練を主とし、併せて整体（＝身体全体）の矛盾に拡張しなければならないが、具体的には「ボールを抱く」ことと「樹を抱く」ことである。この段階の意念は抱えた物体を以って、自己の各部分を調整する拠りどころとする。ボールを抱く時は、明確に抱いた感覚を持たなければならない。抱えるボールは、異なる訓練期間によって質の差がある。例えば、紙風船では紙風船の感覚があり、木のボールでは木のボールの感覚がある等々である。これらの質の差は訓練中のイメージであり、当然本物の木のボールを抱くのとは異なる。仮想の作用はそれらを通じて矛盾を打ち立てることに過ぎない。私が思うには、木のボールを抱える感覚が形成された後に、ようやく樹を抱える練習に進む事ができる。僅かな例を見ても、焦って先に進もうとする人は、大部分は色々な程度で後遺症が出てきており、将来これを補うのは非常に困難である。

特に説明しなければならない点として、右記の二つの段階では、適当な条件の下で精神を遠くまで広く開放しなければならない。これは身体外部の矛盾の基礎を更に作るだけでなく、精神の広大さがなければ積極的に気持ち良く伸び伸びとリラックスさせる効果を得ようとしても不可能だからである。

この段階での試力は、「揺櫓轆」（＝櫓を漕ぐ）あるいは「蜻蛉点水」（＝トンボが水面に触れる）等を主となす。条件が熟したら抱えたボール、あるいは樹を軽く押したり引いたりして、

初歩的な力量と運動の統一を得る様にする。(続く)

韓嗣煌先生の著書『椿法概要』その4

2009/12/17—韓嗣煌先生の遺著

(3) 樹を抱く感覚が表れたら、站椿訓練は技撃の方向への橋渡しとなる。

技撃椿は養生椿とは身体の曲折が異なるだけでなく、訓練内容も段階的な差異がある。第一段階では整体(=身体全体)の矛盾を主とし、第二段階では、身体外の矛盾を主とし(即ち仮想する矛盾対象は身体外に存在する)、第三段階では、矛盾の主要面の変化を反映させる。第四段階は我国の武術訓練の真髄はここにあり、この手心(=掌)、足心(=足の裏)及び頂心(注:通常は頭の天辺と訳せるが、ここでは背骨、胴体と訳すのが妥当と思われる)の吸引力の感覚を建立し、この段階では、典型的な試力動作を組合せる。

(4) この段階の後期では、練習者は一定量の降龍椿、大歩椿、子午椿(=独立椿)の訓練をおこなう必要があると思われる。見たところこの種の訓練が不足している者には欠陥があり、強度と足腰の特殊な必要性からみるとこの様な椿法は非常に重要である。この段階での試力は神亀出水を主とし、各種路線の歩方を組合せなければならない。

（5）弾力性と鼓蕩（＝内部の振動）は拳術訓練の高級段階であり、この段階は技撃椿を主となすが、それは多くの形があり主に練習者の具体的要求によって転換する。通常この段階に入る多くの者は拳術全体に相当の認識があり、小学生が字を書くように手本を見ながら一つひとつ書くのではなく、拳術の総合的問題をここで解決する。訓練体系から見れば、上下関連、縦横無尽で、基本訓練と発力、作拳等の動作が一体に溶け合わなければならない。この段階はすなわち拳術家としての成熟期であり、戦略と戦術を深く研究し、今までの実践を総括して、自己が研鑽してきた拳術理論の問題を結合し、独立して欠点を発見し問題を提起しながら訓練方法を定めていかなければならない。

この段階の中では大きな原則面で拳術の規律をはっきり探ることができるかどうか、事について事を論じるのではなく、理論と実践を結合して問題に対する自分の考えを打ち出し、拳術修行者として一生のレベルが決定する。学習には終わりが無く、認識も尽きない。実践で提起された問題は更に尽きることが無い。私の推測では、昔の拳術家の風格水準と修養はみなほとんどこの段階に集中して体現されてきた。

拳術訓練はひとつの奥深い科学であり、本文は站椿の概略に関する討論だが拳術全体と関係を持たないことはできず、片言の文字のみで重要な問題を説明するには困難で弊害は実に多い。上文は拳術の現代化、科学化に貢献したいと思う私の蒙末な考えにすぎない。（完）

韓嗣煌先生の著書『論拳勁』その1

2009／12／18—韓嗣煌先生の遺著

『論拳勁』

各体育運動には、運動者に対して、例えばスピード、パワー、耐久力、調和性、反射速度など共通の要求がある。また同時にそれぞれ特別な要求があることは言うまでもない。

ほとんどの運動にはそれぞれ異なる技術があり、それは専門的な訓練を経なければマスターし難いが、ここにまた根深い問題が隠れている。これはそれぞれの運動目的が異なる為にその特殊性があるのだが、力量面では共通性も存在している。本文では拳術の力量についてのみを探求してみたい。

生理学の常識から分かる通り、人の力の源は筋肉の収縮にある。雑な比喩だが、人間は一台のクレーン車のようなもので、骨格は鉄の骨組みであり、筋肉と腱、靭帯はロープにあたり、我々がひとつのロープを緩めもう一方のロープを引っ張ると身体の運動が形成される。筋肉と腱、靭帯系統の弛緩緊張は、完全に人の神経に支配され、神経の筋肉系統に対する支配は、人々の生活及び労働に関連している。我々は日々同じ動作を繰り返しているが、この時神経の支配は比較的鋭敏で正確である。逆に慣れていない動作をおこなう時、非常に疲れ効果も小さい。筋肉の発達した青年が農作業をしてみると、その耐久力は年老いて筋肉があまりない農民にも及ばないことがある。これは農作業の技術と鍛練の問題ではあるが、同時に緊張弛緩の不調和による矛盾対立を反映している。

拳術は古代の戦闘手段であり、それは一般の日常生活と労働の中ではほとんど、あるいは全く現れることはない。故に鍛練を経ていない者は、往々にしてこの力が使われず、あるいは大きな力を使っても効果が小さいという原因は正にここにある。勿論我々は体力を否定できない。鍛練の程度が同等の条件のもとでは、体力の強い者が明らかに有利な立場に置かれている。しかし戦闘時の動作は瞬時に千変万化し、力量の変化、即ち緊張と弛緩の変化には高度な鋭敏さが要求され、生理的体力の優勢は比較的弱くなる。

一定の条件下では、往々にして体力的には強くても鍛練を経ていない者が、体力的には弱いが一定の鍛練を積んだ者と比べて戦闘力が劣ることがある。これは少し拳術を訓練した人なら体験できるし、拳術界ではよく見られ、珍しいことではない。そこで拳術では実践の歴史の中で必要とされる特殊な力量を提起し、これを「拳勁」と称した。

拳術特有の本質は拳勁の鍛練である。さもなくばその姿勢と動作は体操や舞踏と同様になってしまう。またその技巧を述べれば、当然ながら相当の地位を占めるが、それも結局は、拳勁の基礎の上にあってはじめてその作用が充分に発揮されるのであって、これは常識であり今ここではあえて述べない。

右記の討論に基づいて、以下の2つの問題を提起してみたい。

（1）なぜ訓練を経ていない者は、充分な力量が発揮できないのか？

（2）拳術が必要とする力量――「拳勁」――及びその特徴はどこに有るのか？（続く）

韓嗣煌先生の著書『論拳勁』その2

2009／12／19―韓嗣煌先生の遺著

まず初めの問題を分析してみたい。

現代科学では、如何なる物事の研究もその物事自身の矛盾を捉えなければならない。前記の例えでわかるように、人が身体の一部を移動させる時、必ずある一系統の筋肉を緩め、もう一系統の筋肉を緊張させなければならない。力を用いる場合はなお更である。もし筋肉系統が完全に弛緩したら、当然ながら力は無い。また対立した二つの系統が同時に緊張したら、筋肉自身は収縮状態にあり、相互に妨害し打ち消しあってしまう。故に外に作用が現れないか、あるいは現れてもその作用は弱い。自分の力は大きく感じられるのに、そのわりに効果が小さいというのはこの道理である。

人々が日常生活の中で熟知した動作は、神経支配が熟練され正確である為、矛盾の対立系統は基本的に妨害が起きないか、あるいは起きても僅かである。ところがひとたび慣れない動作や熟知していない動作になれば、神経支配は不正確かあるいは混乱が発生し、対立した系統が同時に緊張して、体力の大部分は打ち消され力を発揮できない。特に瞬時に力を用いる時は、客観的にみて身体の各部を徐々に調整する時間が足りず、神経支配の不正確さは更に際立ってしまう。

総括すれば、力を用いる時には常に身体各部の筋肉や腱、靭帯などに対し、合理的な弛緩と緊張を組み合わせなければならない。この点ができなければ妨害が発生し、力がすべて打ち消されてしまう。故に昔の拳術家は拳勁を、「松緊、緊松、勿過正」（＝弛緩緊張、緊張弛緩、過ぎたるなかれ）と概括し、拳術の問題は正に弛緩と緊張の問題であり根本の原因はここにありと考えた。これから見るに、弛緩と緊張の問題は力を用いる時の共通問題であり、つまりは各運動の共通した問題である。

では、拳勁の特徴とは一体どこに有るのか？　第二の問題の中で継続して討論していこう。拳勁の特徴を分析するには、まず打撃の力量の出所について理解しなければならない。我国拳術はかつて「消息全凭後足蹬」（＝消息は全て後足の踏み切り、踏みつけに頼る）という名句があり、これは打撃力量に関しての極めて重要な一方面であり、その意味は地面と摩擦する反作用力を利用することである。例えば、我々が手で重い物を押そうとする時に、必ず後足を踏みつける力に頼り、綱引き競技をする時は、足は前に向かって踏みつける力を利用するが、これは正に最も明確な例である。時に拳術動作では身体を揺り動かす時の体重によって生産される慣性力を利用するが、揺れ動く原因の大部分は地面との反作用力を利用して、身体が動かされた結果である。故に慣性力と押し引きの力は異なるが、その力の源は同じところから発している。

拳術にはまた「力由脊発」(＝力は脊髄より発する)という名句ある。この意味はやや分かり難いが、実際には胴体から身体に至る弾力である。(当然これが全てではないが)バレーボール選手は空中にジャンプしてスパイクする動作をおこなうが、これは胴体及び身体の弾力を利用したものである。

これらの考えを明確にさせる為、更に以下に詳しく陳述したい。

我々が地面との反作用力を利用する時、力は足から足首、膝、股関節、腰、肩、肘、手首を経て手に達し、更に手から外に伝わる。この過程において、もしどこかひとつの関節がおこなうべき作用が出来なければ、伝わる力量は弱まるか、あるいは破壊されてしまう。時によっては足の「踏み切る、踏みつける」運動がどうしてもできない場合がある。運動選手のスタートの動作というのは簡単な踏み切り動作に見えるが、しかし訓練を経ていない者は合理的な一瞬の踏み切りが全くできない。これは普段の運動の中でもよく見る極めて明確な例である。増してや打撃動作では踏み切った力を実に多くの関節を通して手から外に伝えなければならない。神経支配の要求も必然的に更に広範囲で複雑となる。拳術訓練を経ていない人は、日常の労働でおこなわれる動作をした時、ようやく神経が合理的支配をし、体力を基本的に発揮できる。拳術訓練をした者は、神経支配が合理的で、足から手の各関節まで基本的にあるべき作用をおこなうことができ、この状態を「連通」と称する。「連通」は拳勁の基本的な特

徴の一つである。（続く）

韓嗣煌先生の著書『論拳勁』その3

2009／12／20ー韓嗣煌先生の遺著

「連通」以外に、「弾力」も拳勁の又一つの特徴である。我国の拳術家には「無点不弾簧」（バネでないところはない）という言葉がある。これは、拳術の力量は身体が拡張する時の堅強な支力、すなわち自己の構えの合理的な配備以外に、全身の弾性との呼応（站椿の中で弛緩緊張、緊張弛緩の転換を求めることで、力量は弾性と呼応を形成することができ、更に重心の移動で生産される慣性力と身体各部の空間の仮想力を加える）が非常に重要であると述べている。拳術からみれば、この種の弾力は、通常「連通」を基礎として発揮され、「連通」がなければ、即ち各重要な関節の合理的な協力がないということであり、実際上筋肉と腱、靭帯の弾力を利用することは不可能で、力の運用が受ける影響は厳重である。

最も重要な特徴とは、訓練に於いて矛盾状態を明確に利用することにある。この点が拳勁と一般人の生理的体力の区別における鍵となっている。拳術訓練をしていない者は、自己身体の矛盾が混乱し、自己の妨げとなる問題が全くわからない。しかし拳術訓練では、練習者は自己の各対立する体系をはっきりと明確にし、完全に意識的な神経のコントロール下に帰納させ、妨げとなる要因を有利な要素に転化し、力を用いることに奉仕することが要求される。このレベルに達した人は、力の用い方も単純な拉（＝引く）、圧（＝押さえる）、推（＝押す）、頂（＝支える、つっかえる）ではなく、ある筋肉系統の協力のもとで、体力の発揮を新たな次元にまで到達させる。この種の力の運用は、必ずや拳術特有の「假借」、即ち意念活動の助けを借りて訓練し、自己の身体各部に拳術が要求するものを備える様に調和する。この種の調和とは拳術用語でいう、いわゆる「整」である。この角度から言えば「整」は力の運用状態であり、力量の調和の体現である。故にそれ自体に一定程度の深さがある。「連通」状態は、「整」の初歩と見なしてもよく、矛盾対立の総合利用は「整」の高級段階である。拳術家にとっては、僅かな時間の鍛練過程の中で、各種の運動条件下でも「整」を得、それを絶え間なく高めていくことが重要な課題のひとつである。併せて言うと、「整」の状態の向上に伴い練習者の身体上には明確な感覚が起こり、その外形にも一定の特徴が表れる。程度の比較的高い人は、外形を通して練習者の上達具合と存在している欠点を観察することができる。

歴史的に見て我国は拳術愛好者が多く、数千年来拳術に従事してきた者は何千万人であろうが、実践の中から探索したこの貴重な拳勁の訓練方法は、実に重要な文化遺産のひとつに値するが、本文は理論の方面から提起した一つの梗概にすぎない。

なお、右記を総括すれば、以下の結論を得ることができる。

（1）「拳勁」は「連通」、「弾性」及び自己身体における「矛盾（対立）系統のコントロールと利用」を指している。これより練習者が体感し利用する矛盾系統を「矛盾の建立」と称する。
（2）「拳勁」の訓練で鍵となるのは「矛盾の建立」であり、必要とされる基礎は「連通」である。
（3）「矛盾の建立」にもっとも有効な方法が「意念活動」である。
（4）「矛盾状態」は練習者本人が明確な感覚を備えるだけではなく、外形にも一定の特徴が現れる。故にこれを認識することができ、また把握することもできる。（完）

韓嗣煌先生の著書『泛論虚実』その1

2009／12／21｜韓嗣煌先生の遺著

『泛論虚実』

「虚実」の二文字は、我国の拳術において頻繁に引用され、鍛練の過程で、また実戦の過程に於いても重要な位置を占めており、拳術という学問からみれば指導すべき原則の一つであろう。

しかしながらそれは他の重要な概念と同様に、数千年の実践過程の中でも、全くあるいはほとんど系統だった理論になっておらず、その為「虚実」に含まれる意義は、今に至るまで曖昧である。この様な現状は拳術の学習と発展において大きな障害であり、研究者の努力によって解決しなければならない。

ある人は「虚」とは拳術の実践における陽動作戦の動作であると思っており、あるいは「実」の力を備えていない状態で、また「実」とは力の強い状態と考えている。この様な言い方は戦術の表面現象よりの解釈にすぎない。

しかし実際には拳術界では「虚霊」と「沈実」を以て力の二つの状態を説明している。力の状態からみれば、「虚霊」に含む意味とその影響は大変深いものがある。そこで本文ではこの力量状態に含まれる意味から検討したい。

古くから拳術の実践は、拳勁を備え絶え間なく強化することが鍛練の核心であると認識されてきた。この様な直観認識のもと鍛練者は、訓練を強化し、時間を延長して問題の解決にあたってきた。その目的はまさに自己の力量を重厚、充実させることであった。これが即ち「沈実」の含意である。

一般的に見れば、ある一定の合理的かつ限度内での訓練強化や訓練時間の延長は、確かに一定の効果がある。故に早期の站椿訓練では往々にして曲度を大きくすることを要求し（特に下半身）、「沈実」の目的を達成することを期待していた。しかし拳術の発展はやがてこの様な認識を超越し、「虚実」の問題を提起した。

拳術原理から言えば、合理的な「舒展」（=伸びやかさ）を求め得る為には神経系統による、筋肉の合理的な弛緩と緊張のコントロールを求め得なければならず、必ずや不合理な筋肉の強張り、いわゆる僵力、拙力より抜け出さなければならない。故に初歩の訓練では、ある一定の姿勢、あるいは一定の動作においても、初心者はある種の意念誘導のもとで自己の感覚を通して拳勁の探索を「体認」するよう強く指摘される。
「体認」とは練習者自身の内在的な活動に対する認識であり、その外部に現れるものが精神状態と姿態、あるいは動作である。そして我々はこの「神」と「態」の総体を「勢」と称している。

鍛練の過程で僵力を抜け出した「勢」が「虚霊」の内容の一つであると言えよう。更に矛盾対立の力量状態の脈絡から見れば、無から有に、あるいは局部から全体に、身体から身体外に、及び矛盾対立における主要面の変化などに於いても、全て「虚霊」より着手しなければならない。その後ようやく矛盾の壮大化、強化、及び個別の弱点の改善を語ることができるようになる。これは訓練過程の「唯一」の道であり、飛び越えることのできない原則である。この意義から言えば、「虚霊」は拳勁を探索する過程で、全ての段階、全ての環節の中に貫かれており、故に主導的であると言える。逆に言えば、「沈実」は拳勁の壮大さであり、引き続き継続して探求した後に必要となる発展である。それは「虚霊」から離れられてはならず、また離れることもできず、もう一つの道から生産されるものだが、「虚霊」に依る結果である。王薌斎、姚宗勲の両先生は意拳の創造と発展の中で、みなこの方面で卓越した貢献を作り上げた。

これは、局部強化の練習を絶対に排斥すると言うことではなく、訓練過程の或る時期における「伏虎樁」の練習が一つの実例だが、これら局部の強化訓練の地位はすでに全く「虚霊」

と一緒にして見ることはできない。この様な明らかな下半身強化に於いても、必ずや「狂風巻樹、抜地欲飛」(＝荒れ狂う風が樹を巻いて地を引き抜き飛んでいくと欲する)といった勢いがあり、ただ単に硬直して下半身の筋肉を圧迫するというのではない。下半身の訓練を総体訓練と切り離し、不適当に並べても、永遠に現代拳術が要求する全面的なレベルに達することはできない。このような段階は、拳術が発展してきた歴史に於いてとうの昔に超越されている。(続く)

韓嗣煌先生の著書『泛論虚実』その2

2009/12/23—韓嗣煌先生の遺著

我々は如何なる調整も必要とせず、如何なる条件のもとでも自己の全ての力量を充分に発揮できると思うのは、ただの理論上の理想的な目標に過ぎないと断言する。拳術家の一生の鍛錬はみなこの目標に向かって努力奮闘している。自分に必要な条件を一般化し、特定の要求を縮小し、他人が不可能だと思っている情況でも自己の可能性を創造し、他人が比較的長い調整時間を費やす中で自己の調整過程を短縮し、最大限の戦機を捉えようと如何なる小さな要素をも見逃さぬよう力を尽くす。しかしながら実状はいつも瞬息万変で、実際の情況に基づき絶えず変化、調整し、有利な時間と空間を創造している。自分の必要とする条件がたとえありふれたもので、また必要とする時間が如何に短くとも、あるいは必要とする変化が微少だとしても、それらはすべて運動を通して獲得しなければならない。これがまさに「虚霊」のもうひとつの意味、すなわち随時迅速な変化の準備と運動力量の調整である。

拳術家は練習者に容易に理解させる為、「如履薄氷」（＝薄い氷の上を歩くが如し）などと形象的な比喩を用いて表現した。人が薄い氷の上を歩く時は足をバンバン音を立てて踏み歩くようなことはありえず、全身が「試探」（＝探りを入れる）の勢を保ち、足下の氷に問題を感じればすぐさま足を持ち上げようとする。拳術家は正にこの様な力の状態を捕え、迅速な変化（歩法の転換を含む）において最大の能動性を発揮させようとする。

この種の力量状態は、攻撃する為の条件を構成しようとする前より、常に主導的な地位にあり、更に力量効果の強化や、力量の脆快（＝一瞬の速さ）など合理的な基礎を作りだす。なぜならそれは力量の調整と集中に最も有利だからである。

しかしこれは、ある過程の中で自己の優れた能力を以って、有利な条件を作り上げる為の補助的手段をも排除するということではなく、戦略から言えば一時的な、若干の条件を付け加える必要がある。

当然のことだが、練習者の訓練程度や身体素質の相違により、その力量の強弱にも明確な差が生じる。このことは正に矛盾対立の強化、力量の重厚な訓練の必要性を提起している。故に力量の壮大さについても決して一方に偏ってはならず、これも「虚霊」と密接な関係があり、訓練過程において単独に扱うことはできない。

多くの拳術愛好者は全てのことを功力の大きさに帰属させることを好み、その為「沈実」のみを追求し「虚霊」を求めようとしない傾向にある。現在備わっている功力を合理的に活用できるかどうか？　あるべきはずの効果が発揮できるかどうか？　またどうやって今ある功力を更に壮大にさせるのか？　この様なことが分からなければ、量の変化だけではなく、自ら努力して質の変化を獲得しなければならない。このように全てが「虚霊」の認識と密接に関連しており、また「虚霊」をどの地位に置くかに関係するものである。これら私の愚見を研究者に提供し参考としてもらいたい。（完）

韓嗣煌先生の著書『論矛盾在拳術訓練的中的地位及其他』その1

2009／12／25―韓嗣煌先生の遺著

『論矛盾在拳術訓練的中的地位及其他』（拳術訓練における矛盾対立の地位とその他）

全ての体育運動はみな「諧調」（＝調和、協調）を唱えるが、しかしこの諧調とはまた複雑な問題であり、それは異なった各運動項目の中でそれぞれの目的と要求に従属している。拳術の場合、二つの方面から認識しなければならないと私は考えている。即ち運動の調和と力量の調和である。この二つはそれぞれ異なる範疇だが、しかし互いに関連する部分でもある。

初めに、拳術における「諧調」とは一体何か？　と考えた場合、私は「一致性」であると思っている。そこでこの問題を更に詳しく探求してみたい。

拳術訓練の目的は、雑に言えば発力の養成であり、広い意味で発力は二つの面を含んでいる。その一つは力が相手の全体に作用するもので、これを「放（注：発、あるいは発放とも言う）」と称す。もうひとつは力量が相手の局部に作用し、これを「撃（注：打、あるいは打撃とも言う）」と言う。この点から以下の様な結果を見ることができる。即ち一切の力量は一定の動作あるいは運動を通じて体現される。この動作が意識的であろうが無意識であろうが、また動作が大きいか小さいか、時間が長いか短いかに係らず、動作と切り離された力は全て虚構の力で、根本的に何の効果を生むこともできない。故に調和された動作がなければ、力を充分に発揮することにも影響が及ぶと言うことができ、動作の調和は力量の調和においての必要条件である。

私は『論拳勁』の文章の中で、拳勁について他の運動力量を比較した場合、「連通」「弾性力」と「矛盾」がその特殊性であると提言した。拳術はいかなる状態のもとでも、動作の要求が拳勁の障害になるようなことがあってはならない。これこそが拳術動作の過程での調和の含意を規定していると言える。故にあるひとつの動作が「一致性」があるかないかによって、その拳勁が弱められることなく、滞らずに体現できるかどうかが決まるのである。

故に、一般の芸術性動作の調和と拳術動作の調和には根本的な区別があり、前者は打撃の力量と打撃の意識がなく、後者は拳勁が完全に体現できるかどうかによって判断される。そ

の為両者は一緒に論じることはできない。（続く）

韓嗣煌先生の著書『論矛盾在拳術訓練的中的地位及其他』その2

２００９／12／27　韓嗣煌先生の遺著

　また、いわゆる力量の「一致性」は全身のプラス的要素を引き出し、連続的な打撃に従事することが要求される。つまりこの様な打撃は拳勁の運用と言え、拳勁訓練とは原則からみれば正に力量の一致訓練である。言い換えれば、拳勁とは拳術が要求する力量の調和された状態である。

『論拳勁』で提起した三つの特徴は、おおよそ拳術の力量訓練の要求を概括している。しかしこの三つの特徴は訓練上それぞれ単独に現れるわけではなく、異なる時期で重点がかわるだけだが、概念上では明らかに異なる範疇に属している。その為理論の分析上、区分する必要がある。

　通常、初期段階の練習者は「連通」から着手すべきで、これによって比較的早く身体の主要関節が神経に従い動き、更に高級な活動の為の基礎を打ち立てる。但し、練習者はいちはやくに「矛盾」状態の訓練を導入するべきで、ひたすら単純に「連通」を求めるのは誤りである。「矛盾」訓練を導入せずに「連通」の程度をさらに高めようと思っても不可能である。

この「いちはやく」とは時間の長短で「速い」を定義するのではなく、練習者の訓練効果を見なければならない。また初歩的な「連通」状態には客観的な基準が無ければならず、この基準に達すればすぐに矛盾の訓練を導引するべきである。

ではこの基準とは何なのだろうか？　それは主に身体の加重感である。練習者は一定の意念活動を通じ、身体に加重感が生まれる。この種の感覚は、実質上は腱の合理的な緊張の反映されたものである。加重感の外にもその他の感覚、例えば膨張感や、蟻が這っているような感覚などがあるが、ここでは多くは述べない。

ここで再度二つの問題に関し説明したい。

（1）練習者における「放鬆（＝リラックス）」とは、練習過程の必要手段に過ぎず、その目的は合理的な緊張にある。いわゆる合理的緊張とは、主に腱を指し、特に関節部分の腱の緊張であり、主に関節上で体現され、必然的に練習者自身の感覚と骨格、構え（注：骨格構造）に関連している。そこで第二の問題、即ち「形」と「神意」の問題が引き出される。

（2）自己の感覚と外形は二つの異なるものだが、但し表裏の関係にあり、言い換えれば合理的な緊張には必然的に合理的な外形が存在する。拳術界には古くから「神意」の概念があるが、これも今に至るまで明確な解釈がされていない。私はいわゆる「神意」とは一定の精神状態及び意念活動、誘導のもとでの自己の感覚に対する体認状態と思っている。それは「形」と分けることはできない。

合理的な意念誘導のもとでの合理的感覚がなければ、合理的外形を得ようと思っても不可能である。逆に言えば、外形が不合理であれば「神意」も必然的に欠陥がある。そうでなければ拳術の指導者は何を以って学生の内在活動が正確かどうかを判断すればよいのだろうか？　昔の拳術界でよく言われる「只求神意足、不求形骸似」（＝ただ神意があることを求め、身体の形は求めない）の意義は、練習者が単純に師の外形動作のみを真似することを戒めているに過ぎず、その精神の実質を掴み取らなければ拳術訓練の魂を失ってしまうということである。但しそれは決して合理的な外形を否定しているのではなく、特に初心者に対しては常に姿勢を直さなければならないことは言うまでもない。（続く）

韓嗣煌先生の著書『論矛盾在拳術訓練的中的地位及其他』その3

2009／12／29 ― 韓嗣煌先生の遺著

ここでまた拳術訓練における矛盾の本質的問題に戻りたい。

いわゆる「矛盾」とは練習者自身の力量の対立状態を指している。この対立状態は、一部の人達の言ういわゆる内家拳術が古くから認めている重要な拳勁訓練である。これらの門派はよく「模東西」（＝モノを模索する）あるいは「找東西」（＝モノを探す）と言い、朝夕これを求めるが、大部分は力の矛盾状態の建立を指している。これより「矛盾」建立の重要性が証明される。各門派の相違とは、原則上その方法と重点の違いであるが、また各派の「矛盾」に対する認識の深さも、日に日に差が広がっていく傾向にある。

原則から言うと、「矛盾」の建立は以下の諸方面に深刻な影響を与えている。

（1）一方の対立面を通じて、ある力量状態における弱い部分を検査する。なぜならば、対立面と主動面は常に同時に現れなければならないからである（強弱の程度はある時は同時ではない）。故に対立面がなければ主動面もありえなく、拳術用語で言うところの「没有東西就是没有勁」（＝モノが無ければ勁力も無い）であって、対立面の具体化は主動面の集中、あるいは調和であり、対立面が次第に沈厚になりまた変換速度が速まることは、主動面の力量の増強と反応能力が向上されることだと言えよう。故にこの二つは常に相反し相成している。

（2）神経支配上からある力量状態の対立面の存在を体認し、実際に力を用いる過程でその作用の障害となるものを可能な限り削除する為、更に制御を加える。

（3）対立面の建立は拳術における「仮借（＝仮想訓練）」の必要性とその手段を構成し、それは練習者の自然な体力の運用を飛躍させ、質の変化をもたらす。昔の拳術家は「假借無窮力」

（＝仮想は無限の力なり）という名句を遺しており、当時の拳術家が「仮想」訓練に対しこの様な高い評価をしていることが想像できる。当然「無窮」（＝尽きない）という言葉を文字通りに理解するべきでなく、それは仮想には有益な効果が充分にあることを説明しているのである。

（4）対立の建立は「弾性」と「鼓蕩」の基礎である。「弾性」と「鼓蕩」とは力量の訓練状態であり、また力量の運動状態ともなる。拳勁からみれば、これは高層建築のようなものと言える。「矛盾対立の統一」を基礎としなければ、この様な高層建築を構成しようと思っても極めて困難である。同様の目的を達成する為には、膨大な体力と練習時間を費やさなければならず、更に方向性のズレが生じる危険性も存在している。

前述したように、「矛盾対立」を建立し、併せてその「矛盾の統一」を求め得ることは拳術訓練における非常に重要な部分であり、練習者にとっての最終的な成就である。そこで我々は拳理において更に分析を加え、練習者が道外れぬよう助け、より大きな練習効果を得るよう心がけなければならない。（続く）

韓嗣煌先生の著書『論矛盾在拳術訓練的中的地位及其他』その4

2009／12／30―韓嗣煌先生の遺著

前文から、矛盾訓練が拳術の領域中で重要な地位を占め、訓練の各重要部分と関係していることが理解できると思う。よって必ずや矛盾訓練を深く分析しなければならない。

矛盾対立建立の理的方面をみれば、それは一定の意念誘導のもとで、練習者自身が形成する力量の対立状態である。この種の対立状態は、その建立の過程からみれば、「局部」から「整体（＝全身）」へ、単純から複雑へと進んでいく。

拳術家は練習者の動作を評価する際、頻繁に「局部」あるいは「整体」の二つの概念を引用し、通常「局部」には欠陥があり、原則上の問題が存在しているとする。ここで言われる「局部」と「整体」は、練習者が建立した矛盾状態における範囲を指しており、言うまでもなく我々が要求するのは「局部」ではなく「整体」である。故に「局部」が発生する現象は、練習程度以外、つまり初心者は必ず先に「局部」から着手しなければならないが、それ以外では、主には練習者が拳術訓練の原則における方向性を明確に理解していないからである。

練習者の意念活動からみると、仮想の中での対立面の位置を基準とし、矛盾を身体内と身体外の二つに区分することができる。

王薌斎先生はかつて「自身皆倶備、反向身外求」（＝自己にみな備えれば、転じて身体外に求める）」、「不求己身、無物可求、執着己身、一無是処（＝自己に求めなければ、求められる物は無く、自己に執着すれば、正しいものは一つもない）」という名言を言われた。私はこの二つの句は矛盾状態のあるべき発展過程の本質を提示していると考えている。ここでの最初の問題は、一体何を「備える」のか、何を「求める」のか？　でありそれらが明確でなければ、多くの訓練は盲目的な行動となり、その主題と要点がつかめず、訓練結果も似て非なるものとなり、良い結果は生まない。

いわゆる「備える」とは、自分自身の身体、及び身体間の矛盾対立の状態が既に建立されていることを指していると言える。これを達成させるのは、初歩的にも容易なことではない。しかし矛盾状態の範囲が身体内にだけ限られているのでは全く不足しており、必ずや矛盾状態を更に発展延伸し、その対立面を身体外の目標にまでかこつけなければならない。

別の角度からみれば、力量の一致制を求めるには、必ずや仮想上の身体外の対立面を存在させて体験しなければならない。矛盾の対立面とは、実際には力量運用の過程内での対象と敵であり、この様な対立面がなければ、自己の感覚上から力の一致の程度を検査することは不可能である。（続く）

韓嗣煌先生の著書『論矛盾在拳術訓練的中的地位及其他』その5

2010／01／02―韓嗣煌先生の遺著

自己身体の矛盾状態と身体外の矛盾状態の区別は、主に練習者の意念誘導に従属している。但し自己身体の矛盾は、身体外の矛盾の基礎となり、後者は前者の発展である。身体矛盾の訓練がなければ身体外矛盾を得ることはとても困難であり、その効果も遅い。もし初歩的に前者を備えても、後者の方向に発展させなければ、そのレベルは永遠に低いままである。長年練習を積んでも、発揮されるべき力が得られないということがよくあるが、恐らくこれも重要な原因のひとつであろう。

その他、一部の練習者は身体外矛盾の段階に入っても、頻繁に多くのズレが発生するが、このズレは身体外矛盾を建立する過程で、自己身体の矛盾状態を見落としていることによるものである。身体矛盾の基礎もなく身体外の矛盾対立を求めても、正常な軌道に沿った発展など不可能なことは、この拳術界では既に実証済みである。身体を「僵滞（＝こわばり滞る）」や「用力（＝力を用いる）」状態にして、本人は合理的な緊張をしているのだと誤解してしまいやすい。そして身体外矛盾の訓練に進んだ後も、進歩は遅く弊害が次々に生じてくる。人によっては一生かかっても拳術水準を向上させることはできず、単なる局部強化の効果しか上がらない。自己身体と身体外の相互関係を明確にすることは非常に重要であり、矛盾訓練の方向性においても重要な問題である。（続く）

韓嗣煌先生の著書『論矛盾在拳術訓練的中的地位及其他』その6

2010／01／03―韓嗣煌先生の遺著

次に矛盾を体認する方法から見れば、「静止」と「動態」の二方面があるが、この問題を提示するのは、動作を軽視する傾向にある練習者が存在するからである。王薌斎先生は「意拳」を提唱して以来、拳術界に対し巨大な貢献をしてきた。多くの練習者は、站樁から着手することにより、力は著しく迅速に高まったが、近来一部の人達は、站樁さえおこなえば全ての問題が解決すると思い込んでいる。勿論、站樁は重要ではあるが、しかし動作の訓練、試力、発力及び作拳などが不足すれば、力量の運用について論じることなどできるはずもない。理論上、如何なる動作にも内に運動要因を含んでおり、動きにおける調和の要求があり、それは単純な站樁に比べ非常に複雑である。故に「相対静止（＝ほとんど静止）」から「動作」に至るのであり、形態変化の問題は簡単なことではなく、それには本質上の区別がある。直接的に言えば、站樁そのものは力量調和の訓練を主としており、試力や、発力、作拳は、力量の調和と運動調和の総合体現であると言える。勿論、站樁の修練を相当に積んだ人は、正しい訓練方法の指導のもと容易に動作の要領を把握することができる。しかし所詮站樁は、試力に代わることはできず、更には発力、作拳に取って代われないことは言うまでもなく、動作訓練を経ていない者は、永遠に「動作」と「力量」の相互関係を体得することはできない。比較的静止した状態の中で多少の矛盾を模索できても、動きのレベルは非常に劣るという練習者を眼にすることがあるが、これはあるべきはずの力量を発揮できないという結果を招いている。一部の人が長い間進歩が停滞し、なかなか上達できないもうひとつの原因がこれである。（続く）

韓嗣煌先生の著書『論矛盾在拳術訓練的中的地位及其他』その7

2010／01／04 ― 韓嗣煌先生の遺著

右記の討論に基づけば、自然に「試力とは何か？」、更には「試力」の中のいわゆる「力」とは何を指しているのか？　という問題が提起される。この概念が明確になれば、極めて多くの者のレベルは迅速に向上し、拳術における訓練過程の中で、「試力」という関節が、遅過ぎず、また早過ぎず、合理的な位置に手配することができる。

試力はまさに動作の中で拳術が要求する矛盾状態を建立するものであるが、ここでまたひとつの問題を説明したい。通常、長い歴史をもつ門派は、動作の「軽」と「緩」を要求し、例えば太極拳、形意拳等がそれである。これらは特に初心者に対して力を用いないことを要求するが、一見するとこれでは試力の意義は失われてしまうのではないか？　とも思える。しかし拳術の試力訓練でいう「力」とは、実は矛盾対立の体現であり、一般人が指す筋肉の緊張を内在するそれとは区別される。よって初学者が練習を始めるとき、一般人が習慣的に用いる力を避けるよう注意し、特に意念誘導を通して矛盾状態を建立することが要求される。もし練習者が初期の頃に筋肉が混乱した緊張状態になれば、要求される矛盾は根本的に建立できず、高い境地を求め得る可能性は失われてしまう。それならボクシング訓練の様にサンドバッグを敵と仮想して練習した方が、まだ直接的であろう。しかし我国の拳術訓練と水準は、この様な初級の比較的原始的な方法を既に超越している。意念誘導のもと、「軽」と「緩」から着手し拳術の矛盾を建立するのは、我国の拳術が世界水準の先端にいることを反映しているのである。

武術としてみれば、「軽」と「緩」では敵を克服し、勝利を得ることができるのか？　と問う人もいるかもしれないが、勿論それは不可能である。これらは飽くまで入門の手段に過ぎず、一旦矛盾状態が建立されれば、必ずや「強化」的訓練と「迅速」の訓練をおこなう必要があることを注意すべきである。この方面に関しては更に別途文章を書きたい。（続く）

韓嗣煌先生の著書『論矛盾在拳術訓練的中的地位及其他』その8

2010／01／06—韓嗣煌先生の遺著

本文の後半で討論する重要な命題は拳術矛盾の「主動面」であり、ここでは分かりやすい例として「撑（＝内側から支える、突っ張る）」と「抱（＝抱く）」の矛盾を説明したい。

伝統的に伝えられている「撑三抱七」は、多くの者がその意味を誤解し、三と七は力量の大きさの比率であると思い込んでいる。ここで二つの問題を提起したい。一つは「撑四抱六」或は「撑ニ抱八」ではいけないのか？　二つ目は練習者と指導者はどうやって「外側を支える力」と「内側を抱く力」の比率を判断し把握するのか？

私は「三」と「七」が指す意味は根本的に「撑」と「抱」の力量比率ではなく、「抱」を矛盾の「主動面」と指していることであると思っている。

先ず「主動面」とは何なのか、を説明したい。

我々が手で壁を押すと仮定すれば、人が押す力と壁が人に与える反作用の力は一対の矛盾を構成する。この二つの力量は双方の矛盾を代表しており、更にその大きさは永遠に均等である。但し人は壁を押しに行かなければ、壁が人を押しに来ることはありえない。壁が人に与える反作用力の大きさは、人が壁を押す時の力の大きさによって決定するので、我々はこの人が壁を押す力を「主動面」と呼ぶ。

拳術からみれば、内側に抱くのは力量の収斂であり、「撑」は力量の発散である。多くの情況下において、打撃作用は力量の発散である。いわゆる「撑三抱七」とは訓練中に「抱（収斂）」を以って主動とし、矛盾状態を建立することを指している。この様な練習の目的には深い意味がある。

誰もが知っているに、兵法に長けた軍事家は、一戦が決定しないうちは常に自己の兵力を隠し収斂させておき、時機が来れば猛烈な攻撃を仕掛ける。拳術力量の訓練もまた同様で、常に自己の功撃力を蓄えることで作戦を有利にさせる。軍事家は日常の訓練過程では、ただひたすら兵力を収縮しているだけで何の演習もせぬことはありえない。同様に拳術訓練も基礎段階から随時力量の発散状態を養い、力量の運用―発力と攻撃―の基礎を打ち立てているのである。実際上発散を以って主動となす矛盾状態を建立するのは、収斂を主動の状態にするより困難であり、故に先に収斂を主としておこなわなければならない。（続く）

韓嗣煌先生の著書「論矛盾在拳術訓練的中的地位及其他」その9

2010／01／07―韓嗣煌先生の遺著

ここまで至れば、更に具体的に「局部」と「整体」の区別を説明することができよう。いわゆる「局部」とは矛盾建立の範囲が、ただ身体の一部の間だけに限っており、例えば腕の「抱」と「撑」、腿の「撑」と「挟（＝挟む）」などである。いわゆる「整体」は各主要な身体部分で相互同時に矛盾状態が現れ、即ち腕と腿（注：ここでは中節、根節部分を指しています）それぞれの矛盾だけでなく、腕と腿の間、手と足（注：ここでは梢節を指しています）の間等にもみな矛盾状態を現し、この種の状態は、矛盾が身体外に拡張する際にとりわけ重要である。この概念を明確にすれば、練習者が局部の矛盾状態を建立した後、迅速に整体に発展する為の助けとなる。

問題の鍵はここにあり、どの道を通って局部の矛盾を整体に発展するかにより、最も便利で簡単に効果を得られるのである。本来拳術の原則的要求からすれば、身体上の任意の二点に矛盾を持たなければならず、この様な状態こそが最も理想に合っている。しかし人体にはこの様な点は無限に多く、一つひとつ求めても求めきれない。それゆえ我々は、まず重要なポイントをよくおさえ訓練すべきであり、そうすることで全身を統括することができるであろう。まずは大局より着手し、その後徐々に深く細部に入る。先に梢節（＝末梢部分）、つまり通常手足の矛盾状態から着手して順々に各間接の矛盾を建立すべきである。（続く）

韓嗣煌先生の著書『論矛盾在拳術訓練的中的地位及其他』その10

2010／01／08｜韓嗣煌先生の遺著

矛盾状態が梢節に貫徹するか否かは重要な問題であり、今後の力量の発揮に関係する。人は歴史の発展過程において、手による労働が頻繁にあり神経の働きが鋭敏である。その為手の矛盾状態は比較的容易に形成することができる。それに比べ足は難しく（併せて説明すれば初歩の走歩訓練は、実際は下半身の試力である）、一歩進んで全身各関節を連係させる訓練は更に困難である。その為、この方面の訓練は意念の誘導に頼っている。例えば「抱」と「撑」の状態は、本質上は両手間の矛盾対立であり、この種の状態を各関節に拡張する時、徐々に矛盾を局部から整体に導いていくことができる。拳術には「無関節不頂、無関節不挟（＝すべての関節は突出し、挟まないところはない）」という言葉があるが、我々は順序に従い手首から肘、肩、股と関節を一つひとつ解決していけばよい。

しかしこの種の発展はやはり局部に偏重している嫌いがあり、訓練からみればまだまだ不足している。この問題を解決するには、必ずや上下の矛盾をしっかり掴えなければならず、この種の矛盾は集中して頭部の「領（＝導く、率いる）」が反映し、「領」の意念活動を通して腕が抱きかかえる仮想物の重量を加えていく。この重量感は腰から足に伝わり、そして全身で引き受ける。

この様な訓練方法は、全局を掴むことができ局部だけに陥ることはない。私は、練習者は初歩の整体矛盾を建立した後に「試力」の練習に入るのが最も効果的だと思う。但し練習者が「ほとんど静止」から「動作」の転換に困難を感じればその負担を軽減する為、整体矛盾が建立できる前に、簡単な動作を訓練に加えてもよい。この種の動作訓練は、動作の調和を主な要求とし、その後練習者の上達に随って段階に応じた適当な力量の調和の要求を提起する。この様な訓練方法は単純な站椿、あるいは単純動作に更に有効的な効果があることは、実証済みである。

右記を総括すると、これまで提起した矛盾訓練は以下の四つの重要な概念となる。即ち

（1）局部矛盾と整体矛盾
（2）自己矛盾と身体外矛盾
（3）ほとんど静止した矛盾と動作の矛盾

（4）矛盾の主動側と受動側

本文は、理論上この四つの概念を明確にし、拳術訓練の促進効果を上げる為分析したものである。

（完）

韓嗣煌先生の著書『試力』その1

2010／01／11｜韓嗣煌先生の遺著

過去に発表されていた韓嗣煌先生の論文は前回で全てですが、韓先生が亡くなられた後、更に『試力』と『発力』の二つの論文が発見されました。これらは文化大革命の動乱時期に紛失していたものです。何人かの兄弟弟子がそれぞれ一部のみを所有していたようですが、近年になってそれらが集められ復元されたようです。

尚、『試力』の論文に関して、また数回に分けて意訳掲載したいと思います。この論文に書かれた具体的な訓練は本日の練習でおこなった通りですが、これからの練習に際して、この論文の要点も留意してください。

『試力』

およそ運動過程の中で拳勁を養成する訓練を総じて「試力」と称する。その本質を言えば、ほとんど静止した状態の中で追求した矛盾を、運動状態の中に転換することである。試力が解決しなければならない問題は、姿態変化の過程中で力量の調和と運動の調和の統一を求め会得し、更に進んで拳勁運用の基礎を構築することである。

私は以前の論文において、唯一運動を通してのみ、有効な打撃力を発揮することができると強調してきた。この運動の動作に大小の別があろうと、速度に速さ遅さの差があろうと、あるいは生理的に分類してその運動が意識的か意識下かに関わらず、運動は力量を発揮させる必要手段である。

試力訓練の鍵は、先ず訓練課程の中の矛盾を明確にさせ、あわせてここから適当な意念活動を打ち出し、練拳者に正確な道筋に沿って着実に向上させることであり、この為以下の点を明確に指摘しなければならない。

1．試力訓練において要求される矛盾は他でもなく整体矛盾である。但し初心者は、易から難へ、簡から繁へ進むように、局部矛盾から着手すべきである。

2．試力訓練において要求される矛盾は身体外矛盾であるが、初心者は自己身体の矛盾から着手すべきである。

3．試力訓練において運動の調和と力量の調和の統一を達成することが要求されるが、初心者は運動の調和に重点をおいて着手すべきである。

総じて言えば、規定の訓練目標に到達するには、易から難へ、低級から高級へという順序を厳守することである。目標がなければ方向は明らかにならず、正確な訓練方法を規定するものがない。また目標があっても、すぐに到達することはなく、必ずや一歩一歩進まなければならない。

ある門派には一定の套路（＝型）があり、ある門派はいくつかの姿勢を集中して訓練する。これらの姿勢の多くは戦闘過程で頻繁に現れるものか、あるいは訓練における特殊な意義を持つものであるが、今は套路訓練などの優劣についての意見はあえて述べない。このような問題は30年前、既に著名な武術家が論じており、ここでは試力訓練の原則的問題について論じたい。（続く）

韓嗣煌先生の著書『試力』その2

2010／01／12 ― 韓嗣煌先生の遺著

一・「軽と緩」は目的ではなく、手段である。「軽と緩」より着手しなければ、すべての運動過程を緻密に体で観察することは難しく、また神経支配から筋肉をコントロールすることも困難である。その結果、動作は始めから終わりまでに大きな空白をもたらし、練習者は永遠に粗削りで、動作の振幅も大きく、つまり準備動作も過度に大きいままである。故に「軽」と「緩」は拳術の発展における歴史の産物であり、ある武術家が根拠もなく空想で述べたものではない。「軽」と「緩」から着手することは、我国の拳術水準の質的変化の表れであり、その裏には深刻な意義が隠され、それはまさに運動過程での矛盾建立である。

二．初心者は、先ず緩やかな変化を掌握すべきである。なぜなら最も有効なイメージは水中の模擬的動作であり、全身各部分が水の抵抗力を体得し、抵抗力はまさに矛盾の反映である。これを放棄すれば「軽」と「緩」は単純な形式的なものになり、有益な核心を失ってしまう。

三．肢体のいかなる一部分の動作も、みな全身の水中運動と繋がっていなければならない。手の動作は手の試力であり、一定の運動過程の中ではある点に偏重しているが、最終的には互いに協調し合い、統一的矛盾システムを形成しなければならない。この目標を達成する為、初心者は局部から全体に向かって発展させるべきである。矛盾を建立するとき、その矛盾が日増しに明確に、また豊富になるに随い、抵抗力の感覚も徐々に強まっていく。（続く）

韓嗣煌先生の著書『試力』その3

2010／01／13｜韓嗣煌先生の遺著

四．理論上から言えば、運動過程の中で練習者の肢体はいかなる二点間においてもできるだけ矛盾を建立しなければならず、この種の矛盾は「争力」を通じて体現される。現代の練習者の多くは、程度はそれぞれ異なるが、手部に偏り、足部を疎かにし、頭部は更になおざりにされている。多くの場合、手部は戦いの中で力量が伝わる「梢節（＝末梢部分）」で、また相手に力量を与える先鋒であり、当然重要な器官である。しかし力量の源泉は通常は足部であり、足部と全身の矛盾関係が欠乏すれば、手は根のない木、源のない水と同じである。

更に頭部に関しては、全身の力量の調和における重要な鍵であり、胴体の梢節、脊髄骨の先端部分で、この部分を軽視して全身の矛盾を建立することは不可能である。その結果、本来あるべき胴体の弾力性と肩の効果的作用は発揮されず、あってはならない弊害さえ現れる。

故に試力を学び始めるときは局部、つまり手部あるいは足部の摩擦歩からおこなわなければならないが、局部の抵抗力感が生まれた後は、すぐに頭部を含めた全身が水中にあるイメージを活用し、全身が分裂しバラバラにならないようにしなければならない。

五．運動の調和を追求する為、練習者はいくつかの補助訓練、例えば足で小さな球を踏み転がす、手をボールにつけて動かすなどの練習をしてもよい。しかしこれらはみな飽くまでも

補助練習に過ぎず、決して試力の本質的要求を誤解してはならない。（続く）

韓嗣煌先生の著書『試力』その4

2010/01/14―韓嗣煌先生の遺著

六・先人達が大量の実践経験の中で総括した試力訓練の要点の一つに「順力逆行」がある。いわゆる「順力逆行」とは、自己の力量感覚が肢体運動と相反する方向に沿って伝導することを指す。「順力逆行」の名称は民間の武術研究家の技術用語で、その由来は考察できない。以前はただ一種の感覚、一種の訓練として提起され、高い理論の認識はされず、それ故この貴重な遺産は単なる実戦経験の一部分に過ぎず、試力訓練の目的と全過程の有機的繋がりが欠乏している。しかし「順力逆行」という概念は、必ずや矛盾の本質から反映すべきであり、それにより初めてこの種の訓練も試力という領域の中での地位が明確になり、併せて互いに関係するいくつかの問題を引き出すことができる。

其一：「順力逆行」は、自己矛盾の訓練であり、それは一歩進んで身体外矛盾と一つに結びつく。簡単な言い方だが、自己身体にこの感覚が建立されたら、この感覚を運動中の抵抗力と密接に結合させ、それより最大の訓練効果を充分に発揮しなければならない。これはいわゆる「拙力を用いる」即ち「勁を封じ込める弊害」を避け、拳術界において長い間はっきりと分別できなかった「用力」と「合理的緊張」という二つの概念を正確に区別することができる。言い換えれば、矛盾における沈実から合理的緊張を体得していかなければ、結果は必然と盲目的に不合理な力を用い、自己身体の「強張り」を作り拳術訓練の目標と反対方向に進み、百害あって一利もないだろう。（続く）

韓嗣煌先生の著書『試力』その5

2010／01／15　韓嗣煌先生の遺著

其二：一歩進んで「順力逆行」は我々に対し、矛盾は一種の板のようなぎこちない状態ではなく、身体に沿って一定程度に拡張することを明確にしてくれる。この拡張は一種の特殊な過程で、それは「弾性」と「鼓蕩」訓練に必要な基礎となる。また「行」の一字は矛盾の拡張過程を象徴的に暗示している。

矛盾の感覚は勿論ある一瞬において全身が一致するが、また通常の運動過程の中では、ある一部分は順次別の各部分に発展し、拳術の「整」に対する霊活性を提供している。

つまり拳術における「整」は単純に「一塊の鉄板」のようなものと解釈してはならず、姿態の変化過程でも依然として充分に体現される。同時に矛盾の拡張そのものは正に「衝撃」

であり、静止状態の「整」に更に威力と多種多様の変化を与えている。この衝撃は、練習者の体重の動揺が生みだす慣性力を援助し、運動過程の中で相手に対し作用力を与える。これが拳術家の用いる力であり、通常の人が用いる力とは本質的に異なる重大な区別の一つである。（続く）

韓嗣煌先生の著書『試力』その6

2010／01／16－韓嗣煌先生の遺著

七．拳術で長い間明らかにされていなかった「断」と「連」という概念は、練習者を困惑させるもう一つの問題である。「断」と「連」は一つの問題の二つの対立面であり、どちらかの一方に対する含意を明確にすれば、もう一つも自然と解決する。では「断」とは何を指すのか？

理論上から厳密に言えば、拳術の訓練において如何なる瞬間でも矛盾が失われてしまえば、我々はそれを「断」と呼ぶ。ただ残念なことに、多くの練習者はこの概念に束縛されてしまい、各方面での運動速度を円滑にすることが「断」に成らない唯一の方法だと誤解している。その結果反って套路（型）という組立ての無い套路に陥り、そこから抜け出すことができずにいる。

詳しく説明すると、人は動作をおこなう時、肢体の運動範囲は必ず限りがあり、ある一定の位置で方向転換をしなければならない。例えば手を前方に推す動作では、ある位置まで来れば手を戻す必要があり、いつまでも無制限に推し続けることは不可能である。手を引き戻す瞬間、多くの者は上手に処理できず、この転換箇所で「断」が生じる。ある者はこの「断」の現象を回避しようと、いかなる動作においても運動形式上で円弧を描き、この様にしてこそ「断」の問題が解決できるかのようであるが、これも一種の形而上学的見方である。

ある状況下において、動作を平らに方向変換しなければならない時、肢体の円弧運動を利用して速度方向を転換する方法も肯定すべきである。しかし打撃動作の多くは真っすぐに手を出して真っすぐに戻し、速度方向の転換が発生する時の力量は、「断」にならぬどころか反って力量の最高点に到達する。この種の例は古今東西よく目にすることだろう。故に、形式上の円転運動から力量の中断を回避することには一定の限定性があり、また現在の太極拳などの拳派がこの制限を重視する要因の一つであると指摘できる。もし試力の矛盾を掌握できなければ、理論上だけでなく実際の鍛練においても、更に高い質の特別な試力方法を提起できるであろう。

右記を総括すると、拳術訓練の各段階において、自己矛盾と身体外矛盾の絶え間ない向上に随い、試力の内容もこれによって変化する。反対に試力の訓練後は、力量と動作は新しい調和水準に到達し、また新しい矛盾を探究する道を開くことができる。故に試力は拳術訓練の重要な一部分であり、私は一定の理論分析をし、あるいは試力動作の姿、状態を明確に表し、言葉では伝え難い問題を解決することができるものと信じている。（続く）

韓嗣煌先生の著書『試力』その7

2010／01／18—韓嗣煌先生の遺著

拳術試力の特殊形式その一

通常の試力訓練を経たものは、その試力を更に高い段階に導かなければならず、それが「波動」形式の試力である。自然界の運動物体の中では、みな至る所で「波動」形式の運動状態を具えている。例えば水の波動起伏、風にそよぐ柳の葉、風にはためく旗、水中に泳ぐ魚等。我々はこの様な風景を見るたびに、悠悠とのんびりして満ち足りた感覚を覚える。この種の感覚は偶然ではなく、運動調和における表現形式の一つである。

拳術訓練における運動調和は力量調和に奉仕するもので、なぜなら運動調和とは力量調和の必然条件のひとつであり、手段であり、また力量調和の外部表現の特徴でもあるからである。故に如何なる拳術訓練もこの調和運動の問題を軽視することはできない。練習者は試力訓練のある段階の中で、様々な角度から物体の「波動」過程を模倣しなければならない。柳の枝葉の揺れる様子を観察してみると、枝葉の一つひとつの各点は一定範囲内で往復運動をしているが、如何なる点の運動速度にも強張ったぎこちない変化などは感じられない。同様に、水の波も渦を巻く様は水面の如何なる一点にも起伏があり、また起伏が交錯する時は少しの停滞も現れることはなく、更によく見れば、波の上の各点の速度は如何なる時も同じではなく、全てに差異がある。しかしそれはみな水面波動の一部分であり、ひとつの「整体（＝全体、一体）」を構成している。拳術訓練のある段階として、一定の空間範囲内での肢体の運動方向の変化には、「波動」の特徴を備えることが必要である。例えば我々が試力をおこなうとき、一枚の板のように身体のすべての点を同じ速度で動かしたらどうだろうか？　もしそのようにしたなら、その運動は単なる平行移動で、各肢体の相対位置は永遠に変わることができず、硬直した整体となる。この種の状態は、ただ或る特定条件の下での打撃においてのみ、近似したことがあるだけである。一般的な動作練習においては、肢体間の相対位置の変化は最も普遍で最も一般な形体である。

これはまさに肢体各部分が異なる速度と運動方向を具えており、しかも「整体」運動の調和を損なわないということである。例えば我々が腕を揺り動かす時、実際は指、手首、肘などの各関節は、みな異なる速度であり、その上異なる時間でその運動方向を変化させている。さもなければ腕全体は棒と同じで訓練価値を失ってしまう。まさに何度も指摘したとおり、運動の調和とは力量の調和に従属し、よって一定の運動形体はほかでもなくその力量状態の外部表現であり、「波動」の運動形体とは、力量の波動に従事する手段である。（続く）

韓嗣煌先生の著書『試力』その8

2010／01／19―韓嗣煌先生の遺著

また拳術界で長い間不明確になっているもう一つ、力量の「放長（＝拡張）」の概念について、多くの練習者は戸惑いを感じ、ひいては一定の段階内でその力量の発揮にも影響を与えている。ここでこの概念を理論上から明確にしてみたい。

私は前文においていわゆる「順力逆行」の問題を提起したが、その重要な部分は他でもなく矛盾の順序立てた発展であり、この順序は矛盾の全身各部の強度は同時に最高点に達するのではなく、足部から一定の過程を経由して手部に伝達されることに反映している。

矛盾の伝達過程の本質とは、人体各部、各主要関節が力量作用の過程に参与していることであり、この過程が足の裏から足首、膝、股関節、腰、肩、肘、手首、更には掌までの順序を反映するか否か？　これが武術をしていない者の用力と拳術家の用力の基本的違いの一つである。

通常の人はこの順序が明確に把握されておらず、故にその身体のいくつかの重要関節は持つべき作用が発揮できず、合理的な力の用い方の妨げとなる。この過程と身体外矛盾の連絡を一つの「整体」となすことがまさに力量の「放長」であり、更に明確に言えば力量は身体外に作用し、よって力量の「放出」とも呼ぶことができる。

またある人は、拳術の力量訓練の理想方式は爆発勁であり、一触即発であるべきで、力量の「方長」の要求ではそれと反対ではないか？　と問うだろう。確かに拳術の高次元の訓練目標は、出来るだけ力量運用の過程を短縮させ、打撃の突発性と猛烈性を強化し、それによって攻撃力を鋭敏にして且つ防ぎ難くすべきである。

この種の力量運用とは実質上はほかでもなく力量の集中であり、それと力量の「放長」とは全く異なる情況であって、力量運用の過程を研究せずに、力量の集中を体得することはできないということを明確に示さなければならない。我々は力量の集中の為訓練課程の各緻密な部分をよく把握して練習しなければならず、さもなければ枝葉の動作は、偶然触れたごくわずかな集中力量を発展、向上させることも困難である。つまり力量の「放長」過程は基礎であり、もし充分な基礎がなく上部構造を築こうとしてもそれは不可能である。

「波動」試力の形態は、正に力量放長の表現であり、それだけでなく肢体の運動方向の変化転換に対し完全なる処理を加え、最大限度「断」の現象を回避することができる。これは練習者にとっての必要な条件であり、また更に進んで「弾力」と「鼓蕩」訓練の必要条件となり、ここから力量運用の領域に踏み出さなければならない。

「力量放長」は攻撃手段の一種であるが、ただこの手段は比較的初歩の段階で粗削りなものに過ぎない。注意深く観察してみれば、実のところ内力を研究する多くの門派の套路の中にも、「波動」試力の痕跡がまだ残っている。（続く）

韓嗣煌先生の著書『試力』その9

2010／01／20―韓嗣煌先生の遺著

以下に波動運動試力のいくつかの問題を述べたい。

1．「波動」試力は異なる方向、いわゆる六面力の上下前後左右でもよく、通常は左右波動が練習し易く、前後は比較的難しく、上下は最も難しい。しかし一般の練習中においては、実際は常に総合的に訓練し、ただ重点の違いがあるにすぎない。よって異なる段階において各練習者はそれぞれ異なる要求を出すことができる。

2．「波動」は円周形式を具えることができ、つまり肢体の運動の軌跡は円弧であり、これは比較的簡単な形式である。また「波動」は直線形式も具えられ、これは比較的難度が高く、しかし最も普遍的で一般的力量の運用状態である。

3．「波動」は局部でも、また全身でもかまわず、勿論全身の「波動」は局部より複雑で、全身の「波動」過程では、胴体と手足の間の協調はその重要な問題である。一般的には胴体と手足の「波動」起伏は同じ歩調だが、練習者は必ずやその同じ歩調の基礎の上に、歩調の異なる方向に発展させなければならない。これによってようやく各種の条件のもとで全体的な協調と呼応を的確に把握し、単純な需要から複雑な需要への対応に発展することができ、運動変化も多様化され、訓練も実際の格闘に最大限近づけることができる。（続く）

韓嗣煌先生の著書『試力』その10

2010／01／21―韓嗣煌先生の遺著

拳術試力の特殊形式その二

「弾性」訓練は「波動」試力の後続段階と必然的発展であり、いわゆる「弾性」とは実質上は矛盾状態の主動面と受動面の変化である。

例えば我々が力を用いてバネを圧縮した場合、圧縮過程の中でバネ自身は始終矛盾の受動側にあり、我々自身は主動側にある。この時、変位の増加に随い力量も増加し、また一定の位置まで圧縮された時、我々の力量は受動側に変換され、バネの圧縮が戻るに随い圧力も減少するが、これが機会運動の中の「弾性」過程である。

拳術訓練では、前に推すか後ろに引く、上に持ち上げるか下に押さえる、開くか合わせる、その他の各種運動に関わらず相互に矛盾対立する二つの力量面の受動側は意念活動の中で機械運動のバネの代わりをつとめている。例えば手で前に推す、あるいは後ろに引くことを例にとると、前に推す時に圧縮を受け、ある一定の位置に達すれば圧縮されたバネは手を押し戻す、この種の力量訓練がまさに「弾性」訓練である。

今、多くの練拳者の重大な欠陥の一つは、肢体の前進あるいは後退が二つの互いに繋がりのない段階に分割されてしまい、その為運動の方向転換時に必ず「断」の状態に陥るが、これは「弾性」訓練が明らかに欠乏しているからである。

また「弾性」訓練は他にも一般的試力と本質的な区別があり、一般的な試力の矛盾感覚はその強弱程度から言えば比較的平均しているが、「弾性」訓練では永遠に力量強弱の程度の変化に従い、運動方向の転換はまさにその力量の最強点となり、これが即ち力量の衝撃である。王薌斎先生はかつて「動如騰蛟挟浪奔（＝動くはミズチ（注：水中にすむ龍の一種）が昇り浪を連れて奔るが如く）」という名句を残している。また「全身無点不弾簧（＝全身バネでないところは無い）」とも言われ、これらの教えはまだ耳に残っている。しかし若い練拳者の多くはこの点を疎かにしており、なんと惜しいことだろう。（続く）

韓嗣煌先生の著書『試力』その11

2010／01／22—韓嗣煌先生の遺著

拳術試力の特殊形式その三

「鼓蕩」は拳術訓練の上部構造の一部分で、拳術家達が求める精華はここにあり、と言うまでもなく多方面の基本訓練の基礎となる。

拳術の訓練順序からみれば、「鼓蕩」は「弾性」訓練の後続部分であり、また力量の運用と直接関係する。これより拳術訓練には必然的に内在的な規律性があることを見出すことができ、一部一部が緊密につながっていて、少しも曖昧にしてはならない。二十数年の経験からみれば、基本訓練の規律を離れようとした者は、みな異なる程度で拳術が要求している軌道から逸れていき、いわゆる飛び級のような方法は、みな失敗をおこすという結論に達している。ある者は一部の段階にて僅かな部分に触れられたとしても、造詣を深めようとすれば必ずや基本課程に戻って補修しなければならず、順序を追って学ぶことに比べれば、それに費やす体力と時間は遥かに多い。

私は拳術訓練上に存在しているいくつかの根本的な分岐は、様々な歴史的要素によりもたらされ必然的結果であると真剣に考えている。その原因の一つは、我国の拳術理論が本来あるべき整理がなされていないことにあり、その為に優れた判断と予想を発揮することができない。

「鼓蕩」の訓練は、姚宗勲先生はかつて極めて鋭い比喩をされ、「鼓蕩とは、例えば半分だけ水が入ったビニール袋を振ったとき、袋の中で形成される水のようなものだ」と言われたが、この種の比喩は「鼓蕩」訓練におけるあるべき感覚を見事にとらえている。

理論上からみれば、我々が「弾性」訓練の過程を置き去り、あわせて運動の振幅を縮小し、それより発生する衝突感こそが「鼓蕩」である。「鼓蕩」と「弾性」の主な区別は、前者は争力の縮小過程後であり、その主要訓練の一つで、実質上は運動の停滞点、あるいは転換点で矛盾が突出するが、後者の矛盾は運動の全過程に貫いている。

故に「鼓蕩」動作をおこなうとき、運動の転換点以外に全身の高度なリラックスが要求され、姚先生の比喩から分かるとおり、小さな衝突には必然的に方向があり順序があるが、ただこの種の衝突は極めて短い過程で生じ、突然打ち切られるだけである。実際の運動手段からみれば「弾性」と「鼓蕩」は明確に分けられず、そして訓練課程の中ではそれらは異なる段階に従属し、かつ異なる要求がある。付け加えると、「弾性」か「鼓蕩」かに限らず、いずれも専門的訓練が必要で、その共通の基礎はやはり站樁である。但し「波動」の試力方法はこの二種類の力量を追求する触媒、問題を解く鍵であり、この三者の間にはその内在する関係がある。(完)

根節について　その1

2010／01／24—太気拳意拳コラム

韓嗣煌先生の論文はどうだったでしょうか？　今回紹介した論文は、飽くまでも韓先生の研究成果であり、また別の理論を述べている先生方もおります。とは言っても、「鼓蕩」まで理論的に述べている昔の文章は、おそらく韓嗣煌先生の論文だけではないでしょうか。貴重な文章であり、我々も今後研究対象としていきたいと思います。尚、私の個人的な考えになりますが、いくつかの補足説明をしていきます。

「連通」に関して言えは、先に力の伝達順序としての、「根節」「中節」「梢節」の概念を理解してください。よく立禅において、足裏のどこに重心（＝体重）を置くのか？　という質問を聞きますが、力量の伝達、つまり「連通」のみに関して言えば、足裏などの「梢節」をどうするかは、「根節」と「中節」の正しい位置や状態が体認された後の話です。力の発生源の「根節」と、その伝達部分の「中節」が定まっていない状態で、いくら「梢節」の位置を求めても、根の無い枝葉と同様であまり効果的ではありません。立禅は勿論のこと、すべての動作の練習においても同様ですから、その為にも「跨（クア＝股関節及び寛骨部分）」の正しい位置と状態を理解して、鍛練すべきでしょう。

「速い」と「早い」

2010／01／25｜練習日記

昨日の練習は長谷先生による推手の指導がありました。私も勉強させてもらおうと横で見ていましたが、外から見ていると改めて気が付くことがあります。

相手に後れをとっている人（時）ほど、その相手より手を速く動かして見えるという点です。「速く見える」というのは、勿論「速い」と異なります。速く見える原因は、大きく動かしているからにほかなりません。相手をうまくコントロールしている場合は、反対にそれほど速く見えません。相手の力の方向とバランスをいち「早く」察知し、いち「早く」接点の位置と方向を変化させているので、手を大きく移動する必要が少ないからです。更に言えばその変化は軸による動きだからです。

まさに王薌斎先生の言われる「大動は小動に及ばず、小動は微動に及ばず」です。

大動とは扇風機でいえば羽根の部分の動きのことであり、一見してその速さがわかります。また小動とはその羽根の軸の部分の動きのことです。軸の動きは肉眼ではよくわからず一見すると静止しているようにさえ見えます。

中心軸は別に胴体だけに限ったことではなく、いかなるものに対しても中を見つけなければなりません。接点となる自分の腕の中心軸、及び相手の腕の中心軸も認識し、それをどう活用するかを研究することが必要です。

なお、Ｙａｈｏｏ辞書では、以下の通り区別されていました……。

速い↓物事の進む度合いが大きい。動作・進行などがすみやかである。「足が―・い」等
早い↓ある基準より時間があまり過ぎていない。また、ある基準より時期が前である。「朝―・い電車に乗る」「―・いうちに手を打つ」等

根節について　その2

2010／01／26｜太気拳意拳コラム

意拳の源である形意拳には、「根節」「中節」「梢節」という理論があり、この発想は力の伝達のみならず攻防技術においても非常に便利で合理的な考え方です。そしてこの考え方は意拳にも生きています。人間の下半身が「根節」であれば胴体は「中節」、手は「梢節」となり、またその「根節」である下半身も、更に股関節から膝までを「根節」、膝から足首までを「中節」、足首から足の指先までを「梢節」と分けることができます。

拳術で求める拳勁に関し、韓嗣煌先生は、

「消息全凭後足蹬（＝消息は全て後足の踏み切り、踏みつけに頼る）」

「地面と摩擦する反作用力を利用する」

「矛盾の伝達過程の本質とは、人体各部、各主要関節が力量作用の過程に参与していることであり、この過程が足の裏から足首、膝、股関節、腰、肩、肘、手首、更には掌までの順序を反映する」

などと述べていますが、この足の裏の力はどこから来るかと言えば、足の「根節」であり、また足の裏と地面の関係が、

「手で壁を押すと仮定すれば、人が押す力と壁が人に与える反作用の力は一対の矛盾を構成する。この二つの力量は双方の矛盾を代表しており、更にその大きさは永遠に均等である。但し人は壁を押しに行かなければ、壁が人を押しに来ることはありえない。壁が人に与える反作用力の大きさは、人が

壁を押す時の力の大きさによって決定する…」

という文章に表れています。

「根節」である股関節の状態、位置を正しく身体で理解できたら、次にその力を漏れることなく伝える為「根節」と「中節」の連結部分となる膝関節の位置と状態がどうあるべきかを考え、更には「中節」と「梢節」の連結部分の足首関節の位置と状態を調整し、「梢節」の足裏部分から外部の地面へ力を放出する過程を、身体で学んでいただければと思います。

何鏡平先生の著書『回憶向王薌斎先生習拳』その1

2010／01／27―何鏡平先生の遺著

これより何鏡平先生の回想録である『回憶向王薌斎先生習拳』を掲載したいと思います。私が何先生にお会いしたのはもう20年以上前になりますが、その後雑誌等に掲載された先生の何編かの文章を拝見し、先生がご健在であることを知ると同時にその文章から随分と勉強させて頂きました。

残念ながら先生は２００８年の暮れに他界されましたが、これらの文章は今読み返しても大変参考になりますので、皆さんも是非読んでみてください。

『回憶向王薌斎先生習拳』（何鏡平先生著）

１９４３年、私は高校生の頃父の友人であった王化一先生の紹介で王薌斎先生を知り、拳術を学んだ。王化一先生と私の父は共に武術を愛好する友人であり、また王化一先生は王薌斎先生とも親交が深かった。王化一先生はいつも父に対して王薌斎先生の中国拳術への功績を紹介し、父もまた関心を寄せていた。そこで父の関心のもとに、私と兄（注：何鏡宇先生）は王化一先生に連れられ、王薌斎先生のところで拳術を学ぶことになった。

薌斎先生は我々に対し、祖先の原籍は浙江省莫干山で、後に一家で河北省深県に移り住んできたこと、生まれは１８８５年、旧暦の10月9日であること、子供の頃身体が弱く病気ばかりしていた為、拳学名手の郭雲深先生に形意拳を学んだこと、やがて健康になり真面目によく学び鍛練して兄弟弟子の中でも抜きんでたことなど、自身のことを自ら話された。また先生は、門派にとらわれた偏見を持たず各派拳術の長所を取り入れ己の短所を補い、各派の役に立たないカスを除いて精髄を取り出し、偽を捨てて真を残し、それらを集めて独特の風格を持つ自分の拳学を形成したと話された。

私は王薌斎先生との会話を通じ、先生が中国拳術に対する深い悟りのもと、一歩一歩拳術の改革をおこなってきたことを知った。先生は１９２６年上海にて形意拳を意拳と改め、『意拳正軌』を記し、形意拳の名はその意味からみれば、主要なものとその従属的なものの位置が逆転しているとして、拳学は「形を以て意を取り、意を以て形を象(かたど)り、意は形から生まれ、形は意に随い転じ、力は意に由って発し、勢は意に従う」べきで、意こそが全体を導き形はその補助的位置にあり、故に「意の名を以て拳とするは、即ち拳理の所在を示すなり」と提起し、意と形の従属関係は拳学の根本であると明示した。当時の保守的な拳学界における社会的圧力を受けながら、この様な学説を提唱したことは決して簡単なことではなかった。（続く）

何鏡平先生の著書『回憶向王薌斎先生習拳』その2

2010／01／28―何鏡平先生の遺著

この時私はまだ高校生の少年であり、拳術学問に対して全く無知であった。最初に王薌斎先生は、「拳の真髄を知るには、站樁から始めなければならない」と言われたが、また「内は空霊、清虚、外は中正、圓和なり」などとも言われ、それらはみな難解でまるで神書を読むようなものであった。これが、私が生まれて初めて接した拳術、站樁であった。それ以降も薌斎先生は大成拳の理論を話されたが、私には全く理解できなかった。当時薌斎先生は、三台樁、三才樁、子午樁、六合樁、降龍樁、伏虎樁など、いくつかの站樁を説明されたのを覚えている。薌斎先生は、最初に三台樁の姿勢を以って指導されたが、私は先生の言ういくつかの単語がよく理解できなかった為、站樁とは姿勢に角度、時間を加えたものだと勝手に誤解し、長いこと站樁に対する認識がはっきりせず曖昧な状態であった。

薌斎先生に学んでから数ヵ月後の１９４３年の夏、中南海公園の中のプールに中南海遊泳チームが設立され、私と兄もこの遊泳チームに参加した。そしてこの遊泳チームにて、王薌斎先生について学んでいた、竇世明、竇世成兄弟、康守義、葉予方、焦金剛、王守誠、姚友華ら、十数名の兄弟弟子と知り合った。我々は水泳訓練の暇を見つけては敷地内の小さな空地で、站樁、推手、実作（＝組手）等の練習をおこない、やがてこの場所が我々の拳術練習の集合場所になった。ある時、鉄武男という自称朝鮮のボクシングチャンピオンになったことがあるという者が、手を合わせたいとやって来たが、我々の中で比較的実作の得意な竇世成が相手となって、鉄武男を倒し、王先生の拳学の威力を示すことができた。後に鉄武男も謙虚に王薌斎先生の拳学を学び初歩的な知識を得た。

この期間、薌斎先生の大弟子、姚宗勲師兄も中南海プールに頻繁に来て練習に参加し、我々の練習上の問題点に対して随時指導され、それによって我々のレベルも大きく上達した。

（続く）

何鏡平先生の著書『回憶向王薌斎先生習拳』その３

２０１０／01／29―何鏡平先生の遺著

王薌斎先生の拳学に対する改革は、形意拳を意拳に改めたという初歩の成果に留まらず、研究を続けて更に正確な拳学思想を提起した。いくつかの役に立たないもの、例えば養気における周天搬運の法（注：いわゆる大周天、小周天）、意守丹田、呼吸法などはみな否定して取り除き、もともと拳術が具えている科学的思想を主導の地位に引き上げ、矛盾対立の統一という科学観念を強調し、常に古い平衡制御を壊し新しい平衡制御を打ち立て永遠に終わらぬという理論を拳学の立命の根本とした。この理論に基づいて更に新たに、『拳道中枢』という名作を記し、拳術における鬆と緊、動と静、剛と柔、虚と実、上と下、前と後、左と右に関し、科学的で斬新な考え方を以て更なる新しい思想理論の中に現わした。王薌斎先生のこの思想理論は封建的で迷信じみていたかつての拳学思想の腐食を暴きだし、当時の古い習慣を墨守する者たちの強烈な反発を引き起こしたが、先生はひるむことなく科学的先進的な拳学立場を堅持していささかも動じることはなかった。その後何人かの弟子たちの参与により『拳道中枢』は改変され更に充実し、１９４４年先生が中南海の万字廊に住んでいた時、困難極まりない環境の中で『拳道中枢』を『大成拳論』と命名し、武を以て友とし互いに中国拳学を研究しようと声明したが、試合に来るものは一人もいなかった。

（注：于永年先生は、『拳道中枢』は于先生が１９４４年、入門直後に王先生より手書きの原稿を借りて書き写したもので、１９６０年に姚宗勲先生と楊徳茂先生がこれを『大成拳論』と改名して印刷したと主張しており、何先生の話とは異なっている。また他門派との試合に関して、姚宗勲先生の話では、１９４０年から43年迄行われ、その後挑戦してくるものはほとんど皆無だったとのことだった）（続く）

何鏡平先生の著書『回憶向王薌斎先生習拳』その4

2010／01／30―何鏡平先生の遺著

当時私の家は西直門南草場48号にあり、裏門は半壁街胡同に通じていて、竇兄弟の家と近所であった。私は頻繁に竇師兄の家にいって練習したが、またここで孔慶海、李永宗、李広宗などの師兄弟と知り合った。我々は王薌斎先生の励ましを受け、更に練習に力を入れていった。また先生の拳学を学ぶだけでなく、我々にとって生涯の座右の銘となった。その武徳教訓は、例えば、頭直、目正、神庄、気静など絶えず外から見ても正気が備わっているよう我々を導き、また敵に対してもむやみに相手を傷つけぬよう、更には、恭、慎、意、切、和の武術精神と、弱気を助け強気を挫くという気性を指導された。

孔慶海先生（『回憶向王薌斎先生習拳』より）

1944年の夏、北京では〝三十六友飛輪隊〟などのチンピラ組織が現れ、世間を騒がせ民衆を威圧し、みな恐怖を感じていた。ある日我々兄弟弟子達は西単の公益号食品店あたりで涼んでいると突然大通りから叫び声が聞こえたので外にでると、三人のゴロツキがひとりの女性に手を出していて女性は泣き叫んでいた。我々が止めに入ると、自分達は飛輪隊だ、と言い凶器を出し、口を挟むなと脅してきた。それでも宥（なだ）めようとすると、一人が襲いかかってきたので我々は反撃し彼らを追い払った。のちに彼らは、我々が大成拳を学んでいると聞き、避けるようになった。

（注：かつて北京西単におけるゴロツキ集団と姚宗勲先生らをはじめとする練習生らの間で大規模な抗争がおこなわれた。実際の抗争に参加していた楊紹庚先生の話によると、意拳側では李永宗先生が飛んできたビール瓶で眼鏡のレンズが割れ破片で片目を失明されたと言われていた。しかし年代に関しては諸説あり、当時北京は実質上日本軍の支配下にあり、この様な大規模な抗争など考え難く、澤井先生からもこの様な話は伺ったことはない。私の推測では日中戦争直後の混乱期のことではないかと思われる）

１９４６年以降（注：日中戦争終結後）、私は大学の授業が忙しくなり、また卒業論文にも追われ、練習は家の中で時間のあるときのみおこない、他人との付き合いもほとんどなくなってしまった。そして48年に大学を卒業するとすぐに革命に参加するようになった。（注：当時は共産党軍と国民党軍の内戦時期であり、翌１９４９年に中華人民共和国が成立された）（続く）

何鏡平先生の著書『回憶向王薌斎先生習拳』その5

２０１０／01／31｜何鏡平先生の遺著

仕事を始めた頃、王薌斎先生は既に住所を移転されており、どこに住んでいるのか調べても分からなかった。しかし偶然にも薌斎先生が中山公園で站樁を教えているという話を耳にし、早速公園に先生を訪ねた。私は既に成人になり背丈も大きくなっていたので、先生は初め私を誰だか分からなかった。私が「二何です。（注：何兄弟の何鏡宇先生は大何、何鏡平先生は二何と呼ばれていた）」と告げると、先生は笑顔で「おお、大何、二何、お前達はもう成人になったのか、背も大きくなり誰だか分からなかったぞ」と言われ、更に思いもよらぬことに、二何は子供の頃あまり口は聞かずいつもニコニコしていたと、何年も昔の私の特徴など色々なことを覚えていた。薌斎先生は私の練習状況を聞かれたので、自分一人で練習しあまり上達してはいないが、身体は以前より健康になったと答えた。

また先生は、站樁はその後また改良と発展があり、樁法の名称も以前より複雑ではなく、みな統一し渾元樁と称したが、時には人に見せる為に降龍樁や伏虎樁などいくつかのものをおこなうこともあると言われた。

（注：王先生が１９２６年に書かれた『意拳正軌』には、既に「初学者にとって樁法は複雑で数多く、例えば降龍樁、伏虎樁、子午樁、三才樁などがある。今、この複雑さを取り除き簡素にし、各樁法の長所を取り入れ、合わせて一とした。その名を渾元樁という」と書かれて

いる）

また養生樁では初心者が覚えやすくする為、托球樁、撑抱樁、分水樁などの名前を用いていたが、全ての樁法は養生樁であろうが技撃樁であろうが、その練功の要求する意と適合しなければならず、もしも意が離れてしまえばそれは単なる四股の練習で、筋骨を鍛えるだけのものにすぎない。（続く）

1月30日、31日の練習のレジュメ　その1「中節」

2010／02／01｜練習日記

後足で地面を踏み、その地面からの反発力をいかに根節（下半身）から中節（胴体部分）に伝えるか、そのカギとなるのが根節（下半身）と中節（胴体部分）をつなぐ股関節、いわゆる跨（クア）です。股関節は根節（下半身）における最も中節（胴体部分）に近い部分であり、また中節（胴体部分）における最も根節（下半身）に近い部分でもあると認識してください。

一昨日、昨日の発力の練習でおこなった通り、きちんと中節（胴体部分）に力が伝わるかを確認する為、先ずはパートナーに肩に抵抗力をかけてもらいテストしてください。股関節の位置と活用がうまくいけば上半身に力みを感じずに下半身からの力で動かせます。それができたら中節（胴体部分）における梢節（頭部）までにも力が伝わるか、同様に負荷をかけてもらって試してください。これができずに腕、手で推しても上半身の力と下半身からの力が一致せずいわゆる濁力となります。相手を推すことより、先ずは中節（胴体部分）まで力が伝達されているかを注意して練習してください。

中節（胴体）から梢節（腕、手）への力の伝導は、その接続部分である肩関節が大きなカギです。意拳でいう「横撑竪裹（横に支え縦に包む）」の状態は、攻防技術のみでなく、力の伝達における股関節、肩関節などの蝶番をできるだけ大きく保ち、可動範囲を広げ、力をより漏らさないで伝えることに役立ちます。

1月30日、31日の練習のレジュメ　その2「含畜」

2010／02／02｜練習日記

「横撑竪裹（横に支え縦に包む）」の状態は、また同時に「含畜」と密接な関係があります。拳術でいう「含畜」とは、簡単に言えば畜力状態を含有している状態と言えるでしょう。

王薌斎先生はかつて、

「具体関節似有微曲（＝全身の関節は僅かに曲げるように）」、

「筋肉含力、骨節生稜、具体収斂（筋肉に力を含み、関節の骨は稜を生じ、全身を縮める）」、

「足根含有弾簧之崩力（＝足の根はバネの破裂するような力を含有する）」

「含畜呑吐」、

などと述べていますが、いずれもこの「含畜」を表していると思われます。特に人体の中で最も大きな股関節を含む寛骨部分の「含畜」は大変重要です。

力の伝達は一般的には根節から中節を経由して梢節に至り外部に出力する、と言いましたが、相手の力を受ける場合はその逆で、梢節で受けた力は中節を経由して根節に至り地面で受けるのがベストです。相手の重みや圧力を腕や肩で支える状態を極力なくす為にも、この股関節の「含畜」が大変重要なポイントになるかと思います。

1月30日、31日の練習のレジュメ　その3「形不破体、力不出尖」

2010／02／03｜練習日記

推手の練習において、相手に対する圧力を強めようとすると、往々にして自分の連通状態、整体状態の範囲を超え、単純な一方方向の力、いわゆる王先生が否定される「絶対的力」となってしまいます。「絶対」とは、「相対関係が絶たれた、対立するものがない」こと、つまり矛盾対立のない状態のことです。このような力は相手に容易に察知され便乗されてしまうことは言うまでもありません。その反対に相手の手が重く力強く感じられるのに、特に力んだ様子もなく変化も早いというのは、相手の身体の方が自分の身体より正しい可動範囲を逸脱していないことによるものです。これが「形不破体、力不出尖」を守らなければならない理由の一つです。「形不破体」の意味は、身体運動における外形は整体の平衡状態を壊さない、「力不出尖」もまた同様に、力もその範囲を超えない、と言うような意味でしょう。

立禅の姿勢である「撑抱式」の「撑」とは、外に「張る」というよりも、外を「支える」といったほうがより正しいニュアンスだと思いますが、推手における相手との接点は、整体状態、連通状態を保った制空圏に強固な防御壁を作り支えているような感じでしょう。この壁が強固であれば、相手は強く推せば推すほど反って反発力を受けこちらの力を強く感じます。しかしこちらは相手に圧力をかけているわけではないので、変化しやすい状態を保っています。以前紹介した韓嗣煌先生の論文の一節を参考にしてください。

「手で壁を押すと仮定すれば、人が押す力と壁が人に与える反作用の力は一対の矛盾を構成する。この二つの力量は双方の矛盾を代表しており、更にその大きさは永遠に均等である。但し人は壁を押しに行かなければ、壁が人を押しに来ることはありえない。壁が人に与える反作用力の大きさは、人が壁を押す時の力の大きさによって決定する……」

何鏡平先生の著書『回憶向王薌斎先生習拳』その6

2010/02/04―何鏡平先生の遺著

当時、王薌斎先生は西四の兵馬司内山門胡同13号に引っ越され、奥様の銭笑佛師母と二人だけで暮らしていると聞いていたので、私は先生の指導場所である中山公園だけでなく、暇な時はほとんど先生の家を訪ねて教えを受けていた。

ある時中山公園で昔のように人と推手をしていると、先生は怒って、「そんな無茶な推手をして命がいらないのか！」と言われた。私はその意味がよく理解できずに尋ねると、先生は「今おまえの身体は緊張して強張っている。それ以上蛮力を用いれば気血の流れは閉鎖され身体を害するだけだ」と言われた。そして先生は如何にして全身の鬆緊力の変化を求めるか、また〝鬆而不懈、緊而不僵、鬆緊互用（＝緩めてもだらけず、緊といっても強張らず、鬆緊を互いに用いる）〟という原理や、〝鬆即是緊、緊即是鬆、緊鬆緊緊鬆不過正（＝鬆とは緊なり、緊とは鬆なり、鬆と緊は行き過ぎず）〟などの含意と道理を説明してくれた。放鬆とは砂の様な状態まで緩めるものではなく、また緊とは全身を力んで強張らせるものでもなく、鬆の中に緊があり、緊の中に鬆がある。鬆緊力を練るときは站樁の中でのみ求めるものではなく、日常生活でもこれを結合させ、歩くも座るも立つも横たわるときも、常に自己の鬆緊変化に注意し、随時肉体と精神の鬆緊を調整し、その調整を通じて良好な平衡（バランス）状態に達する。推手の練習は尚更このようにすべきであり、静止時の鬆緊バランスを把握するだけではなく、外界からの力を受けていても鬆緊バランスを掌握しなければならない。

私は王先生の話を聞き目から鱗が落ちるように道理を理解させられた。それ以後も先生はご自宅にて、動静、剛柔、虚実、上下、前後、左右、虚霊挺抜と鬆墜及び単双変化など大成拳の拳学思想の奥深いところまで分かりやすく説明してくれた。先生は、大成拳の基本学術思想はまさに矛盾対立の統一であり、矛盾の中に統一を求め、またその矛盾統一の中に更に新たな矛盾統一を追求する、言い換えれば今ある平衡関係を打破し、更に新しい平衡関係を建立すると言われた。この様な破旧新立（＝古きを捨て新しきを立てる）は永遠に止まることなく、そうすることで拳術の最高境地を求めていくのである。先生は「私は自分を矛盾老人と称しているが、これが私の拳学思想を表している」と言い、また反対に初歩に戻って学ぶことはまさに絶えず破旧新立をおこなうことであるとも言われた。

また薌斎先生は平衡の調整とコントロールの関係をいくつかの例を挙げて説明された。人は内臓機能などのバランスを失うと病気になり、拳術でもバランスを崩すと相手に打たれてしまう。故に站樁はこの平衡を調整、コントロールする為に二つとない最もよい訓練なのである。（続く）

何鏡平先生の著書『回憶向王薌斎先生習拳』その7

2010／02／05―何鏡平先生の遺著

鬆緊平衡のこと以外にも王薌斎先生は、「動即ち静、静即ち動、動と静、静と動は互いに根となり用となる。動中の静こそが真の静、静中の動こそが真の動なり」、「剛即ち柔、柔即ち剛、剛と柔、柔と剛は常に助け合い、柔のある剛こそが真の剛、剛のある柔こそが真の柔なり」、「虚即ち実、実即ち虚、虚と実、実と虚に中を得る」とも説明された。

更に先生は、「上を欲すれば下があり、下を欲すれば上がある」と考えており、鬆と緊、動と静、剛と柔、上と下、前と後、左と右の中で平衡均整の渾元一気を形成し、また一つひとつの動作の中にみな平衡均整を調整コントロールする力を含んでいるのである。

また養生樁と技撃樁が求め得る力は同じではなく、養生樁で求め得る力は渾元力と称し、技撃樁で求める力は渾元争力と称する。私は王薌斎先生について学んだことにより、先生の奥深くて難解な拳学思想理論は実は極めて科学的なものであったと知ることができた。（続く）

何鏡平先生の著書『回憶向王薌斎先生習拳』その8

2010／02／06―何鏡平先生の遺著

私はかつて先生に、大成拳の站椿と他の拳術の套路と差異とはなんですか？　とたずねたところ、薌斎先生は反対に「一招一勢の套路拳術の目的とは何か？」と聞いてきた。私は、拳術であるからには勿論実戦に備える為、実戦に使用する為でしょう、と答えると、先生は笑いながら「一招一勢の套路拳術は本当に実戦に使用できるのか？」と言われ、私は何も答えられなかった。

先生は、「実戦にはまず各方面の力を具えることが必要であり、その後に自己の平衡を保ち、相掌衡能力を破壊してこそ相手を攻撃できるのである。套路の拳に多面力を具え求められるか？　またその力を運用できるだろうか？」と説明され、站椿こそがこの多面の力を求め、また多面の力を運用し相手を攻撃できるのだと言われた。故に大成拳では、〝大動は小動に及ばず、小動は不動に及ばず、不動の動こそが生まれて止むことのない動である〟という理論を提起しているのである。

薌斎先生は、「大動とは套路を練ることを指し、この動で力を求めるのは困難である。また小動は大動よりも比較的容易に力を求めることができる。〝生まれて止むことのない動〟とは、二つの意味があり、一つは不動の中で体感を求め、微動の中で認識することである。動くと欲し止まると欲する、また止まると欲し動くと欲する。止まらざるを得ぬ動、動かざるを得ぬ静の意があり、これが生まれて止まぬ動である。もう一つの意味は、外形は不動だが、意念は停まらず、全身の気血は洋々たる大海の水の如く、波がうねり渦を巻き止まることのない勢をいう」と説明された。これより站椿とは、少し動いては止まるという単純なものではなく、内外が互いに連なり絶えず動いており、これこそが神動、意動、力量の動ということである。

先生の拳術思想は言葉のみを追いかけても、詮索すればするほどわからず、全面を見て総合的な相互関係を認識しなければ真の理解はできないだろう。私は、王薌斎先生の拳理を理解してから、ようやく大動の套路拳術と、大成拳の站樁の力を求め方は実戦の作用においては比較もできないものであることが理解できた。故に薌斎先生の言う〃拳本無法、有法也空、一法不立、無法不備〃の意味とは、そもそも拳に方法など無く、仮にいくつかの招法を準備したところで実戦における敵と自分との変化の中では、用いることなどできず、それは站樁の中で各方面の力を求めることで、ようやく平衡能力を思いのままに調整コントロールし、且つ敵の平衡を破壊し攻撃することができるのであり、これが薌斎先生のいう〃一法不立、無法不備〃の真意である。先生の言われる〃拳の真髄を知るには、先ず站樁から開始せよ〃とは、まさにその通りであり、さもなければ何が真の拳術なのか、私は永遠に理解できなかったであろう。

この頃、王薌斎先生は私を連れて鼓楼東大街のある四合院（注：壁に囲まれ中庭のある北京の伝統建築）で王化一老先生と再び会い、昔のことを思い出し感激無量であった。当初もし王化一先生の紹介がなければ、王薌斎先生と知り合えることはなかったし、大成拳を学ぶ機会も得られなかった。私はますます王化一先生に対する尊敬の念を抱いた。

その後暫くして、姚宗勲師兄にも再会した。私の兄は学校に姚師兄を招いて大勢の学生に指導をしてもらい、私も大成拳に関する多くの不明点について頻繁に教えを受けた。姚師兄の理論もまた鬆緊、動静、剛柔、虚実、上下、前後、左右及び平衡の調整とコントロールなど基本的には王先生が説明されたものと同じであった。後に私は姚師兄と共に、主に養生と治療に関する論文、「站樁的抗制鬆緊平衡」を執筆し、各種の疾病は患者の鬆緊バランスの乱れによるもので、それを調整コントロールすれば病状は改善されると述べた。この論文は当時「健康報」に投稿したが、掲載はされなかった為、暫くして再び姚師兄と「站樁的意念活動」を執筆し「体育報」にて発表した。（続く）

何鏡平先生の著書『回憶向王薌斎先生習拳』その9

2010／02／07―何鏡平先生の遺著

薌斎先生は、養生と技撃は同じものであり、〝練は即ち養、養は即ち練〟と言われ、練と養の発展における連帯関係を明確にし、技撃の基礎は養生の発展結果であり、養生を練らなければ人に打たれる資格もなく、相手を打つことなどとてもできないと言われた。薌斎先生のこのような拳学理論の発展と我々の少年時代の論点には大きな差異があり、過去と比べまた一歩大きく前進していた。

この頃、王薌斎先生が優れた拳術家であると知り、教えを請いに来る人達も多かったが、これらに対しても先生は先に養生樁から教えた為、先生は拳術を教えないと思い込む者も少なくなかった。しかし先生は拳術とは生を養う運動であり、生を損なう運動ではないと根気強く説明を続けた。但し病気治療の為に養生樁をおこなう者と、練拳の基礎の為に養生樁をおこなう者とは教え方には一定の区別があった。

病人に対して養生樁を指導される時は、各人の病状に合わせて姿勢がそれぞれ異なり、疲労を軽減させる為に鍛錬を強化し、また鍛錬強化の為に疲労を軽減させることを強調し、その為ある病人には一定の練習期間後に、姿勢と意念を強化させ、またある病人には反対に姿勢と意念を軽減させていた。これはその病人の実際の病状に基づいておこなわれた方法で、非常に科学的で効果的なものであった。

例えば高血圧患者に対しては、血気が上に走っていることによるものとし、比較的楽な姿勢にあわせてシャワーを浴びていることをイメージさせた。神経衰弱患者には対しては、姿勢をやや強化し、併せて美しい景色や静かな大海、或は星空などをイメージさせることで悪性の興奮症の元を比較的早く取り除く治療目的とした。また関節炎患者に対しては、関節炎部分の角度を調整し、虚霊挺抜或は空中遊泳といったイメージを与えた。胃腸病患者には、やや前傾して半分伏せた姿勢に頭部を僅かに回し、腹部をリラックスさせるイメージを用い、比較的重病患者に対しては、手を物に置いたり、背中を物に寄り掛かった姿勢と放鬆イメージを用い、あるいは椅子に座ったり、横たわったりした姿勢で練習をおこなった。総じて言えば、王薌斎先生の養生樁治療法の根拠は中医学における弁証論治の観点であり、異なる患者の異なる情況に対し異なる方法を以て対処した。患者の治癒率は比較的高く、これより王薌斎先生の養生椿治療法の卓越性が証明された。（続く）

何鏡平先生の著書『回憶向王薌斎先生習拳』その10

2010／02／08｜何鏡平先生の遺著

王薌斎先生は拳術を学びに来る者達に対しても、先ず養生椿を基礎として指導し徐々に深く入り向上させていった。

私が再び大成拳を学び始めた時、薌斎先生は私に自分自身で全身の放鬆程度のテストをさせた。私にまず姿勢をとらせた状態で、全身に一度力を入れて緊張させてから、少しずつ最大限度まで力を緩めさせ、これにより鬆と緊の異なる変化を理解させた。その後精神を集中させ気を静めて胸を最大限に広げ、胸部腹部も最大限度まで緩め、自然の呼吸を用いて極力全身を緩めて心地よく快適な状態に到達させる。同時に空気を全て水と仮想し水中の中に立っていると想像して、全身の如何なる部分も僅かに動けば水と接する摩擦の抵抗感が生じる。王薌斎先生は練習者に対してこのような養生方法を用いて整体（＝全身一体）の鬆緊力を訓練させた。（続く）

何鏡平先生の著書『回憶向王薌斎先生習拳』その11

2010／02／09―何鏡平先生の遺著

また私が、不動の動、神動、意動、力量動について理解できずにいると、先生はこれらの動は聞くは簡単だが、実際におこなうことは難しいと言われ、私に動物園に行ってニシキヘビの状態を見てくるようにと命じられた。そこで私は何度かニシキヘビを見てきたが、胴体を曲げ縮こまっていて全く動いていなかった、と先生に報告した。

薌斎先生は、「おまえはヘビの外見を見ただけで、細かい本当の状態は深く観察してこなかった」と言われた。私は少し気落ちしたが、先生が私に何を見せたいのか分からず、再度ニシキヘビを見に動物園に行ってみた。そしてしばらく見ているうちに突然ハッと気づいた。確かにヘビは身体を曲げだらりとしていたが、しかしよく見ると全身すべてが細かく伸縮変化の微動をおこなっていた。私は興奮してこの発見を先生に報告すると、先生は喜んで「お前は何が神動、意動、力量動なのか理解し始めた」といわれた。先生の教えのもと、私は神動、意動、力量動の原理を理解し、拳術練習も大きく飛躍した。また站樁はただ立って全く動かないということではなく、站樁を通じて神動、意動、力量動の内容を追求するのであると気がついた。站樁を知らない者がその外見だけを見て突飛な話や奇怪な議論をするのも当然なことであろう。（続く）

何鏡平先生の著書『回憶向王薌斎先生習拳』その12

2010／02／10｜何鏡平先生の遺著

その後、私は站椿をおこなうとき、姿勢と意念の配合の他にも、神動、意動、力量の動を注意したが、いつも上半身と両腕に偏った感覚を求めていた。薌斎先生は私の欠点を指摘して、整体（＝全身一体）平衡を注意するように言われた。しかし整体平衡を探し出すことは決して容易なことではなく、薌斎先生は、「人体の上半身と下半身は永遠に不平衡であることを知らなければならない。また普通の人の状態は上が実で下が虚となっている。もし練功時に両腕の負担が下半身より大きければ、実は更に実となり、虚は更に虚となり、このように上下の不平衡が現れる」と言われた。

私は先生の話を聞き、大成拳の学問とは実に奥が深く、学べば学ぶほど難しく感じられた。先生は私が不安な気持ちに駆られている様子を見て、「おまえは頭がいい、この様な問題はお前にとって大した問題ではない」と言われ、私に自分自身を水中の水草のように仮想し、全身が水中にゆらゆらと漂い、また足は水草の根の様に泥の中に深く生えている様に練習時の意識を調整させた。上半身はふんわりと水に随い漂い力みなど少しもなく、頭は上からぶら下がり意識は完全に足の下に置き、上半身は注意せず徐々に下半身が実で上半身が虚の感覚を探していくようにする。王薌斎先生は、「下半身が充実し上半身が虚霊となれば、養生においても拳術鍛練においても為になる」と言われた。（続く）

何鏡平先生の著書『回憶向王薌斎先生習拳』その13

2010／02／11－何鏡平先生の遺著

　これより私は站樁において、一定の姿勢と意念によって下実上虚を感じられるようになったが、しかし動作をおこなうとこの種の感覚は少なくなるか、或は全く無くなってしまい、この問題は解決できずにいた。

　そこでまた薌斎先生にたずねると、先生は「おまえが静の中で得た感覚なのだから、動いてしまえば当然それは失われるだろう。別に不思議なことではない」と言われ、歩くときもできるだけ抵抗力のイメージを持ち、頭を以って全身を一体にして行動するように、と教えられた。

　当時私の家は東城区黄化門にあり、薌斎先生は西四の山門胡同に住んでいたが、先生は家に来るときは自転車には乗らずに、行きも帰りもこのように歩くよう命じられた。そして先生の指導を守って歩いてみると、初めは多少の疲れを感じたが、慣れてくると疲れるどころか全身が膨張するような心地よさを感じ、足腰に力が湧き、歩けば歩くほど早くなるようであった。

　このようにして私は初歩的な動作の中での下実上虚の感覚を理解することができた。その後站樁をおこなうと更に下実上虚の感覚が強くなり、また養生方面だけでなく推手においても、下を以って上を運ぶ力の運用を体感し多くのものを得ることができた。（続く）

何鏡平先生の著書『回憶向王薌斎先生習拳』その14

2010／02／12｜何鏡平先生の遺著

また站樁の後で試力をおこなうとき、この二つの練習の結合に関していつも疑問を感じており、ある時先生に教えを乞うてみた。

私は、先生の前で実際に站樁からいくつかの試力をおこなって見てもらうと、先生は「自分が練る一動一静について、なぜそうするのかを問わなければならない」と言われた。站樁と試力は決して分けるものではなく、站樁は試力の縮小であり、試力もまた站樁の拡大なのである。站樁の練習時にどんな力を求めるのか、試力の時はその站樁の中で求めた力を徐々に拡大し、実際に表現できるかどうかを試さなければならない。決して站樁は単なる站樁、試力は単なる試力ではなく、このような考え方は站樁と試力を何の関連性もないものにしてしまい、当然正しいところなど何一つない明らかなる間違いである。

私は、このような王薌斎先生からの教えを基礎として二編の文章を書いた。一つは先生の日頃の教えを記録整理した「薌師日語随筆」という文章であり、もう一つは養生功の学習に対して総括的に論述した「站樁鍛練的基本原理」という文章で後に、「大成拳養生功的簡易入門法」と名前を変えたが、これら二編の文章はいずれも王薌斎先生に直接閲読してもらい確認をしていただいた。（続く）

関西地区同好会スタート

2010/02/13―お知らせ

大阪在住のTさん、姫路在住のTさんを中心に、更に1月に神戸にておこなった講習会に参加された2名の方々による関西地区での同好会がスタートされました。

関西にお邪魔する際には宜しくお願い致します。

初めのうちは立禅(站樁)、這(走歩)や簡単な動作などの地味な基本の稽古ばかりになりますが、忍耐強く太気拳に必要な身体を作り上げるよう徹底的に練習してください。

また推手に関しては、両手の推手(双推手)より先ず片手の推手(単推手)をよく研究、練習してください。単推手を軽んじ両手の推手ばかりを好む人は多くいますが、単推手は両手の推手よりも単純なだけに、立禅(站樁)などの基本練習で得たものが相手の圧力に対し活用できるかどうか確認するよい手段となります。反対に双推手は単推手に比べ複雑な分、護摩化し易く、勝ち負けにこだわり体力や体重で何とかしようとする練習者も少なくありません。

単推手は直線的で単純な前後運動を主とする為、組手練習における打撃の基礎にもなります。両手の推手のみを研究し片手の推手を学ばない人は、推手から組手への発展過程における懸け橋が不足し、手を振り回すだけの組手に陥り易く、体力と反射神経のみに頼った根拠のない攻防からなかなか抜け出せません。

澤井先生はよく「女性がヒステリックになったみたいな打ち方じゃダメだ」と言われましたが、残念ながらこのような打ち方をする練習者は少なくありません。目先の勝負にとらわれず単推手にてじっくり基礎を研究してください。

また後に両手の推手を学んでいく際にも、単推手の練習において右手、左手がそれぞれ偏りなく上達すれば、当然両手の推手も早く上達しより質の高い動きになるはずです。

何鏡平先生の著書『回憶向王薌斎先生習拳』その15

2010／02／14｜何鏡平先生の遺著

王薌斎先生の晩年はずっと中山公園にて養生功を教え病人の治療にあたることを本業としていた。毎日多くの患者が先生の教えを求めやって来て、その人数は毎月数百人にも上った。私は当時先生の治療を受けた患者たちの状況を記録したカルテの一部を今も保管している。

ある患者たちは、治療初期は不安な表情で憂鬱そうであったが、薌斎先生はそんな患者の気持ちを楽にさせながら練習に参加させた。先生は毎週土曜日に講義と質疑応答をおこなったが、ユーモラスな言葉と穏やかで親しみやすい態度を以て説明し質問に答え、常に患者の気持ちをリラックスさせ、また患者たちも王薌斎先生に対し極めて崇敬の念を抱いていた。

五十年代から六十年代、気功が世間に広く伝わり、当時は站樁も気功の一派に入れられた。

多くの気功家は気功と封建的迷信を結びつけ、練習者を誤った道に引き入れ、彼らにとってその真相は深い霧の中の如くであった。

薌斎先生はこのような状況を見て、気功とは一部の人達が言うほど神秘的なものではなく、人の病は五臓六腑の機能が平衡を失うことによるものである。站樁は今気功と称されているが、その学術思想は決して夢幻ではなく、それは練功によって人体の鬆緊、動静、剛柔、虚実、上下、左右、前後の平衡を調整し、人体の平衡能力の調整とコントロールを増強することで病気を治し健康を保つことを目的としていると、多くの意見を強引に押し退け、邪宗邪道の気功に対し非難した。

私と于永年師兄の記憶によれば、先生は1960年まではずっと中山公園にて多くの病人の治療をおこない、北京を離れることはなかった。私が保存している患者のカルテに、王薌斎先生の直筆で書かれている治療日時から見ても記憶とズレはない。（注：王薌斎先生が河北省保定市に行ったのは、1950年代だと主張する人達もいる）

1959年末、西城区体育委員会は、〝公園内で練功を指導する者は、みな体育委員会の批准審査を受け、許可を得た者のみが合法的に教授を認められる〟という規定を発表したが、当時この審査員はかつて薌斎先生に三年間ほど站樁を学んだことがあり、その後双方の関係が悪くなり離れていった者であった。故に先生は1960年初めに審査を受けに行かず、そのまま中山公園で指導する資格を自ら放棄してしまった。（続く）

何鏡平先生の著書『回憶向王薌斎先生習拳』その16

2010／02／16｜何鏡平先生の遺著

この後王薌斎先生はほとんど一人自宅で過ごし、また奥様の銭笑佛師母も亡くなられた為、時々長女の王玉貞師姐が北京に戻ってきて先生の面倒をみに来られ、私も度々薌斎先生の家を訪ねた。この頃先生は我々に対して武術界のこと、かつて中国各地を訪れ修行したことなどを色々と聞かせてくれたが、一人身になった先生が内心ではとても悲しんでいることを感じられた。薌斎先生は時々私の家にも来られて世間話をしたり、公園を散歩されたりしていたが、我々はそんな境遇の先生を見ると心が痛んだ。

１９６０年春、私が「中医雑誌」に論文を投稿した際、編集長の董徳懋氏に王薌斎先生のことを話すと、彼も先生を大変尊敬していた。そこで彼の薦めにより薌斎先生は広安門内にあった北京中医研究所の内外科研究所にて站椿治療をおこなうことになり、毎月１００元の給与をもらうことで経済的問題を解決することができた。私と李大姐はその為の各関係部署における準備作業をおこない、中医研究所も楊益、趙光という二人をアシスタントとして手配してくれたが、私は仕事の事情で留まることができず、最終的には李見宇（注：王薌斎先生の愛弟子、現在も北京に健在）が薌斎先生の助手となった。

しかし１９６１年の春、病院側は薌斎先生の站椿の写真24枚を撮影すると、突然李見宇だけを残して先生を退職させた。それでも毎月60元の給与は支払われることになったが、先生はそれよりまた一人で過ごし、外に出て活動することは少なくなった。

１９６１年後半、河北省衛生庁長の段慧軒氏と副庁長で人事部門の責任者である丁一氏が私の家に来た。段慧軒庁長と我家はもともと付合いがあり、雑談の中で私が王薌斎先生の境遇を話すと、また二人も薌斎先生の才能を理解し尊敬しており、先生を招いて保定市の河北中医研究院にて站樁療法をしてもらいたいという考えをもっていた。私は薌斎先生の家に行ってこのことを先生に伝え同意を得ると、段庁長、丁副庁長は早速組織の人事雇用規定に基づき河北省衛生庁の名義で手続きをおこなった。北京中医研究所の組織科及び北京商業部人事局にて王薌斎先生の人事ファイルの確認作業をおこない、ようやく河北省中医研究院で站樁治療の仕事が決まり、毎月１２０元の給料をもらった。（注：当時の社会主義体制は、仕事は全て国家の手配によるもので職業や職場を変えることは容易なことではなかった）

１９６１年11月、王薌斎先生は河北省保定市の河北省中医研究院に赴任し仕事を始めた。研究院は段庁長の秘書である鄭文同志と呉振法医師（注：後に河北省にて意拳を指導した）をアシスタントとして手配し、またこの間北京中医研究所は焦国瑞先生（注：著名な気功家。二度来日し站樁功を指導された。また子息の焦鉄軍氏は現在も日本にて気功として站樁功を指導されている）を半年間派遣して研修させた。王薌斎先生が保定市の河北省中医研究院に滞在したのは、飽くまでも研究院の雇用によるものであり、個人的に拳学を伝え弟子を育成しにいったことはなかった。（注：一説では、呉振法、趙宴生の二名が技撃としての意拳を学んでいたと言われ、その系統が今も伝わっている）

王薌斎先生が河北省中医研究院に勤めてまもなく、河北省中医研究院は上部機関の批准を得て11月7日、河北省衛生庁常庁長の参加のもと、保定の河北飯店にて全国養生学協作研究会を開催し、このとき王薌斎先生は站樁功の代表者として、また私と于永年師兄もこれに参加した。王薌斎先生はこの会議の席で、即興で驚蛇舞の驚蛇遇敵を表演した。大会後河北省中医研究院は、この会議文献の『中医学術参考資料第七編』を出版し、（原著）46頁に王薌斎先生著『站樁功初稿』が、（原著）51頁に私が大会で発表した「我対薌斎先生站樁療法的実践与体会」が掲載された。（続く）

何鏡平先生の著書『回憶向王薌斎先生習拳』その17

2010／02／17｜何鏡平先生の遺著

1963年の早春、先生は仕事中に突然脳溢血で倒れたが、中医研究院の手厚い看護のもと一命をとりとめた。しかしそれでも半身麻痺と言語障害の後遺症が現れ、仕事を続けていくことは不可能となった為、中医研究院は段庁長の秘書の鄭文同志らに王薌斎先生を北京山門胡同の自宅におくりとどけ、北京に住んでいる親族に介護してもらおうと考えた。しかし諸処の事情により話はまとまらず、結局天津に住んでいた三女の王玉白師姐と話し合い、彼女の合意を得て鄭文同志が王薌斎先生を天津に送り、併せて一定の見舞金を届けた。

そしてこの年、薌斎先生は78歳の生涯を閉じられた。王玉白師姐は北京に来て姚宗勲師兄にその旨を伝え、姚師兄は我々門弟達を招集しみんなで香典を集め、これを王玉白師姐に渡して葬儀をおこなった。

王薌斎先生が世を去った後、80年代後期には世に各種の気功が氾濫し、特に封建的迷信的内容のいわゆる気を発して人を動かすなどの人を欺くものが世間で持てはやされた。この時、意外にも王薌斎先生から直接学んだと自称しうぬぼれ、発功放気（注：気を放出すること）を王薌斎先生の秘伝だと言う者まで現れた。私は王薌斎先生の拳学思想は矛盾対立の統一という唯物弁証法に符合するものだと思っている。決して王薌斎の秘伝という名を以て、封建的迷信で人を騙すようなことをしてはならず、私は憤慨して「矛盾老人王薌斎」という文章を執筆し、１９８９年「中華武術」第7号に発表した。私はこの文章の中で、〝発功放気と正統を名乗る者達、及び破旧立新、功能の向上、各種の矛盾の中で絶えず平衡を求めること〟などに触れ、王薌斎先生の学術理論思想を示した。この文章が発表された後、薌斎先生の学術思想を歪曲した自称正統伝承者達の反論を受けた。

王薌斎先生の一生は、誠実、率直、そして正直な人柄を貫き、また科学的な検討と現実を重んじる精神、善良な武徳気風を備えていた。先生の拳学思想は消えることなく、門人や後世の人達によって真の大成拳の大旗が挙げられることであろう。また正しい大成拳を伝える者達も多く健在であり、必ずや大成拳を正しい方向に発展させていくであろう。（完）

澤井清先生のご指導再び

２０１０／03／01｜練習日記

昨日再び澤井清先生が来られ稽古を見て頂きました。

前回も感じたことですが、澤井清先生の手は大変力強く、なぜこのような力が出るのだろうか、これが功夫の違いなんだろうと感動するとともに、接した時の感触は御父上の澤井健一先生によく似ており、また大変懐かしく感じました。

我々太気拳を稽古している者の多くは、目先の攻防にとらわれ、このような一般的な力とは明らかに異なる独特の力を発揮することに対する研究と練習が疎かにされていたと思います。勿論このような力はそれのみを取り出し専門に練習するということではなく、日常の練習の産物だと思いますが、大きな力が出ないということは、姿勢や身体運動になんらかの欠陥があるはずで、このような角度からも自分自身を厳しくチェックする必要があると反省させられました。力は小手先でなく腹から出すように、と注意された通り先生の一手一手はみな腹からの力がそのまま手に乗っているようで、今後の研究、練習に多大なヒントを頂いた気がします。また御父上とよく練習したという、二人で立禅の姿勢で向かい合い、そのまま発力して推し合う練習方法は、今後我々の練習に取り入れるべきものと思っております。

今回も小雨の降る真冬のように寒い中でのご指導でしたが、我々にとって大変実りのある一日でした。この場をお借りして心よりお礼申し上げます。

楊徳茂（?）談推手　その1

2010／03／03 楊徳茂先生の遺著

楊徳茂先生（1910〜1977年）はもともと太極拳の名手、王茂斎（呉式太極拳を広めた呉鑑泉の兄弟子）に学び当時既に名を上げており、その後友人であった韓星橋先生の紹介で王薌斎先生に入門された方です。王薌斎先生一門でも特に推手に長けていたと言われ、また姚宗勲先生とも仲が良く姚先生の初期の門弟の多くは楊先生からの指導も受けられました。今回は楊先生が述べたと言われている『楊徳茂談推手』を意訳しました。楊先生ご自身の口述かどうかの真相はわかりません。そのため（?）としました。参考としてください。

『楊徳茂（?）談推手』

推手は大成拳（意拳）の重要な功法であり、推手の要点を把握しなければ推手の目的は達せられない。推手は単推手と双推手の二つの形式に分かれるが、その原理と要点は基本的に同じであり、左記にその推手の要点を述べる。

1．推手の要点とはつまり推手功法の要領と重点である。推手は必ずや站樁、試力、歩法などの基礎を把握した後練習すべきであり、さもなければ単なる形式上の推手であって、推手功法の特徴と効果を発揮することはできない。

2．推手をおこなうときは、全身の動作と力量は均整がとれていなければならない。一つが動けば全てが動き、極力局部の力と局部の動きは使わず、このようにしてようやく全身一体の力を用いられるようになる。

3．推手をおこなうときは、点は緊、身は鬆とする。身体を緩めることを主として、相手と接触する点は全身と調和させ、こわばった拙力を用いない。鬆と緊は互いに転換し用いる。

楊徳茂先生（『楊徳茂　与大成拳』より）

注釈：「緊」は、「鬆」の対義語としては、ピンと張る、しっかり固定する、きつくする、固くする、隙間がない、ぴったりくっついている、などの意味があります。ここでいう「点は緊」とは勿論接点を緊張させるという単純な意味でなく、「身は鬆」も身体をリラックスさせるという意味でもありません。接点は常に相手の力を制御し、かつ身体は余裕を保つようにしなければなりません。（続く）

楊徳茂（?）談推手　その2

2010／03／05ー楊徳茂先生の遺著

先日より公開しました『楊徳茂談推手』に関しまして、訂正とお詫びがあります。この文章は中国では以前より広く読まれていたものです。ところが最近になり、楊徳茂先生の生前に執筆された文章や教えを弟子達が編集し一冊にまとめて『楊徳茂与大成拳』を出版しましたが、何故かその中に『楊徳茂談推手』は掲載されておりませんでした。理由は分かりませんが、これより『楊徳茂談推手』は本当に楊徳茂先生自身が述べたものであるかどうかの疑問が生じてきました。よって題名を『楊徳茂（?）談推手』と変更します。尚、文章そのものには、学ぶべきところがあると思い参考の為、このまま意訳を続けていきます。

4．推手をおこなうときは、その動作は必ずや鋭敏でなければならない。そうしてこそ反応も迅速となり、身体、手、歩が自在に運用でき、その変化も思うとおりとなる。

5．推手をおこなうときは、接点で相手の勁力、例えば力量の大きさ、動作の速度、虚実、鬆緊などを聞き、これによって相手を理解し、情勢に適応し変化対処する。敵を知り己を知り、時機を得、形勢を得る。

6．推手を始めるときは、必ずやゆっくりとおこなわなければならず、要領を把握したあとにようやく速度を加えていくことができる。慢は快より優れ、緩は急に勝るという原則を把握しなければならない。なぜならゆっくりおこなうことで、ようやく推手の勁、いわゆる〝物〟を探すことができるのである。推手はゆっくりした中からその功法を体認し、要領を把握する。

注釈：推手の練習でやたらと腕を速く動かし、速い歩法で対処する人をよく見かけますが、はじめのうちはできるだけゆっくりと練習してください。私もよく姚承栄先生に、「試力では力の方向が変わる時こそ、ゆっくり練習しなければならない」と言われました。推手は力の方向転換の繰り返しです。特に相手が攻撃してきたとき、自分が攻撃を仕掛けるときこそ、ゆっくりとおこなうべきで、それにより自分のどこに隙があるのか？　動きや力が途切れていないか？　どこかに無駄な動きはないか？　全身の動作と力が調和されているのか？　などの問題を発見し解決する糸口が見つかります。

1月25日の練習日記、「『早い』と『速い』」（91頁）も参考に研究してみてください。（続く）

楊徳茂（？）談推手　その3

2010／03／07—楊徳茂先生の遺著

7．推手をおこなうとき、眼は相手を観察し、神、意を集中しなければならない。気が散って意が充実してないのは駄目である。神と意は失われれば、功力と反応の効果は発揮されない。

8．推手をおこなうときは、偏（偏る）、掛（引っ掛ける）、拉（引く、巻き込む）、擠（腕や体で推し出す）、推（手で推す）、跟（つき従う）、定（定まる、但し〝頂〟＝突っ張る、支える、の誤字とも考えられる）、控（制御する）、撞（体ごとぶつかる）、放（放つ、発する）、弾（弾く）、抖（震える、払う）などがあるが、応用する時はそれぞれ異なる。みな各特徴と応用する為の条件があり、必ずや自身に有利な条件が調った時に応用できるのであって、条件が調わない状況で勝手におこなえば、理想的な効果を得ることは難しい。

9．推手で相手を推し放つことができるかどうかは、推手の応用効果を検査する鍵となる。相手を推し放せずに互いに力でぶつかり合う推手をおこなうのは功夫が至らぬ現象であり、その原因を基礎功法より真剣に見つけるべきである。要因は多く、例えば功力が小さいのか、あるいは動作が遅いのか？　整体力が発揮できていないのか、あるいは神意が正確でないのか？　基礎功夫が堅固でないのか、それとも個別の功法に対する把握が完全でないのか？

先生の指導が正しくないのか、あるいは自分の鍛錬がまだ高いレベルに達していないのか？　推手の経験が不足しているのか、それとも訓練不足なのか？　それぞれ実際の各関節より見つけ出してこそ解決できるのである。

注釈：自分に有利な条件を整える、とは色々な意味があるでしょうが、本日の練習でおこなった通り、

1．立禅（站椿）などの基礎練習においては、常に身体各部の平衡を構築し続け止まないこと
2．推手などの対人練習においては、常に相手との接点（発力時の着地点も含む）を通じ自分の平衡を構築し続け、かつ相掌衡を破壊し続けること
3．組手などの対人練習では、如何に空間が離れていようとも常にその中で自分の平衡を構築し続け、同時に相掌衡を破壊し続けること

もその一つと理解してください。

楊徳茂先生著『站椿功概論』その1

2010／03／08｜楊徳茂先生の遺著

先日まで掲載した『楊徳茂（？・）談推手』に関しまして、まだ意訳途中でしたが、文章的にそれほ

どの価値を感じられず、また新しい人たちが入会されたこともあり、どうせ楊徳茂先生の文章を意訳するのなら、站樁に関する文章の方が良いかと思い、急遽変更致しました。
『站樁功概論』は、楊徳茂先生の代表作であり、ただしいくつか異なるバージョンもありますが内容は大同小異です。非常に長い内容なので、全文とまではいきませんが重要な章について少しずつ訳していこうと思います。

『站樁功概論』

一・健身樁の初歩練習法

站樁功は意拳の精華の所在であり、故に何十年鍛練しても依然として学び尽きることはないが、病気を取り除き身体を強くする目的であれば、また極めて簡単で手軽な医療体育運動である。

また站樁功には多くの姿勢と意念上の要求があるが、初心者は多くを知り過ぎると反って有害無益であり、知識が少なければそれだけ意も集中し、功夫は純粋で成果も大きい。私の指導経験での少なからぬ実例として、ある人は僅か一、二度受講しただけで、知っていることは甚だ少ないが、故に練習に専念し結果的に成果は多かった。初学者は順序だてて一歩ずつ理解していけば、水が流れて水路となるが如く自然と事は成り、必ずや無理な高望はしてはならない。

健身樁の初学時は、抱球式（注：ボールを抱く姿勢）あるいは捧球式（注：てのひらを上に向けてボールをすくう姿勢）を採用するのがよい。両足は平均に立ち、つま先をやや外に向け八の字に開き肩幅と同じ広さにする。膝は僅かに曲げ、臀部は少し下に座り、胸は緩め、頭を上に持ち上げ、両眼は前を平視し、あるいは眼を閉じるか瞼を少し垂らしてもよく、呼吸は自然に任せる。心と気を静めた後両手を前に伸ばしボールを抱く、あるいはすくう形となり、両手の距離は約拳二つ程度、高さは高くても眉は過ぎず低くても臍を越えず、全て緩め静かで自然であり、心地よく力が満ちていることを要求する。意識の中では自分が一生懸命練習していると思ってはならず、更には如何なる希望要求を持ってもならず、さもなければすぐに緊張してしまい、緩める、静まる、自然の原則から外れてしまう。意識の中では自分は休息していると思い、とても心地よく、もし入静できなくても無理に入静させてはならず、長く練習していけば自ずと入静の境地に達することができる。

先師王薌斎先生はかつて、安静によって身体を健康にさせるのが最も簡単であり、心地よく自然で、ゆったりとして何もせず安静にし、全身は水中か空気中で横たわり眠っているようであれば、大半は成功したものだ、と言われた。学習者はこの意味を体得しなければならない。（続く）

楊徳茂先生著『站椿功概論』その2

2010/03/09―楊徳茂先生の遺著

初学者がどのくらい站椿を立てばよいかは自分で決めればよい。体質や正確などの素質要因の違いにより、ある人は一度覚えたらすぐに比較的長い時間立てるし、ある人は10分あるいは5分でも耐えられない。このような状況では決して無理やり時間を延長してはならず、少し休むかあるいは暫く歩いたりしてからまた立てばよいのである。時間が経てば40分、一時間と自分で延長していけばよい。何事も最初は難しく、私の長年の指導経験によれば一週間から遅くても二、三週間堅持しておこなえば、身体内部に感覚が現れ、継続できるようになる。最初は身体が不慣れな為に当然ながら腕や肩が痛くなったり、腿や足がしびれたりと不快感が伴うが、少し経てば快適感が不快感に勝り、自然と興味が湧いてくる。更に練習が進めば全身は非常に心地よくなり、その妙は文字や言葉では表せない。

右記の内容は見たところとても簡単だが、毎日鍛練を堅持していけば良い効果が現れる。体質が改善されるだけでなく体力のない老人も一定期間の練習後には、労働能力と忍耐力が向上し、また多くの疾病にも治療効果があることが経験上証明されている。

王先生と何人かの門下生及び私の站椿指導の経験では、医療における応用範囲は非常に広く、例えば高血圧、低血圧、半身不随、関節炎、肺炎、肝臓病、胃腸病、血管硬化、神経官能症（ヒステリーや神桂衰弱など）、精神分裂症など、ある患者は站椿のみでも完治し、またある患者は投薬と並行して完治している。これまで病気によって長期間休養していたが、一定期間の健身樁を練習した後に、再び仕事に復帰した人達は少なくない。誠心誠意練功を堅持しても効果が得られなかった患者は極めて稀である。一般に站樁を学ぶ者は右記の通り着手し、もしそれ以降更に深く研究したければ順序だてて姿勢上の細かい点や意を加えていけばよい。（続く）

楊徳茂先生著『站樁功概論』その3

2010／03／11｜楊徳茂先生の遺著

二．健身樁と技撃樁の基本姿勢

前記の通り、站樁功は本来拳術の基本功であり、拳を学ぶ者は必ず初めに体質を増強し、精気神の三宝を充実させなければならない。三才樁は人の身体各部を平均に発展させることができ、故にまたの名を健身樁と言うが、しかし健身樁は技撃面の作用がないということではない。また技撃樁即ち渾元樁は主に技撃能力の鍛錬が目的であり、健身治療目的の者はこれを学ぶ必要はないが、しかし技撃樁もまた体質増強に対して大きな効果があり、つまり両者は明確に一線を画することはできない。

人の自己鍛練は形体と精神の二つの面があり、即ち形と意の二方面である。形意拳はまさに形と意を同時に鍛練する一種の体育運動であり、その原則は〃以形取意、有意象形、意自形生、形随意転（形を以て意を取り、意有って形を象る、意は形より生まれ、形は意に随い転じる）〃である。站椿功もこの原則から離れることはない。

練習の初めの頃は、形に意が付帯しており（意は形より生じ）、久しくなれば意が形を導く（形は意に随い転じる）。姿勢は研究しないわけにはいかないが、しかし単に形を真似て神意を策莫としてはならない。王薌斎先生の言う「神意を十分に足りることを求め形を真似することを求めず」とは実に意味深く適切である。（続く）

楊徳茂先生著『站椿功概論』その4

2010／03／12―楊徳茂先生の遺著

また人の身体鍛練は静と動の二つの面があり、細かく分けると更に意識の動と意識の静、肉体の動と肉体の静の区別がある。人間の生理機能から言えば、大脳皮質、四肢百骸、五臓六腑は四六時中運動しており、細胞の一つひとつでさえみな絶えず新陳代謝をおこない変化し、故に動とは基本的であり絶対的である。静とは相対的に過ぎず、更によい動をおこなう為のものである。そして静と動は矛盾対立の統一体であり、練功者は静の中に動を求め、動の中に静を求め、静の中に動を有し、動の中に静を有し、また内は静で外は動、外は静で内を動にしなければならない。これが正に王先生が言う〝一動一静、互いにその根と為す〟である。

站椿功の指導原則は〝大動は小動に及ばず、小動は不動に及ばず、不動の動こそ生まれて止まない動なり〟である。ここでいう不動とは実際は、外が静で内が動、静中動を求めることであり、つまりは生まれて止まない動である。故に站椿功の練習は一定の姿勢を変えずに保持し、一定の基礎ができた後にようやく〝不動の中で微動を求め、微動の中に速動を求める〟ことができるのである。静かなこと深淵が動かず山岳がそびえ立つが如く、動けば潮が押し寄せる様で、細かなことは春の雨の如く、素早いことは稲妻の様で、久しく練習すれば自然とこれを感じるようになる。（続く）

楊徳茂先生著『站椿功概論』その5

2010／03／13｜楊徳茂先生の遺著

〝四容五要〟とは站椿功の練習において守るべき基本原則である。〝四容〟とは、頭直、目正、神庄（注：庄は荘厳、厳か、威厳があるなどの意味）、気静である。〝五要〟とは、恭、慎、意、切、和である。具体的に解釈すると、恭とは力は変化に富んで捉え難く、慎は氷を踏むが如き注意力、意の仮借は無限で精神は四方八方の渾円真であり、虚無（注：空虚）から実切（注：確実？切実？）を求め、中和均を失わず、である。学習者はこの四容五要の含意を深く理解しなければならない。

〝鬆肩（肩を緩める）、墜肘（肘を落とす）、緊背（背中を張る）、含胸（胸を含ませる）、提肛（肛門を引き上げる）、畳肚（腹部を折りたたむ）、裹襠（股間は内に包む）、護臀（臀部を守る）〟は各種の拳術における基本要求だが、健身樁と技撃樁の基本要求も同様である。ここで注意しなければならないのは、鬆肩とは単純に肩を沈めることではなく、肩部分の筋肉を緩めることであり、墜肘は肘を一方的に下に落とすことでなく、更に外側を支えなければならない。畳肚の肚（注：腹）とは臍より上の部分のことで下腹を指しているのではない。同時に一切の姿勢に対する要求は、行き過ぎず適度でなければならず、つまりは中和均を失わず、過ぎたるは及ばざるが如し、僅かの差でもやがてとてつもない大きな間違いとなる。王先生が常に言われた〝全ては絶対となってはならない〟とは、このことである。（続く）

楊徳茂先生著『站樁功概論』その6

2010／03／14ー楊徳茂先生の遺著

站樁功を練習する時は気静神閑、心は静かで満ち足り、全身の形は曲で力は直、鬆緊挺抜（注：

真直ぐに力強くそびえる様）、高い塔が雲の中までそびえ立ち、松が険しい峰から生える如く、神不外溢（神は外に溢れず）、力不出尖（力は尖端を出ず）、意不露形（意は形を露出せず）、表情は鬆緊自在で、畜意は雄大で心地よく、全身軽やかで快適な様はまるで大自然の中でシャワーを浴びているようである。技撃を志す者は健身椿と同様の要求以外にも、更に意念の強化鍛練が必要である。

形は怒る虎の如く、気は空に昇る蛟龍に似て、泰山（注：山東省にある有名な山岳）が崩れて来ても動かず落ち着き、山河を飲み込み、鼎（注：かなえ＝古代中国の祭器などに使われた金属製の器）を持ち上げ山をも引き抜く気魄が有り、敵が万人でも変わらぬ威勢と、龍を捕え虎を押さえ、海を翻し山を動かす勇気、筋に勁力を隠し骨にうねりを隠す、敵を見ても雑草を見る意まで練らなければならない。

いわゆる技撃は蓄力、試力、発力の三つの内容に他ならない。站樁は即ち蓄力であり、各動作は全て試力であり、力を体内（全身四肢と各関節を含む）から放出することが発力である。王先生は、〝技撃の練習では各種の力を練らなければならない。全身に精神力、二争力、螺旋力、波力、撬力（注：撬はこじ開ける）、杠杆力、片面力、分力、合力、矛盾力、仮借力、爆発力、滾豆力、速力、惰力、頓挫力、鑽力、劈力、横力、驚力、弾力、等々、功力が深ければ深いほど、その力も完備する。これらの力はみな站樁、試力の中で求め得る。もっぱら健身と治療を練るものは発力を学ぶ必要はないが、必ずや一部の試力は兼修すべきであり、それにより動静相兼ねるという要求を符合し顕著な効果を得ることができる。（続く）

楊徳茂先生著『站樁功概論』その7

2010／03／18 ─ 楊徳茂先生の遺著

王先生はかつて「形は注意しなければならないが、固執する必要はない。また意念を述べるが執着する必要はない」と言われた。総じて鬆静自然と舒適得力（＝心地よく力強い）を以て原則とすることを初学者は知らなければならない。但し初学者はまた形を重んじなければならず、形式の改造と意念活動はみな自然から出るのであり、つかず離れず有意と無意の間にあって、まさにその真諦妙理を得るのである。

健身樁の基本姿勢

養生樁は站式（＝立った姿勢）を主と為すが、また坐式（＝座った姿勢）、臥式（＝横たわった状態）、行走式（＝歩いている状態）などもある。その原則は、平均に立ち、内は渾厚（＝重厚、雄渾）で、外は圓合であり、全身の関節はみな僅か自然に曲げる意があり鈍形三角となり、手は高くても眉を超えず、低くても臍を過ぎず、遠くとも一尺を出ず、近くても身体につけず、右手は身体の左に行かず、左手は身体の右に来ない。この原則の下で多くの姿勢に変化してもよいが、但し練習者は多くを求め過ぎず、多く求めれば功力は深められず、早く欲すればたどり着けない。以下に紹介するいくつかの基本姿勢は一部だが、一般の練功者

にとってはこの中から選択し採用するに十分である。（続く）

楊徳茂先生著『站樁功概論』その8

2010／03／19―楊徳茂先生の遺著

站式

①叉腰式（注：また休息樁とも言います）

始めに先ず心と気を平静に穏やかにし、両足を肩幅に開き、足先は僅かに外に向ける。両眼は開いて前方を平視し、あるいは半開きか閉じてもよいが、開くとき眼光は内側に収める。また如何なる目標も注意してはならず、その意は見ても見えぬが如くで、いわゆる〃神不外馳（神は外に馳せない）〃である。足裏とかかとは地につけ、足裏の中心は上に吸い上げ、意は両足が地面に吸付く如くである。腰から下の意は地に埋まっているかの如く、股を緩め臀部は座るようで、脊椎は真直ぐに伸ばし、下あごは僅かに収める。頸筋を伸ばし、頭は上に持ち上げ、その意はひもで上から空中に吊るされている如く、但し頭のてっぺんは内に収縮するような意がある。背中は張り胸は内側に収めるように含ませ、下腹は緩めて丸くして、両手は腰の関節部分に置き、掌を後（外側）に向ける。この種の姿勢は鍛練でありまた休息でもある。他の站樁をおこなう前の準備姿勢としてもよく、また他の站樁の途中における休息姿勢としてもよい。

練功者が一歩ずつ深く研究していける為に、ここでは各項目の姿勢に対する要求を比較的細かく提起したが、初学者は右記の初歩的練功法の要求で既に十分である。くれぐれもすぐさま各要求を基準通りにおこなおうとしてはならず、総じて言えば心地よく力が満ちていることが原則であり、順序を追って一歩ずつ緻密な要求に向かうべきである。(続く)

楊徳茂先生著『站椿功概論』その9

2010／03／22｜楊徳茂先生の遺著

②提按式：両腕を起こし、両手の位置は臍よりやや低く、身体の左右両側に置く。但し身体には触れず、肘を外に張り支える。指先は前方に、掌は下に向ける。5本の指は開いて僅かに曲げる。両手を上に引き上げ(提)、かつ下に押さえる(按)意をもつ。

注：中国語の「提(ティ)」とは、①手や腕に(カゴとかバッグとかを)ぶら提げる、②上に引っ張り上げる、などの意味です。
また「按(アン)」とは①掌や指先で押す、押さえる、②制御する、抑える、制する、等の意味です。

③提挿式：両肘は上に引き上げ外側を張り支え、指先を下に向け五本の指は開いて自然に僅かに曲げる。指を泥の中に挿す意をもつ。その他は①叉腰式と同様である。

注：「挿（チャー）」とは、挿す、挿し込むという意味です。（続く）

楊徳茂先生著『站樁功概論』その10

2010／03／23｜楊徳茂先生の遺著

④托球式：両肘は外側に張り支え、両手を前に置き、指先を内側に掌は斜め上方に向ける。手の高さは臍よりやや高く、両手の距離は約二拳ほど、両手で大きな球を載せ支える意をもつ。その他は①叉腰式と同様である。

注：「托（トゥオ）」とは、掌に載せる、掌で支える、という意味です。

⑤撐抱式：両腕は前に伸ばして抱き囲み、指先は向かい合う。掌は内側に向き、指は開いて自然に僅か曲げる。両手の距離は約七、八寸で高さは眉より下肩より上、球を抱く意をもつが、また同時に外側を張り支える。その他は第一式と同様である。

注：「撑（チョン）」は、①支える、②持ちこたえる、こらえる、③突っ張って動かす。という意味です。（続く）

楊徳茂先生著『站樁功概論』その11

2010／03／24―楊徳茂先生の遺著

⑥檸裏推托式：両腕を前に伸ばして抱き囲み、高さは眉を越えない。掌は外側に向け指先は斜め上内側に向け、両手人差し指の力が十字に交わるよう掛けようとする。両手の距離は約七、八寸で、指は開いて自然に僅か曲げる。両腕は外に捻じり内に包み、両肘は外に向かって引き裂き、掌は外に推し上に載せる意をもつ。その他は第一式と同様である。

注：「檸（ニン）」は、（両手で物体の両端を握って相反する方向へ）ひねる、ねじる、の意味です。「裏（グオ）」は、巻く、くるむ、包む。の意味です。

⑦撑扶式：両手を起こし、掌は下に指先を内側に向ける。指は開いて自然に僅か曲げ、高さは肩と同じ、両肘は外に張り支え、両手は物の上に載せている意をもつ。その他は第一式と同様である。

注：「扶（フ）」の（倒れないように手で）支える、という意味です。

また、この姿勢は扶抱式、平抱式、あるいは分抱式などとも言われています。
⑧按球式：腕を前に伸ばし、指は開いて自然に僅か曲げ前方に向ける。手の高さは胸より低く臍より上で大体鳩尾くらい、掌は下に向け両手で水中に浮かんでいるボールを押さえる如くである。その他は第一式と同様である。
注：この姿勢は扶按式、浮按式などとも言われています。（続く）

楊徳茂先生著『站樁功概論』その12

2010／03／29｜楊徳茂先生の遺著

三・站樁功におけるいくつかの内容

1．五盈四梢
五盈とは心、肝、脾、肺、腎の五臓が盈満（満ち溢れる）であることを指し、四梢とは舌、髪、歯、爪を言い、即ち舌は肉の、髪は血の、歯は骨の、爪は筋の末梢先端である。古代の拳学者はかつて「五行（即ち五蔵）を明らかにすれば気は多く、四梢を明らかにすれば力は大きい」と言った。五盈は站樁功の練習時に上虚下実、胸腹空霊とすることを指す。但し空霊とは盈満の為であり。胸腹が空霊の境地まで練り至るとき、意念の中は盈満充実させなければならない。四梢は気が四梢まで達することを指し、王先生の言われた〝毛髪一本一本たりともみな意は矛の如し〟とは即ちこの意である。技撃の時、舌髪歯爪の四梢はみな驚きショックを受けた状態の如くであれば、真力は増強される。

2．五心帰一

五心とは両掌の真ん中、両足裏の中心、頭のてっぺんを指し、站樁功の練習が一定程度に至れば、五心は内に向かい吸いみな丹田に帰属する。故に五心帰一と称する。または心窩（＝みぞおち）も含めて六心帰一と称する者もいる。（続く）

交流会お疲れ様でした

2010／04／07―練習日記

4月4日（日）の交流会に参加された皆様、大変お疲れ様でした。

我々にとっては1年ぶりの組手が、交流会の場となってしまいましたが、1年間全く組手をおこなわなかったわりには、みなそれなりによく動けていたかと思いました。

また各自課題も見つかったと思いますので、今後の練習で解決していきたいと思います。

とりあえずひと段落したので、来週からまた杆（棍）の練習をしたいと思います。棍を持っている人は持参されてください。

また今後のスケジュールですが、４月下旬に澤井清先生によるご指導をお願いしております。５月２日（日）、３日（月）に、神戸で講習会、及び同好会の練習を予定しております。

参加される方は、よろしくお願い致します。

澤井清先生のご指導第３回

2010／04／26｜練習日記

昨日は澤井清先生が来られご指導頂きました。前回と前々回は小雨の降る寒い悪天候でしたが、今回は天候に恵まれ暖かい春の日差しの中で練習できました。

はじめに教えていただいた腕の螺旋、腕を樹などに擦りつける練習は、北京で学んだ棍を樹に擦る練習（摩杆）に似ており、このような地道な訓練があの力強い手を生み出すのだろうと感じました。

実際に相手との練習で試してみると、初めのうちは感覚は出てきませんが、しばらく続けていくと差手から払手まで相手の手にくっ付いて、わずかな螺旋で相手を押し出す感覚が徐々に出てきました。

また立禅やいくつかの手の形で押し合う練習では、前回はわかりませんでしたが、清先生の手、肩、腰の位置が全て同じ方向に一致していることにも気付きました。この為力がぶれることなく全てこちらに入ってくる為衝撃力が非常に強く、何気ない動作にも正しい骨格の構造が必要であると改めて認識しました。

もう一点、掌や指の形にも気付くことがありました。以前中道会の鹿志村先生が、「清先生の手は澤井先生とそっくりだ」と驚いておられましたが、今回よく見ると手の動きだけではなく、掌や指の形も澤井先生のそれと実に似ており、これらは相手の拳を流したり弾いたりそれぞれに有効な形であったことに気づかされました。

今回のご指導では、腰や腹などの根節、腕などの中節、掌や指先などの梢節にもそれぞれの要点があり、これらが一致してこそ強大な力が発揮されることを再認識し、大きな収穫を得ることができました。また練習後の食事会において、当時の北京での思い出、お父上の澤井先生の思い出など貴重なお話をお伺いし、楽しい時間を過ごすことができました。

この場をお借りして厚くお礼申し上げます。

「月刊秘伝」7月号に、4月の交流会についての記事が掲載されます

2010／06／17―お知らせ

ＢＡＢ出版社「月刊秘伝」７月号に、４月に横浜でおこなわれた交流会についての記事が掲載され

ます。参加された方は是非一度目を通してください。

一昨年（現大阪在住のTさん）と今年（姫路在住のTさん）、組手の最中に相手と接触するやいなや、相手が弧を描いて数メートル飛ばされ尻もちをついたというシーンがありましたが、実に衝撃的な出来事だったと思います。

この件は、私の感想として「秘伝」に掲載させて頂きました。大阪のTさんも姫路のTさんも、決して狙ってこのような攻撃をしたわけではなく、接触時における相手との間合いや接触角度、接触面などによって無意識に自然にでたものでしょう。（もっとも狙ってできる訳ではありませんが…）

またこのような出来事は、偶然に起こることでもありません。そもそもこのような能力を持ち合わせていなければどんなに条件が揃っても、故意的にしても自然反応としても不可能です。

現在多くの人が練習を通じて既に一定程度この能力を身に付けています。今後この能力が適材適所で発揮できるよう、対人練習に力を入れていきたいと思います。

澤井清先生のご指導第4回

2010／06／22—練習日記

6月20日、澤井清先生が指導にこられ、いつもながらまた多くのものを得ることができました。

特に勉強になったのは、極めて短い距離から突発的に発する差手や中段の突き（いわゆる崩拳）で、差手は前腕、崩拳はコブシと接触部分こそ異なるが、全て以前教えて頂いた、双方立禅の形のまま手の甲でぶつかり合う稽古の時の瞬発力と同じ力を感じたことでした。このことから立禅でのぶつかり稽古の重要性が再認識され、同時に崩拳も単に打ち方だけを繰り返しおこなっても、このような全身が纏まった突発力を得るのは難しいのだろうと思いました。

また押さえられた腕を持ち上げ押さえ返す練習では、上に磨り上げる「差手」、横に払う「払手」、下に引き込み、更に押さえつける「迎手」などの基本が入っており、太極拳の朋、履、擠、按の原理と極めて近く、この様な原理が大成拳（お父上の澤井先生は、以前は太気拳というより、大成拳という言葉をよく使われていたそうです）にも取り入れられていたことを改めて理解できました。

その他、相手の打拳を両手で円を描きながら押さえたり、そこからの打拳への応用など、どれも印象深く、また御父上の澤井先生の動きを思い出してしまいましたが、いずれも外から見る動きだけでは全く分からず、実際に触れて頂いて初めて理解できる力であり、今回も蒸し暑い中で懇切丁寧にご指導して頂いた澤井清先生に、この場をお借りして心よりお礼申し上げます。

這について

2010／06／29 ― 練習日記

「這」は、意拳の「走歩（摩擦歩）」に相当する練習です。各派の意拳の走歩にはそれぞれ特徴がありますが、太気拳の這の大きな特徴のひとつに、腰の低さと手の高さがあります。歩く前に、両手を上に挙げながら腰を沈める動作は、いわゆる「抽身長手」であり、もっとも大切な基本動作の一つです。「立禅（站椿）」で養われる正しい骨格構造による各種の力、例えば斜面が持つ能力（斜面力）、三角形が持つ能力（三角力）などは、この運動路線、力量の方向性の変化が加わることで強い力を発揮します。

太気拳の他の武術と大きく異なる攻防技術の源は、一見ごく単純に見えるこの動作があってこそで、後に学ぶ「揺」だけにとどまらず、「差手」、「打拳」、「撥（はね）」など攻防一体の理論はこの動作の正しい習得なくしては理解し難いでしょう。

日常の一人練習において、下半身と上半身の各関節の協調、角度、螺旋、位置、筋肉の状態などレベルを上げていかなければならない点は山のようにあります。またそれらの能力がどこまでの相手にどれだけ働けるのか、練習場では常に相手を見つけて稽古をおこなってください。

意拳の歴史について

2010／08／04 ― 太気拳意拳コラム

一度世に出た書籍は、もしその内容に誤りがあった場合それを訂正することは非常に難しいものです。後に訂正文や謝罪文を出したとしてもそれをみんなが読むとは限らないし、またこのような謝罪文は通常は非常に小さく目立たないところに書かれています。

これらの間違いには、著者による意図的な捏造、思い込みによる誤解、誤認、更には単純な書き間違い（数字や年号のミスタイプ）、編集側の誤解誤認、印刷側の単純なミスなど原因は色々あるでしょう。一般的には印刷前に原稿のチェックを著者がおこなうものですが、締切りに追われミスを見逃してしまうことも多々あるかと思います。このように考えると「本に書かれていたから……」と何でもかんでも鵜呑みに信じてしまうことも考えものです。

過去の歴史は当時の文献などからも推測されるのでしょうが、その文献がどれだけ信憑性があるか？歴史学者は色々な角度から研究し、常に新しい学説を発表したり、また別の歴史学者が異論を唱えたりしています。

さて中国の武術はどうでしょう。昔の民間武術家には学識の無かった者も少なくないでしょう。書物を残した者はごく僅かです。そしてそれが名人の著書であればみなこれを疑わず有り難く読んでいます。しかしその文章の全てが正しい訳ではありません。現在中国で発表されている意拳及びその創始者である王薌斎先生に関する歴史には、正直なところ多くの疑問があると言わざるを得ません、残念ながら日本ではそれらを検証せずそのまま訳して紹介されています。しかし我々は自分の学んでいる武術に対して正しい歴史認識を持ち、あるいは検証をしていくべきと思います。

ということで、今後少しずつですが王薌斎先生と意拳（大成拳）に関する歴史についての紹介をしておこうと思います。

王薌斎は誰から学んだのか？　その１（郭雲深について）

２０１０／08／09｜太気拳意拳コラム

（王薌斎先生と）郭雲深との師弟関係について、１９２０年代王先生が武術界で名を挙げてから今に至るまで、多くの議論がなされています。

王薌斎否定派は、「王と郭は年代的に符合しない。郭は１８２２年生まれで亡くなったのは１８９８年であり、１８８５年生まれの王は当時まだ13、14歳であった。幼い王が郭雲深という大先生の弟子になれるはずがない」と主張し、一部の意拳練習者はこの矛盾を突きつけられ苦し紛れに、「套路などは一切学ばず、形意拳のエッセンスのみを授かったのだ」などと反論しています。

確かに郭雲深が亡くなった当時、王薌斎先生がまだ13、14歳だったとしたら、仮に入門していたとしても、どこまで学んでいたのか疑問です。しかし王先生自身は、１９４０年6月に発行された「実報」や「新民報」などの新聞のインタビューで、「小生は清光緒33年（＝１９０７年）に師のもとを離れ……」と述べています。つまり王薌斎先生は22歳頃まで郭雲深に学んでいて、郭雲深も１９０７年までは生存していたことになり、武術界の常識であった郭の生存期間と異なってしまいます。では郭雲深の生存期間は一体いつなのでしょうか？

今迄形意拳の歴史の多くは、主に北京や天津、あるいは上海などの大都市に来て世に出た名人たちの話や著書に基づくものばかりでした。しかし近年、山西省太谷県（注：形意拳発祥の地とされている）の形意拳家達が発表した太谷県の歴史からみると、今まで言われてきた郭雲深１８９８年死亡説と以下の様な矛盾が生じてしまいます。

①李洛能（注：郭の師匠）の開門弟子（注：最初の弟子）と言われる山西省太谷県の車毅斎の生存期間は１８３０〜１８３３年（生まれ）／１９１４〜１９１５年（死没）頃であり、二番目の弟子と言われている宋世栄の生存期間も１８４９年（生まれ）／１９２７〜１９２８年（死没）頃である。これが事実であればいずれも弟弟子の郭よりかなり年下ということになってしまう。

②李洛能は、１８９０年に死去したと言われている。ということは弟子の郭とほとんど同じ時期に亡くなっていたことになる。

③光緒十五年（１８８９年）郭雲深は太谷県に赴き兄弟子の車毅斎と試合し敗れた後、一年余り留まって切磋琢磨し、その後も年に何度か車のもとを訪ねたという。郭が１８２２年生まれであれば、この時既に68歳であり、当時交通手段もほとんどない時代に河北省深県から山西省太谷県までを移動していたということになる。またその際、車の高弟である李複禎（李長有１８５２〜１９２４年）も、郭に試合を申し込もうとしたと言うが、李複禎は、１８５２年生まれであるから30代の油の乗っているときであり、68歳の郭に試合を挑もうとしたことになる。

④更に、最近公開された車毅斎と郭雲深の記念写真は、１９０３年（あるいは１９０２年などの説有り）に太谷県で撮影されたものと言われており、郭が死去したとされる１８９８年の更に5年も後のことである。

またこれら山西省の形意拳家らの話とは別に近年、郭雲深の故郷、河北省深州（旧深県）の形意拳家、李士英氏が、〝郭雲深の生存期間は１８３９年から１９１９年であり、弟子の李振山の家にて亡くなった〟とする新説を雑誌「武林」１９９９年７月号に発表しました。（注：但し李士英氏は、王薌斎先生が郭雲深の弟子であることを否定しています）

李士英氏は、郭雲深—李振山—郭子坤（１９０１〜１９７４年）—李士英と伝わる郭派形意拳の伝承者であります。つまり王薌斎が北京に上京した頃、郭はまだ健在であったことになり、王自身が述べた「小生は清光緒33年（１９０７年）に師のもとを離れ……」とも、また山西省の形意拳家達が主張する歴史とも矛盾が生じません。

ひとつの仮定に過ぎませんが、当時王薌斎先生は、①他派の武術家、あるいは他流派や当時の武術界を痛烈に批判し、意見があればすぐにでも立ち会うという態度をとっていた。②伝統的な形意拳の内容を変え独自の一派を築き、更に世間より「大成拳」などと呼ばれていた、などの理由で多くの武術家に睨まれていたことは有名であり、その為、王を良く思わぬ武術家達は、王が郭雲深の弟子であることは嘘である、とでっち上げる為、河北に隠居した郭雲深の生存年月日をねつ造した可能性が高いのではないか、と思われます。

とは言うものの、郭の生存期間が大幅にずれたとしても、王先生がどこまで学べたのでしょうか？本当に郭師だけに学んでいたのかという疑問は残ります。（続く）

王薌斎は誰から学んだのか？　その２（兄弟子、周明泰について）

2010／09／08－太気拳意拳コラム

周明泰先生について（朱尭亭先生談）

93年に神宮の二人の兄弟弟子とともに北京を訪れ、留学中に姚宗勲先生から学んでいた懐かしい西単南礼士路にある公園で練習していると、遠くから一人の老人がずっとこちらを食い入るように見ていました。いつまで経っても見ているので、もしかしたら王薌斎先生のお弟子さんの方かもしれないなどと話をしていたら、丁度そこに姚承栄先生が来られ、我々にその老人を紹介してくれました。その方は朱尭亭先生と言い、やはり王薌斎先生に学ばれた方でした。

朱先生は「当時私はまだ若かったが、澤井先生と姚宗勲先生は仲が良く、練習もよくやり、また二人で一緒に酒を飲んでいた。澤井先生はよく防具を付けて剣道をしており、その防具は帰国の際、姚宗勲先生に渡された」とお話しされ、更に「あなた達はさっきこんな（浮按試力）練習を繰り返していたが、試力をおこなう場合、ひとつの動きのみにとらわれてはいけない。常に毎回の動作が異なるように、また手首の螺旋にもよく注意しなくてはならない」と実技を交えて説明してくれました。その構えや動きは、驚いたことに姚宗勲先生の伝えられた意拳の動きよりも澤井先生の動きに酷似しており、我々は大変なショックを受けました。朱尭亭先生の構えは、身体をやや前傾させ、くの字にして懐を深くとるもので、朱先生は、「腰の後ろの、ちょうどベルトの当たり（注：命門のあたり）が、紐で上から引っ張られているようにして、弓のような姿勢を維持すること」とおっしゃられ、手首が妙に柔らかくグニャグニャと変化され、他の北京の先生方と比べても独特なものに感じられました。

それより北京を訪れる際には、朱先生には度々お世話になりましたが、その時朱尭亭先生に伺った話によると、王薌斎先生は郭雲深先生が亡くなった後も引き続き先輩たちに学んでいたとのことです。

そのお話は大体以下のとおりです。


「形意拳の李飛羽（注：李洛能）は、河北の劉家に呼ばれ、そこで劉家の息子の劉奇蘭に武術を教えた。しかし武術の教育には相手役が必要であり、特に李の武術に興味を持っていた当時劉家の小作人をしていた郭雲深先生がその相手となって、一緒に李先生より学ぶことになった。二人は仲がよく、その後劉奇蘭先生が弟子を取るようになっても、郭先生は、劉先生の弟子を自分の弟子のように一緒に教えた。その為に劉先生の弟子と郭先生の弟子達はお互いに兄弟弟子と呼び合っていた。劉先生の弟子の多くは、実際には郭先生が育てたとも言ってもいい。王先生も郭先生が亡くなってからは劉先生の弟子であった周明泰に教えを受けた。王薌斎先生は、私によく周明泰先生の功夫の高さを話された。周先生は、身体は痩せていて決して丈夫ではなかったが、キセルを片手に椅子に座ったままで相手をすっ飛ばすほどだった、と何度も聞かされた」

王薌斎は誰から学んだのか？　その3（兄弟子、李振山＝李豹について）

2010／09／11―太気拳意拳コラム

郭雲深先生は、劉緯祥、劉勇奇、李魁元、李殿英、李振山、許占鰲、銭硯堂、魏老卒、黄修亭、趙殿元らの弟子を育てました。

李振山

前々回のコラムで郭雲深先生の生存期間について名を挙げた李士英氏は、「王薌斎は郭先生の弟子ではなく、自分の師爺にあたるこの李振山（通称、李豹）について学んだのだ」と主張しています。

また2002年に私が広東省珠海にご健在であった韓星橋先生とお会いした際、韓先生は「30年代に深県で王道庄（注：王薌斎先生の長男）に、魏老卒、黄修亭先生ら多くの形意拳家を紹介してもらった。しかし彼らの教えていたものは伝統的な形意拳であり、王薌斎先生とは直接交流していなかった」と言われ、また「王先生は親切心から他人に対しても、〃それは間違っている、郭先生はこうされた〃などと口を出す為、多くの形意拳家に、若いくせに生意気だ、と見られていた。歳が若かった為に郭先生の実の弟子ではない、と言う者も多かった。その為、王先生は自分の考えを証明しようと全国各地、修行の旅をし腕を磨いていった」と言われていました。

王薌斎先生の師弟関係はともかく、李士英氏が名を挙げた郭雲深の弟子、李振山とは実は王薌斎先生の姉の夫、つまりは王薌斎先生の義理の兄にあたる人物と言われています。故に王薌斎先生が郭先生の弟子であってもなくても義理の兄である李振山から指導を受けたであろうことは十分考えられます。但し武術界の伝統からみて、〃義理〃とは言え、兄弟の間柄では親子関係と同等の関係を結ぶ拝師儀式をおこなうことはあり得ず、義兄弟での師弟関係は成立しません。（注：余談ですが、親子間では既にその関係がある為拝師儀式はおこなわれません）やはり兄弟弟子とみるほうが自然かと思います。

さて、この李豹に関して最近では面白い珍説が出てきました。王薌斎の第二の師匠とも言われていた〃謝鉄夫（あるいは解鉄夫、発音はいずれもシエティエフで同じです）〃とは、実はこの李豹のことであったという説です。（続く）

王薌斎は誰から学んだのか？　その4（謎の人物、謝鉄夫／解鉄夫）

2010／10／13｜太気拳意拳コラム

「王薌斎は全国の名手を訪ね幾度となく試合をおこなったが、本当に武術に精通した者は僅か二人半だった、それは謝鉄夫、方怡庄及び上海の呉翼輝である」

「王薌斎は方怡庄とは四勝六敗だったが、解鉄夫とは十回戦い一度も勝てなかった」

などと言う話がよく紹介されていますが、この謝（解）鉄夫とは謎の人物であり、本人の経歴やその伝承も確認されていません。故にそれぞれの研究者が色々な説を唱え、また解鉄夫の名前を利用して自己の門派を宣伝する者までおります。

逆に「謝鉄夫など存在しない、ただの作り話にすぎない」という研究者もおりますが、伝承がはっきりしない限り、それも当然の話だと思います。
そもそも王先生が言った二人半の話は、著書である『意拳正軌』、『拳学新編』、『拳道中枢（大成拳論）』、や新聞に発表されたインタビュー、晩年に記した「站樁功初稿」などにはどこにも書かれておらず、飽くまでも言い伝えにすぎませんでした。近年になって、『意拳論』、『意拳断手要述』など、王薌斎先生の著書といわれるものが数多く発見され、その一部に謝鉄夫の話が記載されていますが、私見ではそれらの書物の内容、文章表現、歴史的背景及び根本的な思想からみて、これらはとても王薌斎先生の著書とは思えず、みなニセモノだと言わざるを得ません。（中国国内でもそのような見方が増えております）

ではこれらの本が偽物だったとして、この「二人半」の話も全く根拠のないものであるかと言えばそうでもなく、文献は存在しなくても王先生は弟子たちに語ることがあったそうです。

ちなみに姚宗勲先生は、以下のように話されていました。
「王先生は、かつて少林寺の恒林和尚と交流し、その功力は素晴らしかったが、それでもまだ最高のレベルとは言えず、また福建の方怡庄も実力があり、当時もし私が試合したとしても十回に四回しか勝てなかったであろう。しかし謝鉄夫は更に上で、拳術でも武器においても、私が十回試合しても一度も勝てなかったであろう。郭先生を除けば謝先生が最も得るところが大きかった、と話されていた」

ところが最近になって非常に面白い珍説が発表されました。

〝解（注：通常の発音は「ジエ」ですが人の姓に用いるときは「シエ」となる）、あるいは、謝（注：発音は「シエ」）鉄夫（シエ　ティエフ）〟とは、実は〝謝、姐夫（シエ　ジエフ）〟を捩ったものであり、つまり郭雲深の他に直接指導してもらった姉の夫、李振山（李豹）に対し感謝の意を込めて弟子たちに語った話であった、とする説です。突拍子もない話ですが、王薌斎先生が姉の夫でかつ郭先生の高弟であった李振山に指導を受けていたとすれば、さもありなん、とも思えます。

またこれとは別に、解放以前の旧上海における主要武術団体一覧を見ると、１９１０年に設立された〝精武体育会（注：ブルースリー主演の『ドラゴン怒りの鉄拳』のモデルとなった）〟から王薌斎先生が１９２９年に設立した〝意拳社〟に至るまで約40の武術団体がありますが、その中には、「武術学会　１９１８年２月設立、創始者、鉄夫」とあり、こちらもまた気になります。しかし残念ながら今のところこの組織に関する詳しい資料は見つかっておりません。

研究者達の謝鉄夫（解鉄夫）に関する新たな成果が発表されることを期待したいと思います。

東北関東大地震に関しまして

2011／03／21｜お知らせ

何人かの方々より安否を気遣うメールを頂きましてありがとうございました。

まだまだ余震、停電、原発事故の不安、更には食糧不足、仕事の問題など多くの困難があるかも知れませんがなんとか乗り切れるよう頑張りましょう。

消防勤務のSさん、自衛隊勤務のYさん、Mさんにおかれましては被災者の救援活動にご尽力されていることかと思いますが、我々の仲間にこのような方々がいることを本当に誇りに思います。

どうぞご自身の身も十分お気をつけて活動されてください。

新聞社勤務のSさんも寝ずの取材が続いているかと思いますが、同様に身の安全には十分に気をつけてください。

3月19日、20日福岡博多体育館での講習会無事終了

2011／03／21 ― 練習日記

今回のレジュメです。非常にざっくりですが、参加された方にとって参考になれば幸いです。

準備運動（操手）
腰の回転と腕の振り、
体を沈め手を上げる（抽身長手）、
推手（打輪）の基本動作（蛇纏手）

站椿（立禅）

肩架（合理的な骨格構造）

摸勁（微動、鬆緊転換…）

提挿椿から打拳への応用

休息椿による発力の補助練習

単、双推手の段階

搭手、打輪、変化

注意点

1．形圓力直（合力）

2．力不出尖、形不破体、意不露外（意不有象）と力出尖、形破体

3．守中用中

4．大円から小円へ

発力

撐抱椿での模勁（蓄力の練習）

撑托椿での模勁（発力の練習）

注意点

1．蓄力（股関節の動き、蓄力の明確さ）

2．螺旋の強化

掌打（下への発力）

注意点

1．肘（中節）の用い方

2．引き手と発力の関係

下から上への発力の応用

前回と同じく熱心に練習されてた城先生はじめ成道会の皆様、毎回参加されているUさん、この後東北の被災地に支援活動に行かれるMさん、今回初めて参加されたHさん、神宮時代からの私の師兄弟でわざわざ大牟田から参加してくれたMさん、関西稽古会から参加された姫路のTさん、また福岡稽古会の皆様も県内のみでなく佐賀や佐世保からも参加され、本当にお世話になりました。また大変楽しいひと時を過ごすことができ、誠に有難うございました。

この場をお借りしてお礼申し上げます。

交流会無事終了

２０１１／04／05―練習日記

４月３日（日）毎年恒例の交流会が無事終了しました。組手においては大きな怪我もなくホッとしています。それぞれ課題も見つかったことかと思いますが、この一年の成果も少なからず確認できたことと思います。また事情により今回参加できなかった会員の方々は残念でしたが、次回に向けまた練習に励んでください。

参加された横浜の太気会（天野敏先生主宰）、気功会（島田道男先生主宰）、中道会（鹿志村英雄先生主宰）の皆様、お疲れ様でした。またありがとうございました。

意拳における誤解、「緊と鬆」の「緊」とは、「緊張」の「緊」に非ず

２０１１／07／11―太気拳意拳コラム

意拳が日本に紹介されてから、その特徴の一つとして、

「緊張とリラックスの突然の変化を力の源」と考えたり、あるいは「身体はリラックスを保ち精神は緊張させることが重要」、などと理解している人が少なくありません。最近の中国でも同様にこのような考え方が多いようです。

どのような武術においても各自、各門派の考えがありますが、我々拳学研究会においては、いわゆる「緊」とは「緊張の緊」とは解釈しません。これは今まで多くの意拳の諸先生、先輩方に接し、教えを受けてきた経験から出た結論です。そもそも武術において緊張とはあまり良い意味で使うことは少ないでしょう。この緊張こそが練習においても実戦においても大敵となります。

意拳における「緊」の意味が理解できれば、自然と「鬆」の意味も理解でき、今までの伸び悩みや疑問点も大きく改善されるかと思います。会員の方々は練習のみでなく、正しい知識を学びながら効率のよい練習を目指してください。

意念とはイメージに非ず、意拳はイメージ拳術に非ず

2011／07／12 太気拳意拳コラム

「この拳は20年前（注：1920年代）かつて一度「意拳」と称したことがある。「意」の字を挙げて精神をあらわし、即ち本拳は意感と精神に重きを置くという意義なり」（拳道中枢／大成拳論）

王薌斎先生は、「意とは精神現象の総称である」、と述べています。

一部の武術雑誌の影響もあるかと思いますが、「意念」＝イメージトレーニングと理解し、意拳とはイメージ拳法であると考える人達もいるようです。しかし「意念」そのものは中国語では「思い」あるいは「考え」という意味です。

澤井先生は生前よく、「この世で一番速いものは、〝思い〟だ。〝思い〟は光よりも速い」とよく言われていました。同じく意拳のある先生も、「意念是最快的！」と言われていました。おそらく王薌斎先生がこのように弟子たちに指導されていたのでしょう。我々はこの「思い」と「肉体」をいかに統一させていくかを練っていかなければなりません。

また意感とは簡単に言えば感覚です。正しい状態で立禅（站樁）をおこなうと、物を抱いているような感覚、水中で漂っているような感覚、全身がひと塊りになったような感覚など、各自段階において独特の感覚が自然に現れます。この「ような」が、意感であり、それは妄想ではありません。この「ような」感覚はそのままさまざまな「力（能力）」となります。

このような感覚やあるいは日常生活における風景などを意識し、身体を調節する方法がいわゆるイメージトレーニング（意念仮借、意念誘導）であり、勿論一定の有効な方法ですが、これは意拳の練習体系の中の一つに過ぎません。逆を言えばイメージトレーニングのみに頼りこれを過信し、骨格構造つまり各関節の角度や平衡、単双重の問題、全身の筋肉状態などをおろそかにすれば単なる妄想武術に陥るでしょう。また随時指導員によるチェック（試力＝各能力のテスト）を加えて、感覚、精度をより高めて行くべきと思います。

意は形から生じる？　意は力なり？

2011／07／13―太気拳意拳コラム

「以形取意、以意象形、意自形生、形随意転」（形を以て意を得、意を以て形を象（かたど）る、意は形から生じ、形は意に従い転じる）

この言葉は意拳の前身である形意拳でよく言われる言葉ですが、意拳においても同様に使われています。これより形と意は切っても切れない関係であり、どちらも軽視することはできないとわかります。

しかし形から意が生じることに関しては、納得のいかない人も多いかもしれません。しかも意拳、太気拳は「有形無形」では、形にとらわれないことを特徴としており、従来の形意拳との違いを主張しています。では「形」とは何でしょうか？

我々、太気拳、意拳の修行者にとっての「形」とは正に王薌斎先生のいう「有形似流水、無形如大気」であり、固定の形ではなく、「平衡」、「均衡」のとれた状態の形を求められます。故に正しい形は無限にあり、また間違った形も無限にあります。立禅（站椿）をしていると、外見を真似しても指導者に直されたり、またなぜか前回と異なる姿勢に直されるのはこの為です。毎回同じ姿勢、同じ動作などありえませんが、均整のとれた各能力を内包することは、共通の要求であり、王先生の言われる「単双重と不執象」は正にこのことを示しているかと思います。

この正しい「形」があってこそ、身体の色々な感覚、即ち「意感」が生じます。この均整のとれた形（全身の関節角度と筋肉収縮状態など）には斜面、螺旋、三角などのさまざまな「力（能力）」が含まれており、「意感」が強ければ強いほどこれらの「力」も高まり、いわゆる「意即力也」となります。

更に……意は神より生じる？ 力は意に随い転じる？

2011／07／22―太気拳意拳コラム

また王薌斎先生は、

「要知意自神生、力随意転、意為力之帥、力為意之軍」（意は神より生じ、力は意に随い転じる。意は力の帥(すい)と為し、力は意の軍と為すことを知らなければならない）

とも述べています。

言い方こそ異なりますが、実は従来の形意拳の伝統的な言い方である「意は形から生じ、形は意に随い転じる」とは同様の意味です。

「神」とは、〃精神、精神状態、気分〃などの他に、それらが外部に現れた状態の〃表情、顔付、眼付〃

などの意味もあり、武術においては後者の〝表情〟や〝眼付〟などを指して言うことが多いようです。「〝意〟と〝気〟は内にあり目に見えぬもの、それが外に現れ目に見えるものが〝形〟と〝神〟」と言う意拳家もいます。つまり「意は形から生じ」の「形」とは単なる形ではなく、精神状態が含まれてなければなりません。また「力」には合理的な骨格構造による動きが必要であり、形と力は切り離すことはできません。「意に従って形が転じる」ということは、つまり「意に随って力が転じる」ということです。

ややっこしいようですが、重要なことは、精神状態、形、意思（意志）、力はみな別のものではなく、それぞれが関係し合っており、これらを如何に高度に統一させていくかということです。

そしてこれに最も有効的な手段が立禅（站椿）なのです。

王薌斎先生論「単双重と不着象」

2011／07／26―王薌斎の言葉

王薌斎先生の名著、『拳道中枢（大成拳論）』の中の、「論単双重与不着象」の章を紹介します。

この文章は私も何年も意訳し読み返していますが、自分の成長にあわせその度に新しい認識を得ております。また読めば読むほど、我々を含め現在の多くの意拳、太気拳の修行者が今日陥っている過ちを予期し指摘しているような気がしてなりません。

会員の皆さんはできるだけこの意味を研究して王先生の言わんとすることを感じ取っていただけれ

ばと思います。

拳道の原理を以って論じれば、平素の練習か技撃（注：実戦）の最中かに関わらず、全身の〝均整〟を保たなければならず、少しも偏ってはならない。おおよそ僅かな〝不平衡〟があれば、〝形〟は〝着象（注：凝る、こだわる）〟となり、力は〝破体（注：整体状態が破れた状態）〟となる。

おおかた〝神〟、〝形〟、〝力〟、〝意〟はみな〝着象（こだわり）〟があってはならず、〝着象（こだわり）〟となれば既に一方に偏り、健康でなく且つ人に乗じられ易く、学ぶ者はこれを謹んで記憶すべきである。

ここでいう〝均衡〟とは板のようなぎこちない固い状態にあらず。少しでも板のように固くなれば〝双重の病〟を犯しやすく、しかしまた〝霊（注：霊活？＝敏捷）〟が過ぎてもならず、〝霊〟が過ぎれば花が開いてもその実は結ばない。

全身を伸びやかに放ち、且つ屈折を含蓄すべきである。例えば力を発する時は断続してはならず、いわゆる〝力不亡者〟なり。この〝双重〟とは両足部分のみを指して言うのではなく、頭、手、肩、肘、膝、股、膝、及び大小関節、一点でも僅かの力すべてに〝単双〟、〝鬆緊〟、〝虚実〟、〝軽重〟の区別がある。

当代の拳術家の多くは偏った一方的な〝単重〟から絶対的な〝双重〟に向かい、絶対的な〝双重〟から〝僵死（注：硬直化して生命力を失う）〟の道へ辿る。単双重の学とは久しくなればなるほど溺れていくものである。

現在各家の拳譜を論じれば、みな根本的に的を射ず、ましてやその作者は誤った形をさらけ出し体を大きく破るばかりである。すべての姿勢は実にでたらめで、世の人を煩わせ、学べば学ぶほど拳道から甚だ遠くなる。

〝着象〟でなくとも板のように融通がきかず、〝着象〟でもまとまりなく雑然とし筋も通らず、またたとえ単重の妙に出会ってもそれを味わうことができない、これもまた〝双重〟となんら変わることはない。

自然、快適に至らず、百骸が正を失えば、型にはまった方法に陥らざるを得ずに、機に応じて動き、変化を知り、更には生まれもっている能力を発揮することなど永遠にできない。実に哀れなこと甚だしい。

神と意の〝不着象〟に至っては、接触時に生まれ持った本能の活力を応用できなければ、これを証明するには足りず。例えば戦いにおいて双方一瞬の油断も許さない状況の中で、接触したか、しないか、という瞬間でもまだ何を応用したらよいか分からず、また事態が解決した後も何を用いたのか分からず、これがいわゆる〝不期然而然、莫知至而至（注：期せずして自然にそうなる、至ること知らずとも至る）〟であり、またいわく極中至和（注：中極わり和に至る）、本能力の自動機能なり。（完）

7月16～17日の神戸講習会

2011／07／28｜練習日記

7月16日、17日に神戸六甲道でおこなった講習会に関して、関西稽古会のTさんがブログで内容を報告されています。

会員のみなさんは是非とも目を通しておいてください。

用勁／剛柔方圓（『意拳正軌』より）

2011／12／05｜太気拳意拳コラム

王薌斎先生の著書は、具体的な練習方法の記述が少なく、抽象的なことばかり書かれていると言われていますが、『意拳正軌』の「用勁」の章は、意拳における独特な力の用い方や攻防技術が実に具体的に書かれており、大いに考えさせられます。

そこには、

「拳術の妙の貴は勁にあり、剛柔方圓に外ならない」

とあり、剛勁と柔勁、方と圓の重要さを図形を用いて詳しく述べています。『意拳正軌』から十年後に書かれた『拳学新編』（王薌斎口述、斉執度著）の「運力」の章では、更に、

「用力の変化は、剛柔方圓に他ならず、斜面螺旋、及び蓄力、弾力、驚力などである」

となっております。『意拳正軌』に書かれている内容は初期の意拳であり、その後のものとは異なるという人もいますが、しかしこれらを詳しく読めば両者の内容はほぼ同じです。

またその後の『拳道中枢』（別名『大成拳論』）には、

「宇宙の原理原則を以て、神圓力方を養い、形曲意直、虚実無定とする」

とあるのみで、さらに抽象的になっていますが、内容的には共通点が多く、姚宗勲先生は『意拳正軌』に関して、「椿法換勁、鍛錬筋骨、用勁の章に関しては、この二十年間の説とほぼ同じであり、大きな差はない」と言われています。

さて我々の練習を振り返ってみると、站椿からして柔、圓を求めすぎ、剛、方の練習がほとんど皆無であったことに気がつかされます。方、剛は、王先生の言われるとおり、
「おおよそ出手の時は、提頓、撑抱、兜墜、鑽裹を用いて順力逆行し、方を以て圓を作る。落手の時は、含蓄を用い纏綿滔々と途切れず、圓を以て方を作る」
という意拳、太気拳の攻防原則に不可欠なものです。（〝順力逆行〟に関しては、手などが胴体と反対方向に動くこと、いわゆる〝争力〟と同様の意味だと解釈する人達もいますが、我々はこの解釈はしません）
しばらくは方、剛を中心とした練習をおこなっていきたいと思いますが、会員の方は是非王先生の『意拳正軌―用勁』あるいは『拳学新編―運力』をよく読んで理解してください。

力は内から外に向かって張ってはならない（1月8～9日神戸講習会にて）

2012／01／11｜練習日記

先日の神戸での講習会に参加された皆様、お疲れ様でした。復習の意味も兼ねていくつか課題点を書きます。

「力不可由内向外張、須由外向内引、其力方能外発」
（力は内から外に向かって張ってはならない、須く外から内に引き入れ、その力はまさに能く外に発する）

立禅の際に、腕などを触ってチェックすると、その間架（肩架）を崩されまいとして、つい相手の圧力に抵抗し押し返してしまうことがありますが、これは王先生のいわれる「妄動」のひとつです。このような動きは、もし相手が腕を押す瞬間に押すことを止めて手を引くと、フェイントに引っ掛かって、触られもしないのに腕を前に動かしてしまいます。外界からの圧力が働かないうちに勝手に触られたと思い込み動いてしまう、妄想的な動きに過ぎません。

立禅の時の腕は内側から外に張りださず、常に内に向かって抱えている力を忘れないでください。その力が外からの圧力を弾き返す弾力を養生します。

また立禅の構えでのぶつかり稽古もおこないましたが、これになると更に顕著に相手を押し飛ばそうと腕を張りだしたくなります。このぶつかり稽古は、立禅が基礎となっていますので、相手を弾き飛ばす発力の練習でも、当然ながら内に抱える力が自然に生み出す弾力を重視しなければなりません。

その基本となる動きは、腕を伸ばすことではなく縮めることです。手を出すとき（起）は方を以て圓を作り、手を出したとき（落）は圓を以て方を作る、方は伸び、圓は縮む、相手に接触する時（方）と接触した時（圓）の変化の時差は殆どなく、正に一触即発です。先日のブログでも書きましたが、〃方（剛）〃と〃圓（柔）〃は最も基本となる力の運用です。是非意味をよく研究し練習に活かしてください。

中節の重要性（1月8～9日神戸講習会にて）

2012／01／12―練習日記

今まで根節や梢節の重要性を学び、意識的に活用してきましたが、今回は初めて中節を専門におこないました。根節より発生する力（勿論根節だけでなくそれぞれの節でも力は発生しますが）を如何に滞りなく梢節に伝えられるかは、中節が重要なポイントになります。

今回は基本の準備運動及び発力での腰と肘、及び這に移行する膝と足首などの使い方に時間を割き練習しましたが、中節をうまく活用できれば梢節と根節は一つとなり、今までと比べ格段の力が出せるようになることが、ぶつかり稽古などの相対練習で認識できたことと思います。しかし同時に根節、中節、梢節を一致させることが如何に容易なことではなく、這の半歩をとってみても、強靭な足腰と、精密なバランスが必要だということも理解されたことでしょう。

正しい練習を長年積んできた老武術家が若者には真似できない驚くほどの力を発揮する秘訣はここにもあります。今回の練習で感覚がつかめなかった方も落ち込まず、できたと思えた人も慢心せず、一生モノと思って鍛錬を続け精度を上げていってください。

立禅について

2012／04／12｜練習日記

交流会で、何人かの人たちより立禅に関する質問を受けました。

腕の位置はどうとか、足の位置はどうとか……。

実は、中国においても站椿は様々で、正に十人十色です。それぞれの指導者がそれぞれの主張をし、どれも道理があるようで困ってしまうことが多々ありました。

太気拳においては、最近色々な人より「腕の位置は心臓の位置より高くしてはならず、それ以上に上げると血液の流れがスムーズでなくなる」という話を耳にします。このことも道理がありそうですが、私個人の考えでは「?・?・?・」です。理由は、
1．私自身は、澤井先生からそのような話を聞いたことがないし、そのような指導も受けた記憶がない。
2．ある大先輩は、澤井先生より、「肩の位置まで挙げて練習するよう」指導されたとのことだった。（そ

の方の腕は力は決して筋肉に頼った力ではなく、内面から出てくる強靭な力を持っていた）
3．心臓の位置より高くしてはいけないのなら、手を高く上げる這の姿勢は一体どうなのか？組手はどうするのか？
4．なによりも、澤井先生の師である王薌斎先生ご自身が、「手の高さは、上は眉の高さ迄、下はヘソの低さ迄の範囲で」と言われている。

拳学研究会の考えは、「正しい形は無限に存在する、しかし間違った形も無限にある」です。

我々の考える正しい立禅（站椿）とは、合理的な骨格構造（間架）と筋肉状態、即ち王薌斎先生が提起された、『骨重筋霊』、『筋伸骨要縮』、『筋絡開展』、『六心相印』や『剛柔方圓』、『兜抱開合伸縮』など、更には『意（意識や感覚など）』など内面的な状態を以て判断しなければならないと考えます。故に正しい立禅を身につけることは大変な努力が必要であり、これらを身につけるには正に一生モノです。

当然ながら外面の形には、それなりの意味があり、異なる形（わずかな角度でも）には異なる目的、効果があります。また練習生の練習目的や、レベルにあわせ、調整する場合もあります。

立禅（站椿）は、練習時間の大半を割きます。それだけ重要なものであり、また相対練習などで力（各種の能力）が確認できた時の嬉しさも格別だと思います。

一法不立、無法不容　その1

2012／09／22｜太気拳意拳コラム

中華料理では、包丁の使い方、食材の切り方や炒め方など、ほとんどが漢字一文字で表されます。

例えば、包丁の使い方では、

切（qiè：チエ：ごく一般的な方法で、包丁を上下に動かす）
批（pī：ピー：包丁を横に寝かせて使う）
斬（zhăn：ヂァン：まっすぐ包丁をおろして叩き切る）
拍（pāi：パイ：包丁の腹をたたいて材料をつぶす）
排（pái：パイ：幾筋も切れ目を入れるなど、包丁を横にして切っていく）
敲（qiāo：チアオ：両手に包丁を持ってトントンと切る）
削（xiāo：シアオ：材料をそぐ）

また、その切る形状は、

片（piàn ピエン：薄切り）
絲（sī スー：細切り）
丁（dīng ディン：サイの目切り）

條（ｔｉáｏティアオ：拍子木切り）
塊（ｋｕàｉクァイ：ぶつ切り）
末（ｍò モー：みじん切り）
などに現されます。

これらを一字一字理解していれば、例えば干偏牛肉絲という料理は、「偏（正しくは火ヘンに扁）」という炒め方で、「絲」に切った牛肉を「干」にしていることが分かります

まあ漢字文化の国ですから、この様なことは当然のことなのですが、これは勿論中国武術にも当てはまります。日本人はこのような「字訣？」に馴染み難いかもしれませんが、中華料理と同様、知ってしまえばそれほど難解なものでもなく、また正しく理解しなければならない基本です。

王薌斎先生の言われる、
「両手は兜、抱、開合、伸縮の勁を用い、両足は提、挟、扒、縮、蹚（一般的に趟と書かれるが、これは同音異義語です）、崩、擰、裹の勁を用いる」
にも、それぞれの一字に当然意味があり、これらをよく理解し、よく鍛え、それぞれの勁力をより高めていかなければなりません。

最近の意拳修行者の間では、多くの練習動作が増え、その分動作の名称も存在しているようです。中国でも、「あそこの派がおこなっている〝神亀出水〟や〝蛇纏手〟は間違いであり、本当はこの様な

動作だ」などといった論争が見うけられます。

私が北京にいたころは、王薌斎先生に直接学ばれた二代目の先生方がまだ多くいらっしゃられ、よく面倒を見ていただきましたが、その中のひとり、竇世明先生は、「我々が学んだ頃は、王先生は動作の意識や神態の例えとして、神亀出水などと言われることもあったが、今のような動作の名称など全くなかった」と言われ、朱堯亭先生は、「動作を固定化させて練習してはいけない。毎回全ての動作が変化していなければならない」と言われていました。

我々が練るものは前記した各種の勁力であって、決して具体的な動作ではありません。王薌斎先生の言われた、「一法不立、無法不容」こそが、我々の目指す意拳・太気拳の姿です。

9月29日　関西稽古会（大阪）の練習のレジュメ

2012／10／02｜練習日記

先月と同様、歩法訓練の基礎に絞っておこないましたが、なかなか感じがつかめないとの感想も多かったので、おさらいします。

要点

1．沈む力と前に進む力は混ぜない、どちらも途切れず、留まらず、止まらない。上下の力と前後の力は常に同時に存在させる。

2. 身体が沈んでも、頭は上を突き上げる力（〝頂〟ディン）は、失わず頸筋を強く保つ。

3. 中節は梢節と根節をつなぐカギ。足が動く限り、膝も動き続ける。膝が止まっているのに足を動かさない。

4. 下半身が動く限り、上半身も動き続ける。足が進んでいるのに頭部は止まっている、ということのないように。

5. 更に足と頭が動けば、腰も動く。（いわゆる〝上下動、中間攻〟）

6. 肘と同様に、膝は堅固で外を支える力（〝頂〟ディン）を保ち、ブレたり、力が漏れたりしないように。

7. 手と足、肘と膝、肩と腰は常に一致させ、一瞬たりともずれないように。

8. 足を出すときは、草ムラや水、泥の中を進むように。（〝蹚〟タン、〝趟〟は同音異義）

9. 地面を引っ掻くように。（〝扒〟パア）

10. 膝を下から引き上げる力（〝提〟ティ）は、着地する時でも保つ。

11. 両腿を閉じるときは左右の足を共にハサミややっとこのように挟む。（挟（ジア）いわゆる〝挟剪歩（ジアジエンブ）〟、〝槐虫歩（ホァイチョンブ）〟

12. 拗歩の練習では、特に外側に捻じる力（〝檸〟ニン）、内側に包む力（〝裹〟グオ）をしっかり意識する、しかし右記1の前進する力や沈む力と混ぜてはならず、かつ同時に活用させる。

その他にも、いくつかおこないましたが、とりあえず右記の点に注意して、半歩（小歩）↓大歩↓跟歩、更には前後、左右から順歩、拗歩などへ徐々に進んでおこなってください。

なお、これに合わせておこなう手法（打拳を含む）は、すべて上下、左右前後の基本的な試力から外れることなく、身体を一つにすることを目標におこなってください。

2012年第三回太気拳・意拳福岡講習会、無事終了

2012／10／11―練習日記

福岡での今年第三回目の講習会が無事終了しました。参加された皆様お疲れ様でした。

今回も福岡県内だけでなく、九州各地から多くの方々が参加され、賑やかな講習会となり、おかげさまで楽しいひと時を過ごすことができました。

また、ほとんどの方が過去に何度も参加されておりましたが、立禅で触れ合った時の感覚、腕の重み、肘の安定力、指先の弾力、下腹の充実感など、皆さん例外なく力強くなられ、驚きました。

「先由不動中去体会、再由微動中去認識」（先に不動の中で理解体得し、後に微動の中で認識する）

最近ははじめから微動の練習をおこなう人たちも多い様ですが、じっと動かずにひたすら立つこと

で多くのモノが得られます。今回はこれを元に微動の練習、更には歩法をおこないましたが、立禅（站椿）を体（本体）とすると、これら小動も大動も例外なく、みなその用（応用）であり、静あっての動だと考えてください。

また次回お会いできることを楽しみにしております。誠に有難うございました。

「大成拳祖師王薌斎先生談拳学要義」（答記者問）その1

2012／10／17　王薌斎の言葉

この記事は、「大成拳祖師王薌斎先生談拳学要義」及び、「大成拳祖師王薌斎先生訪問記」と題して、1940年6月から12月まで当時北京の新聞に掲載されたものです。今回はその中の一部を意訳してみました。いつもながら多少のミスもあるかもしれませんが、参考にしてください。

拳学の道は万頭千緒、複雑で難しいこと極るが、その大要を選択すればまた極めて簡単である。しかし我々は拳を学ぶ際、なぜ先に拳学を研究しなければならないのか？　それは認識すれば得易いからである。拳を学ぶ者のそのほとんどは、一に衛生（注：健康）、二に自衛（注：護身）である。身体の健康は人類すべての事業の基礎であり、養生の道は決して軽んじてはならない。この鍛練の学問は適切であれば得ることは少なくないが、適当でなければ死に至る。おおよそ激しい運動をおこなう者は、長寿はきわめて少なく、更に拳術家に至っては、鍛練が適当でない為に健康を害し、命を損ねる者は計り知れない。誠に哀れで馬鹿げた拳術である。

既に拳を学ぶことの利と害を知れば、功を練る時、静動の間に意を加え体験観察すべきであり、ただ身体の外形上を多種多様の状態にする運動ではない。神意を用い全身内外を観察し、一挙一動が衛生（健康）と自衛（護身）の条件に符合しているか否か？　なぜ動なのか？　なぜ静なのか？　その結果は何か？　中間過程の現象はどうか？　このように体認（注：身体で体験し、それによって認識すること）、操存（注：志を持ち続け失わないこと）すれば、どうにか近づくだろう。精微な道要に至るには、更に研究を継続すべきであり、さもなければ悟りを得ることは難しい。

ここに大成拳の要点意義を簡単に述べ、また道を同じくする人達に問い、拳学の探求をしたい。

今、拳を学ぶ段階を述べたが、この衛生（健康）と自衛（護身）の二つは互いに分けることができず、ひとつを失えば弊害を生み誤った道に入ることとなる。まずは精神的訓練を以て気質本能を養成するべきで、その後ようやく神経身体の本能力の発揮を論じることができる。拳を学ぶ第一歩はまさに精神鍛練を練法の基礎として、四肢百骸の蠕動運動の働きを体認することである。第二歩は試力、試声の練習で、第三歩を自衛（護身）として分けて述べたい。

（一）基礎訓練：我々が日常生活の中で、歩く、立つ、座る、横たわる時も随時適当な訓練をしたいと望むのであれば、先に樁法から始めなければならない。全身の間架（注：構え、骨格構造）を適当に整え、体を真っ直ぐにし、意念を空洞にして、静の状態から神経を整え、呼吸を調整し、筋肉を温養し、各細胞を自然に発動させ、力を内から外に達し、滞りなく全身円滑にする。このようにすれば、筋骨は鍛えずとも鍛えられ、神経は養わなくとも養われるが、更にその僅かな動静を身体で観察しなければならない。時間が経つと、この様にひとたび立てば、大いに尽きることのない妙趣があることを知る。拳の妙を尽くそうと欲すれば、まず樁法に努力すべきである。（続く）

無節不含放縦与開展、所謂遒放互為

2012／10／18―練習日記

今回福岡でおこなった立禅（站樁）の中での微動練習に関して、簡単におさらいします。

1. まず身体を故意的に動かそうとするのではなく、飽くまでも意識の中で〃遒（チゥ＝集める）〃と〃放（ファン＝放つ）〃を繰り返すことです。極端に言えば、動作よりも意識の転換をおこなう練習であり、意識によって自分でも気がつかぬが僅かに動いているかもしれない、といった程度でおこなってください。例えば、人間は感情や気分によって自分でも気づかぬうちに眼つきや顔つきが自然に変化しますが、そんな程度です。

2．とは言っても、その僅かな動きも的外れな方向に向かって動いても良くないので、揺（前後の試力）の練習で正しい運動路線を理解した上で、あるいは揺の練習と並行しておこなうことが大切です。

3．また〝酒〟においても〝放〟においても、途切れることなく〝集め続ける〟、あるいは〝放ち続ける〟ことが大切です。一度放ったらその意が失われてしまう、あるいは途切れてしまうということのないように、その意は永遠に続くことが大切です。

4．〝酒〟においても〝放〟においても、大きく堂々とした気持ちを持ち続けることも大事なことです。セコイ気持ちでは効果は上がりません。

5．〝酒〟においても〝放〟においても、決して筋肉をこわばらせないでください。人によっては、〝微動訓練とは、緊張とリラックスの転換〟と思いこむ人、あるいはそう思ってなくても、身体がこわばってしまう人もいるかと思いますが、これは必ず修正してください。多くの場合、〝酒〟は〝蓄〟となり、〝放〟は〝発〟となります。また〝酒〟は〝圓〟であり、〝放〟は〝方〟、更に〝酒〟は〝順力〟、〝放〟

は〃逆行〃です。いずれも筋肉を固めることはありません。

6．微動であろうが、揺であろうが、立禅（站椿）＝不動の状態で確認した、肘の安定力、指先の弾力、下腹の充実、頭が上を支える力、つまり上下、左右、前後に対して骨格が織りなす三角斜面によって生み出される支撐能力は、片時も失われないように気を付けてください。

無節不含放縦与開展、所謂迺放互為（『拳道中枢─試力』より）

（縦に放ち横に広げることを含まぬ関節は無く、いわゆる迺放互いに為す）

その他色々やりましたが、とりあえず右記のことを注意して復習してください。また今週土曜日午後の大阪での練習会も、同様に立禅（站椿）における微動の練習と歩方を中心におこないたいと思います。参加予定の方宜しくお願い致します。

「大成拳祖師王薌斎先生談拳学要義」（答記者問）その2

2012／10／19―王薌斎の言葉

（二）試力と試声：拳を学び既に基礎ができたら、本能は日に日に増強される。しかしその運用に関しては、人間の欲望の支配が引き起こす幻影の誤用を厳しく警戒しなければならない。

往々にして本能の力量は人間の欲望に支配され、反って本能が必要な運動に符号しない。故に子興も〝助長の戒め（注：苗を早く生長させようと思った人が苗を引き抜いて枯らしてしまったという、孟子の故事から、不必要な力添えをして、反って害すること）〟を説いている。どのように運用すれば需要にあうのか、まずは力の動的状態を認識しなければならず、第二段階を続けて学習すればよい。試力は拳功の為の入門に最も重要なことであり、力を試すことは力を得ることの由（よし）と為し、力は試すことで知り得て、知ることによってその用を得ることができる。試力をおこなうには、まず全身の気力を均等に整え、筋肉は霊活（注：機敏で変化に富む）にし、骨格を支え（注：間架、合理的な骨格構造）、これによって筋肉の収、放、鬆、斂を互いに用いることができる。力は内から外に発するべきであり、動く時は〝慢〟は〝快〟より優れ、〝緩〟は〝急〟に勝り、動きは細微なほど神はそろう。動くと欲すれば止まり、止まると欲すれば動き、更に動は止まらざるを得ず、静は動かざるを得ずと言った意がある。試力は偏った力にしてはならず、また絶対的（注：一方的、相対が絶たれた状態）な力は更に許されない。まず全身の気力が円満かどうか、力が随時発せられるかどうか、自分の身体と空気との呼応作用が発生するかどうかを体認すべきで、更に意は断たず、神は散漫にせず、軽重をととのえて発することを待ち、ひとたび動けば身体全てをけん引する。気力は一致し、虚霊、沈実で圓整に帰り、上下左右前後は忘れず失わない。総じて舒暢（注：じょちょう、のびのびして心地よい状態）で、趣があり得力（注：力強い）というところまで到達しなければ、拳と言うには不足である。

試声は試力の不足部分を補う。人の生理的構造は、先天的な関係によりそれぞれ異なり、故に人それぞれの身体には通りにくいところがある。試声はすなわち身体内部の呼吸の功夫を以って補うものである。別名を内呼吸、または脳（腹）背呼吸という。（続）

10月20日（土）関西稽古会（大阪）の練習のおさらい（上下運動）

2012／10／23—練習日記

先週大阪の練習に参加された方々、お疲れ様でした。今回集中しておこなった上下運動に関して、簡単におさらいします。この運動路線は、意拳の系統によって、提按試力、あるいは、神亀出水などと呼ばれています。（注：神亀出水と呼ばれる動作は、系統によってかなり異なります。しかし私が学んだ範囲では運動路線は異なっても、身体の使い方はほぼ共通していました）

手を上げるときも下げるときも、円運動となる弧を描きます。このとき、肩、肘、手首、指、それら各関節や、また関節と関節の間にある全ての点は、みな中心点から伸びている半径に沿って、それぞれが弧を描くことが重要です。王先生は『得其環中、以応無窮』と言われ、環と中もまた深い学問があるようですが、今は深く考えず、中心点から伸びる半径、即ち外に向かう力（便宜上、縦の力と呼びます）、弧上（環）の移動する力（便宜上、横の力と呼びます）をごちゃ混ぜにせず、（縦＋横＝

斜め、にせず）また、半径上の全ての点に弧の力が存在するようによく点検してください。言葉ではうまく説明できないのですが、相手をつけて練習するとき、相手の抵抗力に対してほとんど力むことなく動かせられるかどうかで、できるだけ正しい路線を確認してください。

このような上下の動きは立禅（站樁）の形である（抱）で練習しようが、打拳をおこなおうが、その他多種多様、複雑怪奇な動きでも根節の動き、力自体は何ら変わりありません。異なるのは中節から梢節までの形、パーツが違うだけで、つまりソケットを取り換えたようなものです。如何にソケットが変わろうとも、環と中、縦と横の原則も変わりません。

また今回は、定歩、併歩、開歩、跟歩や、順、拗、順、逆など歩法や身体起伏の変化も練習しましたが、更に速度の変化も加えると、かなり複雑になります。何か一つを加えると別の一つを忘れてしまいそうですが、単に数をこなすのではなく、一つずつ力を感じられるよう、無理をせず練習してみてください。

ＰＳ・前回と比べ立禅における手の弾力、肘の安定力、腹部の充実感、腰（命門部分）の開きなど、みなさん大変レベルアップされていると感じました。次回は11月17日（土）の練習に伺う予定ですので、宜しくお願い致します。

『大成拳祖師王薌斎先生談拳学要義』（答記者問）その3

2012／10／24―王薌斎の言葉

（三）自衛：すなわち技撃のことである。大動は小動に及ばず、小動は不動に及ばず、不動の動こそ生まれてやまない動であることを知らなければならない。もし有形の動なら、それは不動無力の表現である。いわゆる不動の動とは、動きはまるで不動のようで、一動一静が互いにその根源となり、その運用の妙は、多くは神経支配、意識の誘導、大小関節の靭帯における伸縮の相互作用、支点の堅強、螺旋の争力、中枢の転換移動、重心路線の安定、及び呼吸の運用が発する弾力に在り、その機を正しく用いれば、技撃の基礎は備えられる。以上の言葉の多くは抽象的であるが、その中には多くの意味が有り、言葉で形容できるものではなく、もし中断せず学んでいけば自ずと容易に悟ることができる。

いわゆる大動小動の区別とは、実際には個人の基礎功夫にあり、各種の力に対して自身が要領を得たかどうかにある。もし手を挙げたり、足を動かしたり、全身各個所がみな力学の本領を含んでいれば、大動でも小動でもよく、また大でなくても小でなくても問題ない。もし力学の能力が全く無ければどうであっても駄目である。

用力、不用力の区別に至ってもこのようなものである。普通の人の動は、血を注ぎ集めずに力は得られない、およそ血を注ぎ集める力はみな硬く、和を失い健康的ではない。血を集めず力がある、即ち力を用いず力が有る、用いる時に力があり、これこそが本能の力なり。

虚無の仮借から求める現実の種々微妙なものは、万にひとつも筆先で書き表すことは容易なことではない。要するに大成拳は外に表れる形式の優劣ではなく、一意の対処にある。一言で言うと、有形有質みな幻であり、技が無心に至ってはじめて妙を見る、意とは即ちこれなり。（完）

一法不立、無法不容　その2

2012／11／13—太気拳意拳コラム

「一法不立、無法不容」の意味について、ご質問を頂いたので再度ご説明いたします。

そもそもこの言葉は仏教（禅宗）から来ており、禅問答のように解釈はまちまちで、色々な局面で使われているようです。中国の意拳の指導者においても、解釈は色々あります。よってここに紹介するものは、あくまでも私が学んだものであり、また私自身が最も納得した解釈に過ぎませんが、会員の方々はご参考にしてください。

まずこの全文は、「一法不立、無法不容、拳本無法、有法也空」です。前の八文字の禅宗の言葉を用いて、王先生は後の八文字で拳を説明したのでしょう。

「一たび方法を立ててしまえば、それは既に役立たず、また許されない方法などはない。拳にはもともと方法などなく、方法があってもそれは空虚である」

まあ、いつも言っている、「正しい形は無限にあり、間違った形も無限にある」のと同じです。立禅の姿勢においても、一動作の路線においても、推手や組手における攻防技術においても、すべて同じです。（勿論組手においては、怪我をさせないということが前提ですが）

更に言えば、斜面、三角、螺旋などの各能力も、ここここを三角にしなければならないとか、固定的かつ機械的な三角、斜面、螺旋ではありません。これに関しては王薌斎先生の『拳道中枢（大成拳論）』を読んでみてください。

嬉しいニュースです

2012／12／26 ― 練習日記

今週の連休、神戸の練習に参加してきました。

関西の練習に参加できるのは今回が年内最後でしたが、おかげさまで有意義で楽しい時間が過ごせました。

また嬉しいニュースがありました。

関西の練習会は、それまで東京で長く練習されてきた関西在住の2名の方が中心となり、２０１０年1月に神戸で初めての講習会がおこなわれましたが、この講習会に参加された谷さんらが以後練習に参加されることになったおかげで設立に経りました。

その設立メンバーの谷章さんが、今年4月滋賀県でおこなわれたブラジリアン柔術のコパ・アミザデという大会に紫帯・35歳以上の部で優勝されましたが、続いて10月に名古屋でおこなわれた、DUMAUプロチャレンジという大会でも茶帯・プルーマ級に出場して、準優勝をおさめられました。決勝戦では残念ながら世界トップクラスの、ブラジルのパウロミヤオ選手に敗れたものの、40歳を過ぎ社会人としても多忙なお仕事をされている谷さんがこのような成績をおさめられたことは我々にとって大変励みになります。

谷さん本当におめでとうございました。

お詫びと訂正です（『猛虎跳澗』12月22－23日神戸の練習会にて）

2013／01／02｜お知らせ

昨年末、神戸の練習に参加された方々へ、お詫びと訂正の連絡です。

打ち込みの練習の際にホワイトボードに書いた〝猛虎跳潤〟の〝潤〟の字は、〝澗（＝谷川の意味）〟の字の間違いでした。正しくは〝猛虎跳澗〟です。門構えの中が〝王〟ではなく〝日〟です。申し訳ありませんでした。

意味はご説明の通り、虎が谷川を跳び越えていくような神態を指しています。〝虎撲〟とか〝神亀出水〟とか、中国の武術はこのように動物の意、神態を大切にしています。動作の要点も大切ですが、気迫、意志など内面の鍛練も重要です。そしてこれらの精神的訓練には対人練習が欠かせません。今年は対人練習に力を入れていきたいと思います。

骨重如弓背、筋伸似弓弦（『意拳正軌―鍛練筋骨』より）

2013／01／17ー練習日記

福岡での講習会（13日）、及び稽古会（14日）が、無事終了しました。皆さん本当にお疲れ様でした。ほとんどの方は既に何度も参加されており、立禅にも力強さが感じられ、嬉しい限りでした。

今回は立禅（站椿）において、王先生の言葉である「骨重如弓背、筋伸似弓弦」を課題としましたが、骨格構造と腱及び筋肉状態から自然に生み出される弾力の養成を重視して頂ければと思います。

また「骨重如弓背、筋伸似弓弦」の言葉は更に「運勁如弦満、発手似放箭」と続きます。発力も立禅（站椿）の練習と切り離すことなく体感できればと思います。

今回も多くの方々に参加して頂き、また色々とお世話になり誠に有難うございました。次回お会いできることを楽しみにしております。

試力―定中について（レジュメ）

2013／02／10｜練習日記

ここ最近、関西稽古会、福岡稽古会でのレジュメを書かなくて申し訳ありませんでした。遅ればせながら（少しずつですが）改めてご説明したいと思います。

試力―定中について

〃試力〃とは、文字通り各種の〃力〃を〃テスト〃することです。またここでいう〃力〃とは、体力的なパワーというよりも〃能力〃と考えてください。つまり〃斜面力〃と言えば、斜面が持つ能力、〃槓杆（てこ）力〃と言えば、槓杆が持つ能力と理解できます。（現在では、静止した站樁に対して、ゆっくりした動作そのものを試力と呼ぶ傾向がありますが、これは飽くまでも便宜上のことです）

さて、王薌斎先生の著書『拳道中枢（大成拳論）』「試力」の章に、

「試す各力には名称も多く、例えば、蓄力、弾力、驚力、開合力、及び重速、定中、纏綿、撑抱、惰性、三角、螺旋、槓杆（てこ）、輪軸、滑車、斜面などがあるが、これら種々の力量もまた試すことで自然に会得していく」

との一文があります。また、『拳学新編』「運力」の章には、

「いわゆる十字とはほかでもなく争力の作用であり、〃環中〃の奥理なり。（中略）いわゆる〃中〃とは

何処なのか？　何が〝環〟と為すのか？　〝環〟とは俗にいう〝圓圏〟なり、その結心が即ち〝中〟の所在なり。環があれば中があり……（中略）全身各部その〝環中〟のないところは何処にもない」とあり、〝中〟と〝環〟の関係を表しています。

どんな精密な機械でも、また単純な道具でも、安定した〝中〟があって初めて〝環〟の効果が発揮されます。人体の動きも無数の〝中〟と〝環〟の組み合わせから成り立っていて、〝中〟が定まらなければ、槓杆（てこ）であろうが、螺旋であろうが、効果はありません。

拳術において〝定中〟は、極めて重要な要素であり、その為我々の練習においては、先ず不動（最初から微動を求めず）の立禅（站樁）にて、〝中〟の安定性を養成し、その後空間の位置や速度、相手からの圧力の変化など実際の動きの中で、色々なケースを想定した各種のテストを通じ、その安定性の精度をより高めていきます。

争力〟とか〝順力逆行〟と称して、例えば手を前に出す際、過度に胴体を後に動かしたりする人を見かけますが、このような動きはいわゆる〝形不破体、力不出尖〟の要求を壊したものであり、〝定中〟に反する動きです。力が漏れた時点では既に何の相乗効果もなく、あるのは相殺効果のみです。

有形無形、有名無名？　その1

2013／02／11ー太気拳意拳コラム

意拳、太気拳では固定した技、いわゆる招法を否定しています。にもかかわらず、現在の意拳には伝承によって、神亀出水、虎撲、烏龍捲臂、蛇纏手、蜻蜓点水……、など名前の付いた多くの動作が存在しています。これらの動作を固定の技、いわゆる招法としてとらえるか、あるいは練功法として考えるかにもよりますが、それぞれの動作に名前があれば、学ぶにも指導するにも、継承していくにも大変便利である反面、動きが固定化されていく懸念があり、反対に名前がなければ形にとらわれにくいが、継承していくことは非常に困難でしょう。

修行者によっても考え方は異なるでしょうが、私はこれらの名称は、飽くまでも動物などの神態（＝表情、態度、顔色）を述べたものであり、ひとつの固定した動作と考えない方がよいのでは？　と思っています。例えば、意拳の代表的な試力の〝神亀出水〟の動作も、私がお会いした二代目の先生方の動作はそれぞれ異なっていました。しかしその神態はいずれも、体の重い亀が水に潜ったり、また水面から顔を出したりするような気質風格がありました。重要なのは、動作そのものではなく、ここに含まれる意や能力です。

王薌斎先生は、相手と向かい合うと顔がいくつにも見えた、とか、顔が亀のように肩の中に引っ込んだり出たりした、という話はよく聞きます。このような神態こそが正に〝神亀出水〟の意味するところではないでしょうか。

「拳を学ぶ着手の法は、ただ一端に非ず、その結晶の妙はみな、神、形、意、力の運用に在り、互いに一致と為す。この種の運用は、視ても無形、聴いても無声、無体で無象なり。もし有形を以て論じれば、その勢は空中の旗の如く、ただ風力に応じて揺れ翻り、即ちいわゆる大気との呼応なり。また浪の中の魚の如く、起伏は無方にて、縦横に行き来する、その感触を聴き、ただ一片の機を見て動き、感覚に応じて発する……」（『拳道中枢（大成拳論）』「抽象虚実有無体認」より）

王先生は、自分の拳術を有形無形と言いましたが、名称に関しても捉われ過ぎず、有名無名？　くらいがちょうどいいのかな？　と思うこの頃です。

有形無形、有名無名？　その2（這一虎撲）

2013／02／14 ― 練習日記

以前、ある意拳の先生が、站椿で按式（an、押す、押さえる）の姿勢を示して、「これは〝按〟か？」と問いかけてきました。私はその先生の意図が分からず、恐る恐る「〝按〟ですよね？」と答えると、その先生は首をふりながら、手を上から下ろす動作をして「これが〝按〟だろう」と言われました。

正直これには驚きました。確かにこの站椿は一般的に〝按式〟、〝按椿〟、〝扶按椿〟、〝浮按椿〟、〝提按椿〟などと呼ばれていますが、その先生がその手を下に押さえようとしているのか？　あるいは持ち上げようとしているのか？　前に推そうとしているのか？　後へ引こうとしているのか？　横へ広げようとしているのか？　私は知る由もありません。大げさに聞こえると思いますが、〝按椿〟という名前に囚われた為に無限の可能性を失った、と反省しました。静の站椿は、所詮〝点〟にすぎません。しかしその〝点〟には無限の可能性があり、その〝点〟の集まりが〝線〟になるわけで、最初の一歩の重要性を改めて認識させられました。

站椿だけでなく、試力など動作の名称もあくまでも便宜上そう呼ばれているだけであり、王薌斎先生の時代には、固定の名称などほとんどなく、站椿はみな総じて〝渾元椿〟であり、動作や（あるいは站椿でも）その意、神態を説明するときに、神亀出水、虎撲などという言葉を用いていたそうです。故に意拳の伝承者によって、同じような動作でも名前が異なることが多々あります（というか、異なることばかりです）。私が留学していた頃、多くの先生、先輩たちに面倒を見てもらいましたが、例えば同じ拳の打ち方でも、ある人はそれを〝砲拳〟と言い、またある人は〝劈拳〟、またある人は〝鑽拳〟といって教えてくれました。これらは外面上の形は同じでも、それぞれみな異なった意識、力があったのだろうと思います。（ただ最終的には五行合一でこれらの名前さえなくなるかと思いますが……。）

しかしこのような名称は、その意、神態、気分気迫、及び力などを学ぶ上で大変重要な手がかりであることも事実です。意拳に限らず、形意拳、通背拳、少林拳……などみな永い歴史の中で研究伝承されてきたものであり、これらの名称には深い意味が含まれている場合が多く、その意をくみ取っていかなければなりません。

澤井先生は、まれに中国語で立禅を〝ｚｈａｎｚｈｕａｎｇ（站椿）〟と言うことがありましたが、這について、「これは〝hupu（虎撲）〟だ」と言われたこともありました。

虎撲に関して、今重点的に練習していますが、外形にとらわれず（勿論合理的な間架や筋肉状態などは無視してはいけませんが）、その意、気魄、神態を練ることが大切かと思います。

虎僕 一到全到

2013／02／22 ― 練習日記

王薌斎先生の著書『意拳正軌』には〝龍虎二氣〟があり、虎法に関して、

「虎法に六あり、曰く猛虎出林、怒虎驚嘯、猛虎捜山、飢虎剖食、猛虎揺頭、猛虎跳澗である。その精神を推し量るに、力強くたくましく、縦に横に突進、衝突し、二つの前手は山をも押しのけ（注：気勢がきわめて盛んな様の例え）、進むも退くも勇猛で、長撲短用（注：遠くまで飛びかかり近くで捕える？）、切り裂き食べ、頭をふり、山猫が鼠を捕えるのと同じく、頭を突き上げ爪で掴み、全身が鼓蕩し、手を起こすはヤスリの如く、斬、抗、横、兜、順を用い、手を落とすは鉤竿（注：竿ばかりのかぎ）に似て、劈、摟、搬、撒、撐を用いる。頭は人にぶつけ、手は人を打ち、身は人を促し、歩は人を過ぎ、足は人を踏み、神は人に迫り、気は人を襲う。（後略）意有って形は持たず、形を持てば必ず勝てぬ。龍虎の活力、嘶（いなな）き吠え、谷

間に響き渡り山を揺るがす。その壮たるや龍虎の気の如し、敵に臨んでは少しの虚もなく、何処にも勝てぬ理などない。総じて龍虎の二法には定勢無く、その勢は虎が三千里を駆け、龍が万里を飛ぶが如く、勁が断たれても意は断たず、意が断たれても神は達す。口授心伝でなければ得ることはできない」

と述べており、また姚宗勲先生はその注釈として

「『龍法』、『虎法』はこの20年間（注：１９４０年代以降）再び語られることはなかった。（中略）虎法の意は、その気勢は人に迫り、全身の力は渾圓一貫し、一つが到れば全てが到る、虎の如く勇猛無畏なり」

と記しました。頭も手も足も胴体も、更には表情（精神状態）、気魄、意識までもが時間差なく、同時に相手に進攻する様が書かれています。

また中国武術には、

「打人如親嘴（人を打つのはキスをするが如し）」

などと言う言葉もあります。人によって解釈も異なりますが、一般的には、相手を打つ時はまるでキスをするかのように顔を相手に近づける、などと言われます。私もこのように練習するよう言われました。ここにも〝一つが到れば全てが到る、一到全到〟の要素が含まれているかと思います。

〝這〟においても、単純に足腰の鍛錬、歩法の練習、構えの形成などに止めず、全身一致の鍛練法としておこなうべきかと思います。

世の中広いものです

2013／03／18 ― 練習日記

神戸の講習会が無事終了、とは言っても、今回は経験者を対象とした為か？　会員以外の参加者はわずか一名のみでした。気がつくと講習会というよりは、いつもの練習会のような様子で、予定していた推手のほかに、白蝋杆（棍）、劈剣、打ち込み等の練習もおこないました。

ところがこの方と手を触れ合わせてみると、そのレベルは実に見事なもので大変驚きました。この方が今までどのような練習をされてきたのかはよく存じませんが、その動きから察するにすぐれた指導者のもとで正しい練習を積まれてきたのだろうと、容易に想像できました。まったく世の中は広いものです。我々も負けないよう一層の努力をしていかなければなりません！

4月7日の太気拳交流会お疲れ様でした

2013／04／08｜練習日記

昨日の太気拳交流会、参加された方々、大変お疲れ様でした。鹿志村先生や島田先生のプチ講習会、短い時間でしたがとても勉強になりました。また、交流組手においては、今回が初参加の人も多かったと思いますが、ベテラン、中堅の皆さんも想像以上によい動きをされていたと思います。太気拳の組手は素面、素手での打ち合いですから、恐怖心との戦いもあり、日頃の動きがなかなか出し難いでしょうが、これを乗り越えてこそ、心意と身体が一体に近づいていくものと思います。今回も太気会、気功会、中道会の皆さんに感謝するとともに、この機会を作ってくれた主催者の天野先生にも大感謝です。皆さん、ありがとうございました。

王薌斎の大弟子・周子岩（周松山）

2013／04／09｜太気拳意拳コラム

周松山（字　周子岩）先生は、王先生の最も古い門人と言われています。王薌斎先生は１９２０年代後期に上海にて〝意拳社〟という武術館を開き、これが意拳の始まりとされていますが、それよりも前の１９１３年頃、王先生は北京に設けられた陸軍武技訓練所にて指導をおこないました。恐らくはまだ形意拳を教授されていたのかと思います。この頃、周子岩先生は山東省臨清より王先生を訪ね試合をして敗れ、さらにその翌年、翌々年と上京しては試合を挑んだが、一度も勝つことができず、ついに王先生の弟子となりました。（注：王先生との試合は１９２０年代に上海であり、その後意拳社で学んだ、との異説もあります）

多少の脚色も付いているかと思いますが、周先生は著名な武術家であり、臨清肘捶門を代表する伝承者でした。

臨清肘捶門（一代）……（二代）……（三代）……（四代）……（五代）……（六代）……張東槐―周自恃、劉汝勤、劉三星等―周子岩、葉書瑞等―賈振声、胡世銘、張鋒等―申孝生―張国慶……。

梁山泊を有する山東省は中国において最も武術の盛んな土地の一つであり、省内には全国に広まった各派螳螂拳や査拳、孫濱（本来は月へん）拳の他にも燕青拳、各派八卦掌、通背拳、形意拳、八極拳、陳式太極拳など数えきれない拳種が広く深くおこなわれております。臨清はその山東省の中でも特に武術で知られており、臨清潭腿はその基本技法が上海精武体育会に採用されたことで全国に広く伝わりました。

（余談ですが、王薌斎先生が北京で意拳を広めるにあたって、重要な役割をしたのが洪連順先生（姚宗勲先生の師）ですが、洪先生はこの臨清潭腿門の武術家でした）

一方臨清肘捶は、一部の伝承にとどまっていましたが、その内容は豊富で、螳螂拳と同様に少林拳、八卦掌、形意拳、太極拳など各派の武術を研究、取り入れた総合拳術と言われています。

周先生は、創始者張東槐より数えて三代目にあたり、多くの武術家と試合、交流を重ねていきました。50年代に再び北京に移り住んでからは、意拳門下生より大師兄と慕われ、また北京で臨清肘捶を教えることは皆無でしたが、それでもわざわざ北京の周先生を訪ね、教えを請う山東臨清の後輩の申孝生らを前門外珠市口の自宅にて指導をおこない、肘捶門の復興に努め、１９９４年、98歳の高齢にて亡くなられました。

前回4月の大阪での練習での注意点です

2013／04／24 — 練習日記

前回の基本動作（俗に言う、神亀出水、虎撲、劈水、鉤掛捲臂など）に関して、共通的な注意点をいくつか列記します。

初歩的な動の訓練では、まず静止した立禅（站椿）で養う力を、空間上に拡大していく。よって運動路線のいかなる点でも、立禅（站椿）で要求される全てのことを確認すべきで、合理的な筋肉の状態、間架（骨格構造）による支撑能力、中節の安定性、梢節の弾力、腰回りの充実感（小腹常圓・実圓）、視線、精神状態などチェック項目は無数にあります。これら全てを動きの路線上の点で確認していく。

最も基本となる、平歩で腰を回さずにおこなう場合、特に〝定中〟に注意する。

「〝環〟とは俗にいう〝圓圈〟なり、その結心が即ち〝中〟の所在なり。環があれば中があり……（中略）全身各部その〝環中〟のないところは何処にもない」（『拳学新編』）

以前にも書きましたが、〝中〟が安定しなければ、当然その〝環〟も崩れます。

この段階では、〝中〟に対する〝環〟の空間的拡大であり、胴体部分は極力不動を保つようにする。「それでは手の力のみではないか？」との質問もありますが、基幹部分は不動でもやはり全身の力を活用しています。つまりこの安定した不動部分が〝定中〟の能力です。車軸が動いてブレてしまっては車輪の動きも役に立たないのと同じです。実際に相手を推してみればわかりますが、胴体が後ろに少しでも動けば、推す力は極端に弱まります。

また、相手の抵抗力、圧力に応対する為、〝精神仮借〟、いわゆるイメージの活用として、三本の足とか、伏虎椿における虎に跨る力なども重要なポイントです。

更にそこから、身体を旋転させていく場合、身体の〝螺旋〟をよく理解すること。腰の回転によって腕の運動路線が流されないよう、〝中〟を定め、〝惰性力〟（円盤投げや砲丸投げ等の原理と同じ）に注意し、単なる回転ではなく、〝螺旋力〟として使う。

ややこしいのですが、この〝中〟は自分の身体のみにあるとは限りません。身体の旋転が加われば、身体外に〝中〟ができることもあります。

また〝螺旋〟と、いわゆる〝旋繞〟や〝纏綿〟とは、共通部分はありますが、また別の概念です。（私は陳式太極拳をよく知りませんが、陳式太極拳でいう〝纏綿〟とは、おそらく王先生のいう〝纏綿〟に

該当するのではないか？　と思います）

〃螺旋〃に関して、王薌斎先生は、

「この螺旋の力は、余の体認を以て観るに、三角力に由らなければ生じない」（『拳道中枢』）と述べていますが、これは十分に理解しなくてはなりません。〃三角〃も〃定中〃も、それぞれがみな互いに関係しあっています。

難しそうですが（勿論終わりはありませんが……）、ポイントをつかめば上達も早いかと思います。

「武友会」の西松さんと

2013／05／11｜太気拳意拳コラム

ＧＷの講習会が終わり帰京する際、岐阜に立ち寄り、拳友の西松正彦さんと久しぶりに会い、交流、練習ができました。

西松さんは、現在岐阜で「武友会」を立ち上げ、中国武術の普及に努められておりますが、私が尊敬する姚承栄先生の古くからの弟子であるとともに、中国各地に伝わる各派の意拳、螺旋拳、心会掌、及び王薌斎系形意拳など実に広く研究されておられます。今回も、お互いの研究課題、成果について交流し大変有意義な時間が過ごせました。

私は澤井先生の弟子なので、澤井先生の教えられた練功法が、私のまだ知らない系統の意拳から見

張長信先生

つかるとつい興奮してしまいます。今回も、初期の意拳である尤彭熙系意拳でおこなう這いとよく似た「虎形椿」や、張長信系意拳でおこなわれる腕を回しながら歩く「青龍出水」の説明を受け、実に驚きました。

このような練習方法は、現在の北京系の意拳では見たことがありませんが、尤彭熙先生や、張長信先生など1920年代後期から30年代にかけて上海で学ばれた方々の系統より、このような練習方法が見つかったのはなんとも不思議な気分です。

西松さん、本当に有難うございました。

馬建超と螳螂拳

2013／05／15 太気拳意拳コラム

先日の練習で、螳螂拳に関する質問を受けました。私は螳螂拳をよく知りませんが、意拳と螳螂拳に関して興味深い話がいくつかあります。

もう30年も前になりますが、北京で故竇世明先生らより、「意拳の〝鉤掛〟は蟷螂拳から吸収したものだ」と伺ったことがありました。蟷螂拳は〝蟷螂手〟というかまきりのカマのような独特な手の形を用いることで有名ですが、意拳の鉤掛は、蟷螂拳とは手の形こそ異なるものの、力は同様のもので、つまり形そのものではなくそこに含まれる力を取り入れた、と言うことでした。

他にも、趙華舫先生は、「王薌斎先生の首の動きは、カマキリのようだった」とキリッ、キリッと首を動かしながら説明されていました。

その後２０００年頃より香港出張が増え、その際に香港の各派意拳の先生達と交流をする機会を得られましたが、その中にはもともと蟷螂拳の指導者、あるいは修行者が少なくありませんでした。北京では、形意拳を学んでいた人が意拳も学んでいることは多かったのですが、蟷螂拳と意拳とは不思議な組み合わせに感じました。色々と聞いてみたところ、その根は20年代後期に遡るようで、その大まかな話は以下の通りです。

蟷螂拳は、山東の羅光玉が上海の精武会（霍元甲の精武体育学校を母体とした武術館であり、ブルースリーの「ドラゴン怒りの鉄拳」のモデル）で教えるようになり、全国的に広まっていた。その羅光玉の弟子の中で最も有名なのが、馬成鑫（馬建超）先生である。馬先生は１９２８年南京中央国術館でおこなわれた全国試合で優等奨に選ばれている。

その後王薌斎先生が上海に来られ意拳を指導するようになった。王先生の授業料は他の道場と比べかなり高額で、普通の者は学ぶことはできず、当時皮膚科医師でチェスや中国将棋でも有名な尤彭熙や、金持ちの王叔和が個人教授を受けていたくらいだった。王先生はこの時、若い形意拳家の張長信先生を連れて指導をおこなっていた。

後に香港で初めて意拳を広めた梁子鵬先生は、尤彭熙先生とは友人であり、当時精武会で鷹爪拳等を学んでいた。経済的に王先生に学ぶことができなかった為、自分より年下ではあったが尤彭熙先生について意拳を学んだ。この後、歯科医師の馬成鑫先生も尤彭熙先生の紹介で王薌斎先生に学ぶようになった。馬先生は王先生に学んだ後、実力は飛躍的に向上し、羅光玉一門の中はもとより精武会でも無敵と称されるようになった。

羅光玉門下にはもう一人、広東の陳震儀先生が有名であり、二人は羅一門の「北の馬、南の陳」と呼ばれていた。陳震儀先生は後に香港で螳螂拳を広めたが、その際には実に多くの逸話を残しており、弟弟子である黄漢勲先生らは、生前の陳先生の逸話を常に弟子たちに語っていた。その陳先生も螳螂拳の指導の傍ら、梁子鵬先生にも指導を受けるようになった。このようなことで陳震儀先生や黄漢勲先生の弟子の中にも、意拳も学ぶ者が増えていった……。

右記の歴史は多少事実と異なるところもあるかもしれません。しかし馬成鑫先生が王薌斎先生に学び一門のトップとなったことは上海の螳螂拳修行者の間では有名な話であり、また陳震儀先生も香港蟷螂門で有名な方です。もし王薌斎先生が蟷螂拳の一部を吸収したのが事実であるならば、馬成鑫先生を指導された時に得たものなのかもしれません。

またこれとは別に、形意拳の母体と言われる、山西省の戴氏心意拳にはそもそも蟷螂形という鍛練が伝わっている、と聞いたことがあります。これがどのようなものか見当もつきませんが、王先生は少林寺の心意把、河南の心意六合拳など多くのものを研究されたので、山西の心意拳から吸収した可能性もあるのかもしれません。

緊は緊張に非ず（骨重如弓背、筋伸似弓弦）

2013／05／16｜練習日記

5月に神戸でおこなった講習会でも説明しましたが、拳学研究会ではいわゆる〝緊〟は、緊張とは考えていません。勿論緊張と全く無関係ではありませんが、特に身体（筋肉）の状態において、緊張という言葉は〝固まる〟、〝強張る〟と誤解を招き易く、

「鬆而不懈、緊而不僵」

も、一般的に「リラックスしてもだらけず、緊張してもこわばらず」と訳されますが、意訳としてならもうちょっと工夫すべきかと思います。

さて、〝緊〟を辞書で調べてみると、
（1）ぴんと張っている
（2）ぎゅっと固定してある、しっかりと固定してある、かたい
（3）きつくする、かたくする、張る、締める
（4）きつい、すきまがない、ぴったりくっついている。
などがありました。

では、何をぴんとはるべきなのか、何をしっかりと固定すべきなのか、その逆〝鬆〟は何か？・「骨重如弓背、筋伸似弓弦、運勁如弦満、発手似放箭」とはどのような状態か？ 全ての練習過程において確認してください。

福岡の講習会にて その1

2013／05／22―練習日記

我々の立禅（站椿）は、色々小うるさい要求があり、指導側が色々な個所を触れて点検し、練習者に体感してもらい、更にその状態を失わず出来るだけ継続させていくことを求めます。その後、静から動へ移行していく訓練では、その動作や形を覚え、数をこなすのではなく、不動の状態で体感し養

成していく力を全て継続して動かすことが求められます。

故に、静の立禅（站樁）が〃点〃であるなら、動作は単純な〃線〃ではなく、〃点〃の連続のようなイメージになります。私もよく〃一点上什麼都有（その一つひとつの点上に全てがある）〃ように、と言われました。

どうしても動作そのものを覚えて繰り返し数をこなそうとしてしまいますが、立禅（站樁）で養成していく力を、色々な角度、路線において如何に失わずに動くかが太気拳、意拳を習得する上での重要なカギとなります。

今回の講習会は、皆さん何度も参加されていたので、比較的高い要求でおこないましたが、最初におこなったごく単純な一動作、いわゆる〃蜻蜓点水〃（これも系統によって動作が異なります）なども、時間をかけ、各関節角度、部位の方向、意識、筋肉状態など一つ一つ点検していくことで、それぞれが多くの課題点を発見でき、また修正できたかと思います。（勿論これからも更に精度を上げていかなければなりませんが）

王先生は〃試力〃について、

「試力為拳功入門最重要事」（『大成拳祖師王薌斎先生談拳学要義』）

「此項練習、為拳中最重要、最困難之一部分」（『拳道中枢─試力』）

と言われています。

多くの動作を覚えることより、一動作において正しいチェック方法を知り、より多くテストし、自分の弱点欠点を認識して解決していくことが重要であり、本来〝試力〟の概念とは、立禅（站椿）で養成していく〝各能力を色々な段階でテストしていく〟ことではないかと思います。

張長信先生の站椿写真

2013／06／19―太気拳意拳コラム

張長信先生

２０１３／05／11（２０９頁）に書いた「『武友会』の西松さんと」でも紹介した、張長信先生の站椿のもうひとつの写真です。

この姿勢は、張先生系意拳以外では見たことはありませんが、この下半身、腰、股、大腿、膝など、大変参考になりました。

現在では介字椿などという人もいますが、当時は名前もなかったようです。

太気会の皆さんと

２０１３／07／24 — 練習日記

７月20日（土）、天野敏先生率いる太気会の皆さんが出稽古に来られました。
またその様子は天野先生のブログ（http://yumenomani.cocolog-nifty.com/blog/2013/07/post-b8ea.html）に掲載して頂きました。

皆さんと顔を合わせるのは４月の交流会以来、練習の後は飲み会、ついハシゴして案の定、翌日は私も久しぶりに二日酔、以前からですが天野先生と飲むとどうも飲みすぎてしまいます。それでも実に楽しいひと時を過ごせました。天野先生、太気会の皆さん、有難うございました。

なお、練習後に参加者より質問された中国語の件ですが、時間なく説明できませんでしたので、この場を借りてお答えします。

1．撑（チョン＝支える、突っ張る）

外を支える力は、単純に一点を張りだすのではなく、全体を平均的、平衡的に支える。中国語では、傘をさすことを、〃撑開傘〃と言いますが、この傘を広げる骨組のように、骨格は平均的に全体を支えてください。例えば立禅の際に外から腕など身体の一部を押されても、その箇所を押し返すのではなく、

※天野敏氏ブログへ

すべての骨格で全身を支え続けることが重要です。

2．抱（バオ＝抱く）

内に抱く力は、外を支える力と一体化しています。いわゆる〝矛盾対立の統一〟とでも言いますか、外を支える力は単純に外を支えるのではなく、内に抱く力によってバランスを取り、強化されます。勿論この〝抱〟もボールや枕などを全身で平均的に抱くようにします。

3．蹚（タン）、扒（パア）

これに関してはこちら（「9月29日　関西稽古会（大阪）の練習のレジュメ２０１２／10／02／練習日記」１８１頁）を参考にしてください。

押し出していく足の力である蹚（タン）と、その軸足の力である扒（パア）は、表裏一体です。

注：扒には、パアとバァの二つの読み方があり、意味がやや異なります。意拳の練習者の中には、バァの意味としてとらえている人が多いようですが、私が学んだものは、パァの意味です。扒にはさらに爬（パァ＝同音、這う）の意味を含んでおり、地面を引きつけて身体を進めるといった赤ん坊が這う状態を表しています。以上ご参考に。

ただ是非の違いが有るのを知るだけで……

2013／07／27―練習日記

我々の会の指導員には、北京で古くから姚宗勲先生系の意拳を学んでいた者や、香港で韓星橋先生系の意拳（韓競辰先生の創始された韓氏意拳ではありません）を学んでいる者、あるいは韓星垣先生系の意拳を学んでいる者など様々な人がいます。故に会員の皆さんの中には、その指導内容の微妙な違いに悩んでいる方もいるかと思います。

私も、色々な先生、先輩たちに指導を受ける際に、その違いに悩んでいましたが、いつの間にかその違いを楽しむようになってきました。適当な例えではないですが、昨晩は中華と紹興酒で楽しみ、今晩は和食で日本酒を一杯というような感じです。和食でも中華でも良い料理はみな美味しく、消化されれば栄養となって我々の命を支えています。同様に、澤井先生の教えも他の先生の教えも、正しいものは全て自分の役に立っています。今日の練習ではこれを練習しよう、明日はこれを練習しよう、と思い、また時としてその違いを楽しんでいます。

但し、これらは混ぜこぜにしないよう注意もしており、例えば寿司を食べるのに豆板醤は使いませんし、麻婆豆腐にワサビは入れません。意拳においては、姚先生の教えられたものは姚先生の研究成果であり、韓先生の教えは韓先生の成果ですので、混ぜこぜにはできません。それはそのまま尊重して練習すべきかと思っています。

そうこうしていくうちに、いつか自分に合った動き、自分流の太気拳、意拳が出来上がっていくのだと思います。

王薌斎先生は、著書『拳道中枢／大成拳論』にて以下の言葉を残されております。

「余之学拳只知有是非之分、不知有门户之派别」

（余の拳学は、ただ是非の違いがあることを知るだけで、門派の違いがあることを知らず）

功夫は学んで得るものではなく、練ることで得られるものである

2013／08／06 ― 太気拳意拳コラム

ここ暫く東京と大阪の練習では、意拳の前身である形意拳の鷹捉（三体式）を集中して練習してきましたが、来週の新潟、及び神戸の練習でも同様に、鷹捉（三体式）を集中しておこないます。

現在、意拳の指導者でこの鷹捉（三体式）や五行拳を指導する人が、意外と少なくありません。恐らく1920～1930年代の意拳そのものが、形意拳色が濃かったのではないかと思われますが、また1940年代以降も、王先生に入門した弟子の多くが形意拳出身者であったことも関係しているかと思います。

またあまり知られていませんが、姚宗勲先生も1940年代に同門の後輩達に鷹捉（三体式、劈拳）を指導されていたようです。以前、姚先生の弟弟子にあたる竇世明先生は、「以前は姚宗勲先生もすぐには站樁を教えなかった。入門者には先ず数か月、三体式、劈拳を教え、その後に站樁の指導をされていた」と言われ、当時練習していた劈拳を見せて頂いたことがありました。

形意拳の鷹捉（三体式）と劈拳は、各系統によって形や要求が随分異なりますが、私が学んだ先生方は、形意拳そのものの系統はみな異なるのに、その形と要求はほとんど同じものでした。これは王薌斎先生によって修正されたのか？　あるいは王薌斎先生の要求に従って自然とこうなっていったのか？　それとも単なる偶然なのかは分かりません。

澤井健一先生

ただ皆この練習を大変重視されており、或る先生は、「左右それぞれ100回を1セットとしておこなうこと」と言われ、またある先生は、「一日最低でも30分以上おこなわないと、効果は見られない」と言われました。しかしまた同時に「やれば大変な効果があり、実に素晴らしいものだ」と力説されていました。

実際にこれに集中してみると、意拳の勁力を理解する上でも、功を積むにも大変優れた練習方法であると実感でき、站樁、走歩、発力などそもそもの要求の理解、体感が深まりました。勿論、単純に形意拳の鷹捉（三体式）を持ち出して練習しても、意拳の練習と結びつくか分かりませんが、意拳の伝承者達が長年練り、伝えていった練功法だからこそ、我々にとっても分かり易く、有効なのだと思います。

「功夫不是学出来的、是練出来的」
（功夫は学んで得るものではなく、練ることで得られるものである）

「功夫不是研究出来的、是練出来的」
（功夫は研究して得るものではなく、練ることで得られるものである）

ある先輩の口癖ですが、正にその通り、鷹捉に限らず、立禅（站樁）であれ、這（走歩）であれ、分かればよいというものではなく、練り込まなければ、所詮は絵にかいたモチでおしまいです。しばらくは集中して鷹捉をおこないますので、宜しくお願い致します。

立禅（站樁）をおこなうときの腕の上げ方

2013／08／07―練習日記

基本の立禅（站樁）では、自然に立った姿勢から、両手がある路線を通り身体の前で物を抱くような姿勢を取りますが、その姿勢も人によって様々であることは以前紹介した通りです。更に中国の意拳の指導者は、その形に至る路線自体が人によって大きく異なります。

この形に入る運動路線には、それぞれ道理がありますが、それは別としても、

1．この形に入る運動路線が決まっていてその要求が大変細かい
2．この形に入る路線は特に決まっておらず要求もなく自然におこなう

の、二つの指導方法に大別されると思います。

1の指導者は、その路線の要求が大変厳しく、適当に手を上げることを忌み、各関節角度、路線は、それこそ1ミリ、1度のズレも許されません。この動作そのものが、まさに試力であり、僅かな動作でも一たび動けば、そこに各能力が備わっていることを求めます。站椿をいち点と見た場合、これらの動きは全てその点の連続、継続、拡大である為、どんな些細な動きも気を抜くことが許されず、これにより斜面、螺旋、三角、梃子、惰性等などの能力を体感、認識し、更に不動の状態でもこの意をとぎらせず継続し養成していきます。

一方、2の指導者は、自然に手を持ち上げますが、例えば顔の前に手を出す時は、自然と最短、最速、最適な角度で、外敵に接せられるような状態にあり、当然、手を胸の前に出す時、手を腰の前に出す時、みなその路線は自然と異なります。一見するといい加減なようですが、指導者が見れば、練習者のレ

ベルが一目了然となります。

　どちらが良いとか正しいとかという問題ではありませんが、我々の会の考え方は、1の練習有っての2の練習と考えます。まずは厳格な要求の元で他の練習では得ることが難しい力の感覚を実体験し、その力の発生原理の理解と養成を第一と考えます。勿論これは一生ものです。その中で徐々に、有形から無形とでもいうか、頭で考えず、どのように動かしても、立禅の点の延長拡大として力の応用ができる境地を求めていくべきと考えています。一見すると形がくずれそうですが、「中」と「環」の関係は変わることはありません。言い換えれば斜面、螺旋、三角、梃子、惰性等の存在がなくなるわけではなく、更に複雑化、多面化していくと認識してください。

新潟の練習会参加の皆様、お疲れ様でした

2013／08／11―練習日記

　8月10日（土）は昼の3時前から夜の9時まで、延々と練習に付き合って頂き、また11日（日）は、前夜のお酒も多少残っている中で、引き続きお昼までと、参加者のみなさん本当にご苦労様でした。また大変お世話になり有難うございました。皆さまのお陰で大変楽しい新潟旅行になりました。この場をお借りしてお礼申し上げます。

練習は、当初の予定通り鷹捉（三体式）を中心とした内容で、これは形意拳で初めに学ぶ一動作ですが、実に奥が深くて難しく、正にてっぺんからつま先まで気が抜けず、ここを直せばあそこがズレ、あそこを直せばまた別のところを忘れてしまうといった状態で、何時間おこなっても納得のいく動きはできませんが、しかしその分収穫も多く、時間をかければ知らぬうちに功夫が養われていきます。

またこの練習法は、立禅（站樁）や這（走歩）による一定の基礎がないと、全くついていけず、逆を言えば立禅（站樁）や這（走歩）などで養うべき力がどこまで得られているのか、一目瞭然となります。

具体的な注意点は機会あるごとに書いていきますが、とりあえずは、始動点から到着点まで全ての空間を制御し、打ちぬく所までの目標を定め、一瞬の油断もせぬように、眼付、気持ちをとぎらせず、常に使うこと、相手を打つことの意識を持つことに注意してください。

尚、8月15日、16日の神戸の練習も引き続き、鷹捉（三体式）をおこないます。関西の皆様、宜しくお願い致します。

神戸の練習お疲れ様でした（鷹捉その1）

2013／08／21―練習日記

お盆休みの二日間、神戸の練習に参加してきましたが、炎天下での練習、皆さん大変ご苦労様でした。

先週は新潟、神戸と皆さんのお世話になり、おかげさまで今年も楽しい夏の思い出ができました。

さて練習内容は先週の新潟と同様、歩法と鷹捉が中心となりました。歩法に関しては、別途書きますが、とりあえず鷹捉についての注意点を少しずつ書いていきますので、参加された方は、もう一度思い出して練習に役立ててください。


鷹捉の練習は、鷹捉そのものの動作と、静止状態の鷹捉椿の繰り返しになります。站椿である鷹捉椿は静止状態ではありますが、鷹捉の動作、つまり鷹が獲物を捉える精神及び肉体的な状態を保持しなければなりません。

平歩椿、あるいは丁八歩での站椿ではつい忘れそうになりますが、例えば「抱」であれば、抱くという、「按」なら押さえるという動作の継続が必要です。その形に収まるだけではダメであり、例えば前進しているゼンマイ仕掛けのおもちゃが、壁にあたって前に進めなくなっているような状態に似て、その場に留まっているがまだ動きは完全に止まっていない、動けないので力は断たれているようだが、その意は継続しており、もし壁がなくなればすぐに前進していく。平歩あるいは丁八歩での站椿も、この様に腕を抱き寄せて来ても、その形に収まるのではなく、腕を抱き寄せ続ける力は第一波、第二波、第三波……、と途切れず続けていかなければなりません。何かに触れれば、すぐに発動されます。勿論撑抱椿であれば、更に内側に抱いていく力と外側を支える動作の転換を続けていくことになります。

鷹捉は動作と站椿を交互に繰り返すことで、この意識と力が断たれることがなく、また動作の要求と站椿の要求は全く同じであり、変なイメージによる偏差の入り込む余地もありません。

また要求そのものが明確であり、意拳での抽象的で曖昧に感じられる要求も鷹捉の練習を続けていれば見えてくることが多いかと思います。（続く）

腕を盾にする（鷹捉その2）

2013／08／22—練習日記

鷹捉の動作は、先に差手（いわゆる鑽手）を出して相手と接触し、次にもう一方の手で打ち込みますが、この差手の動作は意拳の前身である形意拳における基本技であり、鷹捉はもとより五行拳の劈、砲拳の起こりだけでなく、鑽、崩拳、横などにも含まれ、更に十二形においては、ほとんどがこの一手から始まります。それほど重要な技ですが、何故か近年の意拳においてはこのような動きを見ることがほとんど無くなってきました。更に形意拳においても、套路では保存されているものの、散手などの実践練習の映像では、この手を使いこなす人をあまり見たことがありません。

しかし澤井先生の太気拳では、これを不定形の練習で身につけ、対人練習などでごく自然に当たり前におこなっていました。この手の形は、相手の攻撃を交差して入る、止める、断ち切る、弾くに限らず、外へ払う、内に迎い入れる、更には打ちこむ、逆手をおこなうなど、多くの活用方法があります。

澤井先生は、「腕（の外側）を楯にして、この盾で身を隠しつつ、相手の攻撃を捌く」ように言われましたが、鷹促は一見すると動作こそ複雑なようですが、楯で受けて矛で攻撃するといった「矛」と「盾」

が単純かつ明確です。今、我々があえて鷹捉の練習をおこなう理由の一つはここにもあります。

銃を抜くように（鷹捉その3）

2013／08／23ー練習日記

鷹捉において、差す手は腰から顔の前に打ち出しますが、発力となる場所は顔の前ではなく、正に動いたその瞬間から発力であることを理解してください。相手の攻撃が上段とか中段とか、突きとか蹴りとか、どこでどう接触するか分かりませんので、始動したその瞬間から全身が同時に一致して動きだすことが必要であり、更にその為には動きだす以前から身体が一致していなければならず、ここに站椿と動作を繰り返しおこなう必要性もあります。

また差手とは異なりますが、以前澤井先生が崩拳の説明をされたとき、銃を抜く動作を例に挙げ、銃を掴み、引き抜き、銃口を相手に向け、撃鉄を引き、引鉄を打つまでの一連の動作が、ほとんど時間差なく、完了されなければならず、ほんの僅かの遅れが命取りになると言われました。このときの動作は、身体軸の回転、腰が墜ちていく様、打つ手と引く手の始動、足と重心の移動など、正に全身一致の動きで今でも目に焼き付いています。後に意拳を学んだ際、自然体で腕が下がっている状態から拳を打つ場合、腕（実際には全身ですが）が始動するときの状態が、ちょうど提と挿の矛盾状態を養う提挿椿（腕を下げ指を地面に軽く挿した状態とそれを引き抜こうとする状態）と同じで、併せて指導を受けましたが、澤井先生から説明された銃を抜くような動きがすぐに思い出されました。鷹捉の差す手も打つ手も自然体に近い腰のあたりから始動しますので、崩拳とは多少異なるところもありますが、これも是非参考にしてください。

石垣を築くように（騎馬椿と伏虎椿）

2013／08／28―練習日記

意拳の伏虎椿は、虎に跨り臀部と両手で（全身で）その虎を抑えつけるようにおこないますが、基本の平歩椿も騎馬歩といい、馬に跨っている状態（力）が必要です。きちんと馬の背に腰を落として、太腿で馬を挟んでいなければ（包裹勁）、馬に振り落とされてしまいます。昔の兵は馬に乗って戦うことが多く、下半身が安定して馬と一体となっていなければ、剣も刀も使いこなせなかったのでしょう。

虎であろうが馬であろうが、これに跨り押さえつける力は、下半身（というか全身）の安定性に役立ちますが、力づくでおこなえば、可動性（霊活さ）は失われて本末転倒です。故に背骨を真っすぐにし（いわゆる立身中正、虚領挺抜、提肛とか）かつ肩、脇、肘などを重力に任せるように力を抜いて垂らし、（いわゆる鬆肩墜肘とか）より合理的な姿勢を以て、引力というのか重力というのか、自然の力に任せてしっかりした安定力をつける必要があります。

更にこの鬆肩墜肘にとどまらず、〝腰〟（ウエスト部分）もリラックスして、力を入れずに自然に落ち、

〝胯〟（骨盤あたりの腰回り、ヒップ部分）の部分が上半身（肋骨に囲まれている胴体部分）の圧力を受け止め、決して腰を伸ばさないように注意してください。このように一つずつ石垣を築くように重力（圧力）が、更に正確に膝、踵、前足底へと繋がり、年月を経てしっかりした土台が出来上がっていくのかと思います。

鷹促の動作では、足も動かしますが、この土台を以て前進することが求められます。崩れない石垣を作るよう、より合理的な石の積み上げと地道な鍛練を心がけましょう。

明治神宮の森の音

2013／09／05—練習日記

拳法とは関係のないような話になりますが……。

最近聞いたFMラジオに、ジョー奥田という音楽家が出ていました。ネーチャーサウンド・アーティストというらしいのですが、屋久島や奄美などの森の中で録った音を放送していました。

「一番印象に残っているのは、一番最初に夜の森に入って長い時間録音した時です。その日は満月の夜だったんですが、曇っていて真っ暗だった。月の光が出ていなくて、森っていうのは元々暗いのだけど、月が出ていても暗い。だから、その日は本当に暗かった。自分が今まで体験したことのないような暗闇。漆黒の闇。自分の手が見えない。そういう暗闇の中で録音を始めて、そうすると周りの夜の生物たちが非常に緊張しているのが分かるんです。みんな僕を見ている。じーっと。視線がとても怖かったけど、時間が経つうちに緊張がとれて、みんな、通常の活動に戻っていった。それが素晴らしくて。そうしている時に雲が動いて月が出たんです。その時に森のなかに月の〝木漏れ日〟が月のシャワーのようにぱーっと降りてきた。信じられないような夢の世界。あれを体験してから、夜の森の魅力にどんどん引きこまれた」

そしてこの森の音が流されました。ちょっと感動しました。

ジョー奥田氏は、奄美や屋久島だけでなく、明治神宮の森の音も随分と録音されており、ユーチューブでもかなりの数アップロードされていました。

思い起こせば、澤井先生に入門したばかりの頃は、日の出の遅い冬は真っ暗のうちに起きて電車に飛び乗り神宮に向かい、うす暗いうちから森の中で立禅していました（その後、遅くなってしまいましたが……）。日の出後もしばらくは、大きな木々に囲まれた森はうす暗く、その中でただただ無心に立禅を長く組んでいると、耳の感覚は勿論のこと、五感の全てが研ぎ澄まされていきます。森の音だけでなく、遠くで電車や車が通る音、地下鉄が通る感覚、その感覚は、誰に説明したところで、本人にしか分かりません。

最近は、この様なこともほとんど無くなりましたが、その原因は容易に想像がつきます。

さて、姚宗勲先生が書かれた、『站椿功的意念活動』には、以下のような文章があります。

古来より先人達は〝站椿〟功に類似する多くの養生法を伝えており、例えば〝独立守神、肌肉若一〟、〝以形為体、以意為用、以静為和〟、〝勢以意変、形簡単意繁〟等と言われたものが有った。

その中の〝守神〟、〝以意為用〟と〝勢以意変勢〟は皆、意念活動の重要性を強調している。

しかし実際には、〝意念活動〟と言うと、人々は気功で言うところの〝意守丹田〟を連想してしまう。〝意念活動〟と〝意守丹田〟は根本的に別物である。

〝意守丹田〟は気功を練習する人の要求であり、自分の体内の〝丹田〟部位（臍下の下腹部）に固定した意識を集中すること で、よく言う〝守竅〟のことである。

そして〝站椿〟功の〝意念活動〟の要求は、練習者が自分の意念（＝思い、考え）を大自然界のある種の状況、例えば穏やかな海や、夜の星空等を連想することに集中させることである。

ゆえに〝站椿〟功の〝意念活動〟とは、気功の〝意守丹田〟とは完全に異なるものである。

同時に、〝站椿〟功は〝意念活動〟を合わせた結果、練習者の快適感を増加するのみであって、いかなる副作用も生むことはありえない。

初めて〝站椿〟を学ぶ慢性患者にとって、〝意念活動〟は〝情緒の安定、雑念の排除、筋肉のリラックス〃の作用がある。

一般の患者は疾病の影響を受ける為、〃站椿〃の訓練を始める時、精神と筋肉はとりわけ緊張し、気持ちを落ち着けることができない。このような時、稽古者に対し、もしただ単に〃リラックス〃することに注意するよう伝えるだけなら、それはあまりに抽象的すぎて全く理解することができないであろう。

しかしもし〃意念活動〃を配合して彼らにリラックスさせようとすれば、それは具体的に見え、また効果がある。（後略）

今思えば、当時は澤井先生が話された、〃王薌斎先生が押すと腕はまるで丸いタルで押されたようであった〃とか、〃腕の骨に皮が垂れ下がっているようだった〃などというイメージだけを持って、自然に同化するように立っていただけでした。しかし、森の中での立禅は、意を用いずとも自ずとリラックスし、同時に戦いの為の緊張感も、その後に激しい組手がおこなわれるという前提があった為、故意的に意識しなくとも、当たり前のように保たれていたと思います。

形意拳名家・張占魁（張兆東）先生の写真

2013／09／18―太気拳意拳コラム

張占魁先生（左が三体式、右は八卦掌）

王薌斎先生と交流の深かった張占魁先生は、形意拳、及び八卦掌の名人として有名であり、本人の実戦もさることながら、多くのすぐれた門弟も育てました。

その門下生の中で、章殿卿、趙道新（趙恩慶）、裘稚和、銭樹樵、王樹金（王恒蓀）、顧小痴、温士源、苗春畬先生らは、王薌斎先生の指導も受けたと言われています。

趙道新先生や裘稚和先生は、更に王先生の友人である呉翼輝先生よりも六合八法拳を学び、それぞれ心会掌、螺旋拳を創始されことは有名です。また銭樹樵先生は王先生の指導を取り入れ独自の形意拳に発展させ伝えていきました、王樹金先生は日本でも有名であり、その教えを継承されている団体もありますから、あえて説明の必要もないと思います。私が王樹金先生の練習会に参加していた頃は、やはり站樁に十分に時間をかけていました。

その張占魁先生の生前の写真がありましたので、ここで紹介します。初めてこの三体式の写真を見たときは、一般的な形意拳の三体式と比べ、多少いい加減に感じ、「もう歳なのだろう」と勝手な感想をもっていました。しかしその後実際にこの説明を受けてからは、「実に見事な立ち方だ」と思うようになりました。皆さんも是非この三体式の意味を考えてみてください。

福岡講習会、練習会参加の皆様お疲れ様でした

2013／10／05｜練習日記

9月22日（日）の講習会及び23日（月）の練習会に参加された皆様お疲れ様でした。また二日間お世話になり誠に有難うございました。

今回も多くの方々が参加されましたが、ほとんどの方が毎回参加されているので、みなさん立禅や基本運動に対し一定の功力があり、少々ぶつかっても姿勢も崩れず、重みもあり、練習の成果が感じられました。

ただ立禅でも這いでも毎回違う要求を提示する為、以前やったことは間違いだった？とか、以前よりもレベルが上がった為にやり方が変わったのでは？と思われた人もいたかもしれません。

これは半分その通りで半分は誤解です。立禅においても這いにおいても、多くの要求があり、当然ながら各身体条件が揃えば揃うほど全体的な能力がアップします。例えばある身体条件を向上させる為、あるいはそれに特化する為、他の要求にはある程度無視して説明しています。この方法がベストだということではありませんが、当会ではこのように一つずつの条件を積み重ねていくやり方を採っ

ています。よって毎回の重点項目が多少異なります。例えば同じように見える立禅(站椿)の腕の形(力)である「抱」と「兜」は、身体の条件、能力は異なりますが、また共通点もありそれゆえ各条件が積み重ね易くもあります。また歩法において毎回説明する「提」、「挟」、「扒」、「縮」、「蹚」、「崩」、「拧」、「裹」なども、言葉(漢字)はともかくも、こういう条件が一つひとつ積み重なった状態がいわゆる「整体」と理解しています。より多くの身体条件を備えることで、より優れた「整体」となります。

単に身体を石のように固定して、その状態で動いたからといっても、「整体」状態が保てたとか、「一動無不動」だ、などと簡単に満足しないよう(勿論初心者のうちはそれもありと思いますが)、今後も少しずつ質を高めていければと思います。

福岡の講習会にて(一動無不動?)

2013/10/08―練習日記

身体を石のように固定したままで動かし、物質的位置をみな同時に移動させれば、大きな力が発生します。しかし我々はこの骨格構造だけでなく、更に身体内部の動きも求めなければなりません。つまり一たび動けばすべての筋肉群が働き出さなければなりません。

基本的な「揺」では、まずは身体をぶれないよう動かさず、腕のみを動かすというのは、腕のみの力でおこなうということではなく、正に内面の筋肉を動かす為です。実際にこの軸をブレず、動かさないようにする為には、多くの力が必要になります。適当な例ではありませんが、弓を引くとき、弓を持っている手をしっかり固定して、弦を引くのに似ています。持ち手がぶれては弦が引けず、弓もしなりません。その内部の状態が出来てから軸自体を動かすことに進みます。勿論軸が動いても、中と環の関係（力）は衰えさせてはなりません。

その他、細かい要求、力が色々ありますが、この様な条件を一つずつ身につけていくことで、初めて「整体」とか「渾圓」という概念が少しずつ形成されていくのかと思います。

八字訣について

2013／11／12｜練習日記

先日の練習時にお話しした形意拳の椿功で言われる八字訣ですが、興味のある人の為に一応漢字を書いておきます。基本的には現在の意拳でよく言われる、「撑（支える）」とか「裹（捲く、包む）」とかと同じような意味ですが、伝統的な形意拳の言い方をあわせて用いる意拳の伝承者も少なくありません。（私の場合、併せて用いられたことで誤解していた部分が理解できました）

頂（ディン）：支える、押す、突っ張る

扣（コウ）：合わせる

圓（ユエン）：丸い
敏／毒（ミン／ドゥ）：素早い／激しい
抱（バオ）：抱える、抱く
垂（チュイ）：垂れる、垂れ下がる
曲（チュ）：曲げる
挺（ティン）：ぴんと伸ばす、まっすぐにする。

また形意拳では一般的にこれらに「三」をつけて用いられ、例えば「三頂」とか、「三扣」とか「三圓」です。「三頂」とは、頭を上に、舌を上に押し、掌を外に突っ張り……などと言われるようです。しかし意拳の先生たちは、この「三」を単なる「三つの部位」ではなく、いわゆる「三三不尽、六六無窮（尽きることがない）」の「三」と解釈します。「三」は中国の伝統的な概念で無限に広がる数字とされています。つまり「頂」も「扣」も、身体の一部にとどまらず、身体各部に拡大していくよう要求され、正に全身の法となります。

更にこれらは、決して別モノではなく、それぞれが関係し合っていますので、どれか一つが狂えば身体全体のバランスが崩れます。「立禅（站椿）」においては勿論のことですが、それで養う力を発揮する為には、「這」においても十分に留意すべきチェック項目として活用できるかと思います。

今週の大阪の練習でも紹介しますので、参考にしてください。

鼓蕩（グーダン）について

2014／02／17｜練習日記

先日の福岡講習会にご参加の皆様、色々お世話になり有難うございました。また先週、今週と大雪の中、東京、大阪の練習に来られた方々、お疲れ様でした。

さて最近の練習中に質問のあった、「鼓蕩（ｇｕ ｄａｎｇ）」に関して補足説明致します。これは王薌斎先生の文章で見かける言葉ですが、中国における意拳の指導者や愛好家によってはそれぞれの解釈があるようで、「大地を太鼓とし、両足をバチとして、大地を敲き（撃鼓）、その振動が身体を通じて大気にこだまし（回蕩）……」などと説明する人もいるようです。

そもそもこの言葉は、唐初期の文学者、沈佺期（６５６年?～７１６年?）という人の詩などに出てきた言葉のようで、「鼓動（奮い立たせる）、激蕩（激しく揺れ動く）」の意味があります。つまり精神的な状態と身体的な状態が含まれていると考えるべきでしょう。

澤井先生は生前、

「気分が高揚すると、その精神状態はまるでやかんに入った水がグツグツと激しく沸騰したような状態となる。これを動蕩（ｄｏｎｇ ｄａｎｇ）と言うんだが、見た目にはわからないが、触れればやけどをするし、ふたを開ければ蒸気が勢いよく飛び出すような状態だ」

などと説明されたことがありました。恐らくはこの鼓蕩（ｇｕ ｄａｎｇ）と同じことを言われたのだと思います。身体の細かな高速振動（というのが適切でないかもしれませんが……）はこのような精神状態を伴います。この妙な気分は口や文字で説明しても理解することはありえず、練習によって自分が感じ養っていくしかないのでしょう。不動の中で微動を模索する練習も大切な基礎になりますが、段階を追って一つずつ鍛錬し、イメージだけに頼らず、対人練習など現実の環境の中でのみ養われるものだと思っています。

来週は新潟の練習に参加します。お世話になりますが宜しくお願い致します。

「崩(ボン)」について

2014／02／25―練習日記

土曜日の新潟の練習に参加された方々、お疲れ様でした。また大変お世話になり誠に有難うございました。

今回の練習で課題として取り上げた「崩(ボン)」という力（身体条件）に関しておさらいです。

王薌斎先生は著書『意拳正軌』の〝鍛練筋骨〟の章にて、

「足根含蓄（含有弾簧之崩力）」

（足根（注：足首、踵周り）は含蓄があり、バネのような崩力を含む）

「両腿用提、挟、扒、縮、蹚、崩、拧、裹勁」

（両腿は、提、挟、扒、縮、蹚、崩、拧、裹の勁を用いる）

と述べています。

「崩（Ｂｅｎｇ）」には、１．崩れる。２．破裂する、炸裂する。３．（破裂したものが）飛び散る、飛び散って当たる、などの意味がありますが、ここでいう「崩（Ｂｅｎｇ）」とは、「破裂する、炸裂する」あるいは「（破裂したものが）飛び散る」という意味が適当かと思います。突発的な力を出す際には、この様な足の「崩」が非常に重要なポイントになります。

今回は特に推手や打ちこみ等の相対練習において強調し練習ましたが、勿論站樁（立禅）、歩法、発力などの基本練習にも必要不可欠な条件です。但しこの種の練習はアキレス腱や足首関節などに対して一定の負担もかかりますので、（何の運動においても同様ですが）冬の寒い時期などは、特に準備運動、整理運動を十分におこなうようにし、決して力んでおこなったり、無理な練習をしないよう注意しておこなってください。

２０１４年春の交流会

２０１４／04／15｜練習日記

４月３日横浜にておこなわれた春の太気拳交流会が大きな怪我もなく無事終了。参加された方、大変お疲れ様でした。

2014年春の交流会

参加者の平均年齢が毎年上がっていく一方で、各会とも組手における安定感というのか、足腰の強さ、重心の安定など目覚ましいレベルアップが感じられ、驚きました。

天野先生、島田先生、鹿志村先生及び太気会、気功会、中道会の皆様、本当に有難うございました。

交流会での反省（空中の旗の如く、浪の中の魚の如く……）

2014／04／22 ― 練習日記

昔、神宮で練習していた頃、澤井先生がある先輩の組手を評して「○○君は、君達より〝仕掛け〟が早い」と言われたことがありました。確かにこの先輩の組手は、相手が攻撃するよりも早く打ち、また相手が打とうとする瞬間には間を切る、切れた瞬間にはまた攻撃するというような戦いで、常に相手を自分のペースにのせていました。

今回の組手では、この様な動きが多少なりとも出来ていると感じた人もいましたが、多くの人はここが課題なのかと思います。ただ私の感覚では、〝仕掛け〟というと（飽くまでも言葉上の感じですが）まだまだ、空間的にも時間的にも隙間というか、無駄な部分が随分と残っており、より高度な隙間のない反応、途切れることのない常に相手との呼応があるとでもいうのか、言葉では説明できないのですが、そう言ったものを我々は目指すべきだと思っています。王先生の言葉を借りれば、まさに、

「その勢は空中の旗の如く、ただ風力に応じて揺れ翻り、即ちいわゆる大気との呼応なり。また浪の中の魚の如く、起伏は無方にて、縦横に行き来する、その感触を聴き、ただ一片の機を見て動き、感覚に応じて発する……」

です。今回も天野先生や島田先生より、

「構え、と言われ本当に構えるな！」

「そのまま手を出せばいいんだ！」

「止まるな、ボーっとしないで動け！」

と何度もゲキが飛びましたが、つまり相手と呼応できていない、時間的にも空間的にも途切れた状態が続いていたのでしょう。

今回、推手のミニ講習会をおこないましたが、考えてもらいたかったのは、相手を推したとか流した、

ということより、常に相手の動きを制しつつ攻撃準備の状態が、いかなるポイントでも出来ており、更にそれが動きの中でも継続していく能力を養うことでした。このいつでも瞬時に攻撃（防御）できる状態がいわゆる「敏／毒」であり、精神状態の重要性は勿論、筋肉や骨格、関節などの状態も重要です。いわゆる「頂（支える）」とか「垂（垂れ下がる）」とか「扣（合わせる）」とかで要求される身体の状態であり、鹿志村先生が言われた、

「あんなに足が開いちゃってたら、動けないよ」

というのも、その通り。そしてこのような身体の状態、条件を養うのが、立禅（站樁）です。だから立禅が重要で、気を抜いた立禅は何時間やってもこの様な感覚を養うことは難しいと思われます。よって推手練習においては、単に接近戦の為の技術だ、などと決めつけず、組手においても相手と呼応している状態を学ぶ為の方法であることも考えておこなっていくべきかと思います。

訃報

2014／04／23—お知らせ

王薌斎先生の愛弟子であり、著名な武術家であった李見宇先生が亡くなられたとのニュースが飛び込んできました。

李見宇先生は、6歳の時から北京にあった北平太興県国術館にて唐鳳亭より形意拳等を学び、

前列、左から朱尭亭先生、趙華舫先生、李見宇先生、姚承栄先生、著者

左から、李見宇先生、竇世明先生、姚承栄先生、張中先生、著者、趙華舫先生

１９４３年、19歳より王薌斎先生に入門された方であり、誇り高きイスラム族の武術家でした。

当会の名誉顧問を快く引き受けてくださり、我々が北京を訪れる際には、いつも会いに来て頂き姚承栄先生のご自宅で、昔話を交えご指導くださいました。

また一度、西単大木倉胡同だったかと思いますが、李先生のご自宅で教えて頂いたことがありましたが、遠い距離を発声と同時に一気に間合いを詰められ、確実に眼とノドだけをピンポイントで打ち込んできて、その正確さ、爆発力、威圧感にはただただ驚嘆しました。素手での攻撃なのに、まるで刀かピストルでやられたような一瞬のことで、何度やっても避けることはおろか、反応することもできませんでした。


「私は１００歳になっても今と何も変わらない気がする」

「今の意拳には、〝洋東西〟（西洋のもの）が多すぎる」

「王先生の弟子の中で、私が一番長く先生に接してきた。入門してから王先生が亡くなるまで20年、時代が変わっても王先生のそばから一度も離れることはなかった。王先生が危篤のときには自転車で天津まで会いに行った」


などといつも元気に語られていたのが今も耳に残っています。

心よりご冥福をお祈りいたします。

左２番目から、劉普雷先生、著者、席先生

北京へ

２０１４／07／17―北京の思い出

私が初めて姚宗勲先生を知ったのは、王勝之先生が北京に行かれた時に撮ってこられた８ミリフィルムでした。王勝之先生は学生の頃、北京において八卦掌名家の楊名山に学ばれ、その当時王薌斎先生の練習場にも見に行かれたこともあったとのことでした。確か１９８０年か81年頃だったと思います。

楊明山は程家八卦掌、程廷華（１８４８～１９００年）とその弟、程殿華の弟子であり、義和団事件に巻き込まれドイツ軍の一斉射撃を受け早くに亡くなった程廷華に代わり、程の子供達を指導したとも言われており、程家と縁の深い人物です。近年北京で有名であった八卦掌大家の王栄堂先生（１９１３～１９９６年）も、楊の門弟でした。王勝之先生は来日した後、台湾から来られた王樹金先生

No1

前略 聖二君 お便りありがとう 姚先生にお会い
出来た事、又先生に立禅、這様などを見てもらっ
た事 北京での君の様子を今日 神宮の練習帰り
に皆に知らせたところ皆一同 喜びうらやましが
っていました。その内 何人かから便りが行く事で
しょう
ところで気になっている事だが君の便りに何も
書いていませんでしたが北京へ出発の際、君に
持たせた手紙と映写機の事ですが先生に渡して
くれたのですかで、先生には、こちらから手紙を出し
聖二君にお会い出来ましたら君の事をどうか
よろしくと 又映写機をお受取り下さいと言って
あるのです。まだ渡していないなら再度お会いし
渡して下さい。
異国で生活すると云う事は不自由がつきまとい

No2

苦労する事でしょうしかしそれも修行と思い
やがては君のかけがえのない体験として君の人生に
多いに役立つ事でしょう。
これから先、季節も一段と厳しくなるでしょうし呉々
も健康に留意し、無理のない生活を送って下さい。
この手紙が着き次第、至急返事を下さい。

澤井健一先生より著者へ送られた手紙

に長く学ばれ、王樹金先生が来日して麻布の光林寺で指導されるときは、ご一緒に指導されていました。私は学生時代そこに参加し、後に王先生の紹介にて澤井先生に学ぶことが出来るようになりました。

姚宗勲先生は長い間北京郊外の農村に下放されていたが、１９７９年にようやく北京に戻られました。その知らせを聞いた王勝之先生が北京に行かれコンタクトを取り、澤井先生へのメッセージの一環として、８ミリフィルムの撮影がおこなわれました。撮影は、姚宗勲先生だけでなく、ご子息の姚承光先生、王薌斎先生の次女の王玉芳先生、王薌斎先生の愛弟子の李見宇先生らも集まり、站樁、試力、走歩、発力、発拳、推手、拳舞など実に多くのものが収録されました。

王勝之先生は帰国後この８ミリを持って澤井先生を訪ねられ、澤井先生、王勝之先生と我々数名、岩間先生のご自宅に集まり、試写会がおこなわれました。当時私達は、姚先生の動きがよく理解できませんでした

佐藤 聖二先生：我因事到外地去了，最近回来看到您的信，很对不起，請多多原諒！
我現在每星期二、四、星期日上午7時30—10時30分在夏央门外南礼士路花園内教意拳健身桩，請您有時间到花園去見面。
澤井先生最近身体可好？来信没有？我们是几十年没见过面了，但老同学总是相互思念吧！写信給澤井先生時請代我问候。
此致 敬禮 祝您健康
姚宗勋 10/15日

夏央门外南礼士路花園
您从人大坐汽車到动物園站下車，换乘15路（或19路）汽車到儿童医院站下車（下車的方向是西）下車向前（南方）走約150公尺，公路対（相）方向（東方）就是（花園北側有一个食堂）进门向前走，有一个藤蘿架，我们就在四週站桩。

姚宗勲先生より著者へ送られた手紙

が、澤井先生は食い入るように見て、姚先生の動きを絶賛されておりました。また当時との動きの違いについても述べられ、その進化を語られていました。

その2年後、私の中国への語学留学が決まると、澤井先生はすぐに北京の姚宗勲先生に学ぶよう言われ、姚先生に手紙を書かれました。

当時は中国教育部（＝日本の文部省に相当する）が留学の振り分けをしており、どの地方に行くかわかりませんでしたが、偶然にも北京の人民大学に決まり、澤井先生の言うとおり姚宗勲先生について学ぶことになりました。以下に北京での思い出を紹介致します。

北京に到着し入学手続きが無事終わり、澤井先生から聞いた姚宗勲先生の住所に手紙を出したが、なぜか住所違いとのことで手紙が戻ってきてしまい、その後も2回ほど出したのだが返事は来なかった。そこで大学の武術教師である、李徳印先生に姚宗勲先生を探してもらおうと頼みに行くと、李先生は「姚宗勲先生は普通の武術家とは違って実戦家だ、今どこにいるか分らないが、北京国際倶楽部で太極拳を指導している趙華舫という先生を訪ねたらいい。彼は八極拳で有名だが大成拳も学んでいた。姚宗勲先生や澤井先生とは兄弟弟子だから、探してくれるだろう」と言われた。その後北京国際倶楽部を訪ねると、著名な葉書勲先生が日本人相手に太極拳の指導をおこなっており、その葉先生に頼んで趙先生を呼んでもらった。趙先生は河北省唐山の出身で伝説的な八極拳名師、李大中の末裔である李樹雲先生より八極を学ばれ、後に北京八極拳社の社長を務められている。意拳は、北京に来てから洪連順先生および王薌斎先生について学ばれたとのことであった。

私が澤井先生の弟子だと知ると、とても歓迎してくれ、姚宗勲先生のこと、澤井先生のことなど昔話をされ、また澤井先生の著書『実戦中国拳法太気拳』は自分が北京図書館で発見し、兄弟弟子達に紹介したんだ、と言われていた。後にこの趙先生からは、意拳だけでなく得意の八極拳なども教えていただき、またその後も、我々が北京に行くたびに朱尭亭先生や李見宇先生らとともに集まってくれて指導して頂いた。さて趙先生は、姚宗勲先生と連絡がつき次第すぐに連絡してくれるとのことであったが、そうこうしているうちに、姚宗勲先生より返信が届いた。ちょうど河南省に出向いていて留守にしていた為、返事が出来なかった、時間があれば、西単南礼士路の児童医院隣の小花園にて午前中に練習をしているので直接来るように、またご自身と澤井先生とは昔ともに練習をした仲であり、何十年も会っていないが、お互いずっと気にかけている……、などと書かれていた。

そこで翌週の日曜日、南礼士路の小花園に行き、待ち合わせた西門の藤棚周りを見回すと、既に10人ほどの老人や中高年の人たちが站樁をおこなっていた。私も適当な場所を見つけて立禅をおこないながら姚先生が来るのを待っていた。30分位たった頃、周りを見渡すと、老人や中高年の人たちはまだ立っている、実に長くじっとしている。一時間くらいは当たり前でその長さに驚いたが、よく見ていると、誰か知り合いが来るたびに、立ったまま姿勢は一切動かさずに、「おう、今来たのか、今日は遅いな」とか「もう帰るのか?」とか気軽に世間話をするシーンも見られ、これにも驚かされた。やがて一人の中年男性が站樁を終え、ゆっくりと動き出した。その動きは腰の位置こそ高いものの、雰囲気がとても味があり正直なところ、我々よりもどこか澤井先生の雰囲気に近いものを感じた。彼こそ正しく姚先生のお弟子さんであろうと、思い切って声をかけてみた。彼は名前を席さんと言い、「私は姚宗勲先生の弟子ではなく、姚先生の弟子の劉普雷先生から学んでいる。姚宗勲先生はもう来るころだよ。来たらすぐ紹介しよう」と答えてくれた。

姚宗勲先生のご指導

2014/07/18―北京の思い出

暫くして「姚先生がやってきた」と席さんが私を呼び引き合わせてくれた。私は挨拶をしてから、澤井先生から託された手紙を渡すと、姚先生はそれを読まれ、「澤井先生は君をとても気にかけている。北京で過ごす間、ここでよく学んでいくように」と言われ、また私が「澤井先生よりは、姚先生の御子息にも胸を借りて組手をさせて頂きなさい、と言われており……」と話すと、先生は笑いながら、「澤井先生はとてもせっかちな性格だから……。先ずは基本からゆっくり学んでいきなさい」と言われ、ホッとした。

そして話もそこそこ、すぐに站椿の練習をおこなった。以下は、その時受けた要点と気づいた点である。

1．姿勢は神宮でおこなっていたより腰の位置が高く、高い椅子に腰かけるようにとのことだったが、腰を下ろすことと同時に、椅子から立ち上がるような力も錬るように感じられた。また姿勢が高い分、立つ時間をできるだけ長くしているような感じを受けた。（なお、同じ北京の先生方と比べても、姚先生の指導された站椿が、一番姿勢が高く、他の先生方は比較的低い姿勢を指導する方が多かった）

2．腕の位置は肩から胸の高さにするが、驚いたのは腕と胸の間隔であり、先ずはコブシを縦にして、2から3個分程度、極めて狭く、肘の角度は完全に90度をつぶれており、一般的な站椿の要求とは符合しないように思えた。なお両手指先の間隔もコブシを横にして2から3個分程度で、ちょうど胸から両肩の前に掌があるようで肩幅を越えない範囲であった。（後にわかったことだが、姚先生の教え方は、先ずは心身のリラックスを求め、形は二の次、いわゆる「只求神意足、不求形骸似」であった。その後練習とともに、肘の角度が自然に広がってきて、半円が大きくなって円になっても、直されることはなかった）

3．視線は遠くやや上方をぼーっと見る。特に健身站（養生站）でおこなう場合、身体が湯船や温かいプールの中でぷかぷか浮いているようなイメージを活用し、リラックス効果を求める為、視線と合わせ身体がやや後ろに寄りかかったような姿勢となる。

4．下半身に関しては、股間から太ももを外に開き、両膝を軽く合わせ、両脛はまた外に広がり、両足はまた内側に軽く合わせる、という非常に複雑なイメージを活用し、リラックスする間接、安定させる間接を認識させる方法だった。しかしこのようなイメージは、「ちょっと思うだけでよい。決してこだわってはいけない」と言われた。

5．更に、「練功していると考えないこと、気持ちよく休んでいることを感じ、自分は正しい姿勢であると自信を持って、私が色々直しても、あまり意識しないでよい」とおっしゃられた。

そして言われたとおりに立っていると、40分位経過した頃、姚先生が来られて私の肩をなで下ろしたり、胸と背中を挟むようにして上から下へパンパンパンと軽く叩いて、緊張をほぐされ、引き続きそのまま何もなかったように站椿をおこなった。

一時間くらい立つと、続いて丁八歩での站椿を教えてくれ、更に続いていわゆる鉤掛試力、そして走歩の指導、これを合わせ歩きながらの鉤掛試力、最後に快歩の練習と一気に指導を受け、ようやく初日の練習が終わった。

走歩（摩擦歩）、快歩について

2014／07／20―北京の思い出

さて走歩（摩擦歩）についての感想は以下のとおり。

1．神宮でおこなってきた、這と比べ姿勢が高い。

2．しかし股関節のタメが、常に保たれている。これは澤井先生の動きと同じであり、逆に自分たちができていないことを再認識させられた。

3．足は常に地面から離れず、まるでクモが地を這うようで、その足首は蛇の頭のように軟らかかった。

4．足を着くときは、つま先から着地するが、かといって表演大会でよく見られる八卦掌のように、つま先を固定してさすように着地するのではなく、足首および足の指関節が着地寸前で、地をとらえるような感じであった。意拳の元となった形意拳の歩法でよく言われる、「翻」と「鑚」と全く同じである。よくつま先から着くとか踵から着くとか、論じる人もいるが、それよりも足首や足指関節の動きがなければ、その議論もあまり役に立たないと感じた。

5．実際に、これを拡大したような「快歩」の練習では、着地前は足の裏が前を押し出し、着地時は先に踵が地面を捕らえて、その後足の裏を踏む動作となり、この両方の歩法を練習することでより理解ができた。

6．両手を横に大きく広げる（あるいは指先を前に向ける）ので、綱渡りの曲芸師のように、両手で体のバランスが取りやすい。ただこの両手を大きく動かしながら歩法の練習をする人たちをよく見かけるが、（試力の練習を兼ねて故意的にしているのとは別に）このように動いてしまうのは、ほとんどが若い練習生で、経歴の長い人たちはほとんど動かさず、姚先生に限っては微動だにせず、身体も全くブレることはなかった。

その後、姚先生は高弟の劉普雷先生を呼び、私の歩法の練習を指導するよう言われ、この日より暫くは劉先生に直してもらいながら練習をおこなった。劉先生は大柄の体格であったが、その歩法はコマネズミのように素早く、間をとっての蹴り技など全く入らないであろうと、直感した。同時にかつて岩間先生がおっしゃられた「這は足腰の鍛練だけでなく、実は間合いを半歩詰める為の練習でもあるんだ」という言葉を思い出した。

この日練習が終わる頃、姚先生より、「天津から、敖碩鵬先生が来ている。彼も澤井先生と一緒に練習をした仲だ……」と、この敖先生を紹介してくれた。

姚承栄先生東京講習会

2014／07／21｜練習日記

北京市中意武館で長年練習された田中奈美さんの招聘により、姚承栄先生が来日され、7月19日（土）、20日（日）と二日間、東京にて講習会がおこなわれました。

我々拳学研究会のメンバーも含め、実に多くの太気拳の愛好者たちが参加され、その卓越した功夫に接することができ、大変有意義な時間を過ごされたことと思います。

私も姚承栄先生とは久しぶりの対面ですが、既に60歳とは思えぬほどの、気力に満ちたその動きにただただ感動するばかりでした。またその指導も、無駄なことなどどこにもなく、ただただ拳の正道を進むが如くでありました。

今回この素晴らしい機会を作って頂き、同時に講習会の通訳としても忙しい時間を過ごされた田中奈美様、中意武館が設立される以前より北京に留学し長期に渡り姚承栄先生に学ばれ、今回も来日後ずっとアテンドと裏方の仕事まで尽力された当会の長谷真介先生、１９９２年にかつて姚承光、姚承栄先生を招聘され日本で初めて本格的な意拳の講習会を実現させ、今回も大変ご尽力された太気会の天野敏先生、何度も北京に足を運ばれ、またこの度の歓迎会等をセッティングされた気功会の島田道男先生、同じく北京で修行に励まれた中道会の鹿志村英雄先生、更にはご高齢にも関わらず、ご足労いただかれた澤井先生のご長男であられる澤井清先生、そしてタイトなスケジュールの中、実に丁寧にかつ精力的にご指導下さった姚承栄先生、本当に本当にありがとうございました。

前列左から、島田道男先生、澤井清先生、姚承栄先生、著者

左から、鹿志村英雄先生、姚承栄先生、天野敏先生、著者

尚、21日は、岐阜の西松正彦先生率いる武友会の主催でセミナーがおこなわれますが、こちらに参加する当会のメンバーも少なくないかと思います。西松先生宜しくお願い致します。

姚承栄先生の講習会に参加された会員の方々へ

2014／07／23—練習日記

今回おこなわれた姚承栄先生の講習会で学んだ内容に関し、少しずつ整理されてきたかと思います。しかしその内容はとても深く同時に多くの課題も提起されたことでしょう。そこで講習会に参加された会員の皆さんの疑問点、不明点に関し、できるだけみんなで解決していくべく、ご質問のある方は私に直接メールしてください。それを今後の課題として公園での練習に加えていきたいと思います。勿論私のレベルの限界もありますので、参考程度にしかならぬことも多いかと思います。よって質問は漠然としたものではなく、出来るだけ具体的にお願い致します。

例えば、

「站樁における模勁の練習で全身の正しい微動は理解できたが、どうやって外面を不動し内面の動きに変えていくのか？　外形不動の場合、内面の全身一致の動きをどう感じればよいのか？　あるいは外形不動から内面の動きをどうやって高頻率運動に変換していくのか？」

「站樁模勁で学んだ全身の動きを、大動となる各試力や摩擦歩に応用することは理解できる。しかし站樁でさらに求めていく外形不動で内面を動かす、あるいは更にその上の高頻率運動を大動である各試力や摩擦歩にどうやって活用していくのか？」

「有形有意はみな偽物である、無形無意になってこそ真技となる、と言われたが、これを追求する為、それまでの基本練習をどう役に立てていくかの、その境界線、具体的な練習段階の変化をどう考えればよいのか？」

など、できるだけ具体的な質問にしてください。
またその不明点に関して本人はどう考えているか、やみくもに尋ねるのではなく、自分の今のレベルでよく考え、その考えも併せてご連絡ください。
勿論地方から参加された方も、遠慮なくご連絡ください。場合によってはこのブログで先に私の考えを紹介し、お会いした時に改めて共に研究していくことにしたいと思います。

また今回、姚承栄先生より以前北京で作成した6枚組ＤＶＤ（中国語）を頂きました。今回の復習として皆さんの役に立つものです。持っていない方は貸出しますので、ご連絡ください。但し借りる方が多いでしょうから、貸出期間を一週間厳守とし、期間内に返却して頂き、順序は連絡された方順と致します。このＤＶＤは日本で既に日本語化されたものが販売されておりますので、より詳しく知りたい方はご購入いただければと思います。

敖碩鵬先生と対面

2014／07／24 ─ 北京の思い出

敖碩鵬先生は姚宗勲先生と古くからの友人であり、王先生に入門する前は、錦八手門の趙鉄錚先生に学んでいた。趙鉄錚先生は姚宗勲先生の師、洪連順先生とは義兄弟の契りを結んでいたそうで、このような関係でともに王先生に学ばれるようになったようであった。

敖先生は実に目つきの鋭い老人で、天津における意拳関係者と仲が良く、既に武術界を隠居されていた趙道新先生、螺旋拳を創始した裘稚和先生、ボクシングや摔跤（シュアイジャオ）、フェンシングなどでも著名な卜恩冨先生、張恩桐先生（いずれも王薌斎先生が天津や上海で意拳を教え始めた時の早期の高弟であり、卜恩冨先生、張恩桐先生は韓星橋先生とともに、河北省深県の王先生の故郷での練習にも参加されている）、李文涛先生らとも親交が深かった。敖先生は私を連れて少し離れたベンチに腰掛けると、

「私も澤井先生とは一緒に練習をした仲だ。君は澤井先生にどのくらい習ったのか？ 君が学んだ站椿と走歩をここでやって見せてくれ」

と言われ、澤井先生から学んだ這をおこなうと、

「練得還不錯，有一定的功夫（なかなかよい、多少の功夫はある）」

とお褒めの言葉を頂いた。澤井先生から学んだ這は、姚宗勲先生の教えてくれた走歩と比べると、腰の高さ、手の位置が異なるのだが、なぜかその事には全く触れられなかった。

そして両手を押さえてみろと言われ、両手でそれぞれの手首を握った瞬間、捕まれた手首を突き出して、

「腕を掴まれた場合は、こういう具合に左右の力を交差させ、相手の根を地面から引き抜くようにしなければならない」

と、両足ごと身体を浮かされてしまった。この逆手は澤井先生が王薌斎先生と初めてお会いした時に経験された技である。以前より澤井先生の実演を交えたこのお話しをよく聞いていたので、すぐピンときた。それは澤井先生が王先生の両腕を上から掴んだら、王先生が手首を突き出し、そのまま澤井先生を壁際まで押していき、あと1～2メートルまで、と言うところで、

「好吗?·（よいか?·）」

「好！（どうぞ）」

と答えた瞬間、壁に叩きつけられた、というものであった。

敖先生の動作は実に簡単で何気ない指導であった為、この時は「ああ、なるほど」と分かった気になっていたが、今日になってようやくこの交差する力の重要性と活用方法、汎用性、単なる逆手にのみ使われる力ではなく、重要な基本であることをようやく理解することができた。

この日は、澤井先生と共に練習されたというお二人の先生にご指導頂き、また先生が北京で修行さ

れていたときのことを想像し、実に感無量で幸せな一日であった。

藤棚周りでの贅沢な練習

2014／07／25―北京の思い出

姚宗勲先生の指導される公園の練習は、毎週火、木、日曜日の午前中におこなわれ、私も授業がない限りこの練習に参加した。練習は二班に分かれ、公園の入口に近い藤棚の周りでは、年配の人達が集まって養生を目的とした練習が、更にそこからずっと奥に入ると、若い人達による技撃（拳術）としての激しい練習がそれぞれおこなわれていた。どちらもメンバーは20人前後だった。

姚先生が目の前で動作を示されると、身体全体の各部がみな同時に動く為、まるで周りの空間や景色が動き出すような不思議な感覚を覚えた。先生は言葉が通じないと、木の枝で地面に書いて要点を説明してくれたが、それも「明白了吗?（わかったか?）」「わかりました」の一言ですぐ消されてしまった。一度目に焼き付けたものを、自分で繰り返し練り上げていくといった練習であった。

私はもっぱら藤棚の周りで老人や病気の治療目的で来ていた患者さんらと一緒に站樁をおこない、技撃班の方には参加させてもらえなかった。ところが後に知ったのだが、この藤棚周りで練習している老人の多くは、王薌斎先生のお弟子さんであり、毎日こられる張中先生、竇世明先生は技撃に長けた有名な先生だった。健身樁を患者さんたちに指導されていた張志学先生も、王先生に直接学ばれた方であり、その他、司徒柱先生、王玉祥先生や、更には天津の敖碩朋先生、河南省洛陽の楊紹庚先生も度々来られ、時には長老の卜恩富先生も来てご指導をされることもあった。後に国際倶楽部でお会いした趙華舫先生もよくお見えになられるようになった。また姚宗勳先生の古いお弟子さんである張鴻誠先生、林筆倫先生、魏玉柱先生らもこの藤棚周りで練習されており、みな私に対しても丁寧に指導をしてくれた。

技撃班においては、姚先生のご子息の姚承光先生、姚承栄先生、高弟の崔瑞彬先生が、師範代として後輩達の指導に努められていたが、丁八歩の站樁をもっぱらおこない、推手の練習にみな汗を流していた。自分もいつかあちらに行けるのだろうか？　と思っていたが、逆に彼らには、「君は姚宗勳先生に直接指導を受けていて実にうらやましいよ」とよく言われていた。

公園での基本練習

2014／07／26―北京の思い出

その後の練習は、教えられたものをただひたすら練るというもので、数回に一度新しいもの、例えば立ち方とか、動作とか、あるいは要点とかを少しずつ学んでいった。新しいことを学ぶよりも、ほとんど一人で練り上げていくといった練習だった。

練習の半分以上は、站樁、残りは歩法で、試力とかは少なかった。姚宗勲先生の指導体系は極めてシンプルで多くのものをやらず、ダブるものは極力削りとり、無駄な時間を過ごさせないやり方で、例えば、両手を左右に広げるいわゆる分水式站樁（韓星橋先生の金剛指式）などは、走歩の手の形と重なるので、わざわざおこなわない。試力に関しては、極力絞り必要最低限の鉤掛、浮按、旋法、劈法を最重要として、その他は補助程度でほとんどおこなわない。最初のうちはいくつかの基本動作、韓星橋先生が伝えたいいわゆる形体運動と同様のようなものも学んだが、それらも体の動きがある程度理解出来たらほとんどやらなくなり、揺法も、走歩の練習に組み込まれやらなくなった。やるものは徹底して時間をかけてやる。ちょっとやって次に行くことはなかった。このようなやり方は私の滞在期間を考慮してのことだったのかもしれないが、おかげで動作そのものより感覚をつかむことに集中できた。

今では、站樁もはじめから微動の練習をおこなうことが多いようだが、私が学んだときは、並歩での站樁では、微動、いわゆる模勁はおこなわず、とにかくじーっと立って正しい間架を作り、丁八歩での技撃樁において、特に撑託樁のとき、他人から見てほとんどわからぬ程度のごく僅かな微動をおこない、それは試力のようにゆっくりではなく、一瞬に素早くおこなうよう教えていただいた。現在練習している多少動作が見えても、ゆっくりと全身一つずつ確認しながら徐々に動作を小さくしていくようなやり方は、姚宗勲先生が亡くなられたあと、姚承光先生、姚承栄先生に学んだものであり、当時はこのような練習方法も知らなかった。

また、走歩の練習時に「手はなぜ低くしておこなうのですか?」と訊ねたところ、

「いくつかの意味があるが、手を顔の前に出して練習すると、先に手で相手の攻撃を避ける癖が付きやすい。目、首、身体の動きの感覚を覚えるには手を下におろした方が把握しやすい。また手を顔の前に出して練習すれば、これを見た他人はあなたが武術の練習をしていると容易に想像がつくだろう。中国はまだ不安定な国だ。あなたは文革とか経験していないからわからないが、いつまたあのような時代にもどるとも限らない。他人が見ても、あくまでも健康の為身体を鍛えている程度に見せ、武術の練習をしていると分かるような練習をしないように工夫しなければならない」

と、厳しい時代を生きてこられた話をされた。更に、

「私から学んでいることは、外であまり言わない方がよい。言えば君に面倒なことが起こるかもしれない」

と言われていたが、それはすぐにそのとおりになった……。

他派との交流

2014／07／27―北京の思い出

姚先生の練習は午前中であったので、放課後の空いている時間は出来るだけ何かを学ぼうと、大学

の武術隊（武術部）に入った。体育系の部活で正式部員に選ばれると、食堂も運動部員専用食堂となり肉などが豊富で、食費は大学より補助金が支給され、ほとんどタダとなり、経済的にも大助かりだった。武術隊は、年に一度北京市全大学対抗の表演大会に参加する為、それなりに厳しい練習だった。メインは表演武術であったが、参加メンバーは伝統武術をおこなっていたものも少なくなく、またどの大学にも元北京市武術隊（プロチーム）出身とか、とんでもない身体能力を持った部員が2、3名はいた。更に学生会と我々武術隊のメンバーが中心となって、一般学生にも武術の良さを宣伝しようと、学生会主催の武術社という講習会を作り、形意拳（李徳印先生指導）、八卦掌（趙大元先生指導）、劈掛拳（王華舫先生指導）、三皇砲捶（張凱先生指導）、南拳（蒋紅生先生指導）の5つの班を設け、私も主に劈掛拳班に参加した。

或るとき、武術隊の練習の最中に、Lという人が、どこで聞いたのか、ここに意拳をやっている日本人がいるだろう、とやってきた。その時は学校の教師もいるので大げさなことにもならず、軽い推手程度の交流で済んだが、それ以降何人かの大成拳などをやっている者たちが現れるようになった。当時は王選傑、王左臣、高京利といった大成拳の指導者らが、大学のあったこのあたり（西郊、海淀区）で有名であり、色々と危ない噂が飛び交っていた。そして現れるのは彼らの生徒が多かった。彼らはみな自分の門派の素晴らしさを話し、ちょっと偵察といった感じの者から、脅しや挑発をしかけてくる者、中には推手や組手の交流を望む者など色々であった。時には意拳、大成拳だけでなく別の武術をやっている者で組手を挑んでくるものもあらわれた。

その中で王選傑先生門下のHという人が、毎晩のように頻繁にやってきて、寮の中庭で練習するようになった。Ｈ氏は才能と情熱にあふれ、師匠を一途に尊敬し、また練習の虫であった。彼とは随分推手など交流をおこなったが、非常に高い実力を持っていた。後に、私の同室の日本人留学生の方（当時、八卦掌を練習されていた）が、このＨ氏と仲良くなり、Ｈ氏及びその師の王選傑先生に学ばれるようになった。Ｈ氏は今では王選傑先生の技を伝える有名な武術家となり、動画などで姿を見ると当時のことが本当に懐かしく思い出される。

またある晩、外から大学に戻ってくると校庭に人垣ができており、何だろうと覗いてみたら、若い人たちがグローブをつけて組手をおこなっていた。十数人位の練習生とその師匠と思われる人が指導していた。その人だかりの見物人の中に武術隊の友人がいて、私を見つけると、「君はすぐ帰った方がいい。彼らは君を探しに来ているようだ」と言われた。ところが間に合わず、かつて夜、寮の中庭で会った人間がそこにいて、私を見つけるとその師匠に報告し、あっという間につかまってしまった。その師匠の王佐臣先生は、紳士的な態度で、「あなたは澤井先生の弟子で、今は姚宗勲先生に習っていると聞いたが、是非ここで私の弟子たちと交流してほしい」と言われ、逃げるわけにもいかず彼ら数人と組手をおこなう羽目になった。しかし王先生は最後まで紳士的な態度で、私が数人つづけて組手をおこない、息が切れてくるとそれ以上強要することはなく、弟子達も経験になった、と礼を言って帰っていった。また彼の話では、「自分は、李永良（李永宗の実兄で、洪連順の娘婿）の弟子であり、今姚宗勲先生の弟子となっている崔瑞彬とはかつて兄弟弟子だった」とのことだった。これらのことは、さすがに姚宗勲先生には報告できなかったが、高弟の崔瑞彬先生に話すと、「彼は流氓（リュウマン＝

ごろつき、チンピラの類）の類だ。二度と接触を持たないように」と言われたが、自分にとってはそれなりに勉強になった。

先生と老師

2014／07／28―北京の思い出

中国語では一般的に、先生のことを「老師（ラオシー）」といい、「先生（シェンション）」とは、××さん、といった意味である。

意外なことかもしれないが、公園に来ている二代目の先生方は、自分の師匠である王薌斎先生のことを、みな「王先生（ワン・シェンション）」あるいは「王老先生（ワン・ラオシエンション）」と呼び、決して「王老師（ワン・ラオシー）」と呼ぶことはなかった。

また姚宗勲先生に対しても「姚師兄（ヤオ・シーション）」とか「姚師哥（ヤオ・シーガー）」（いずれも姚兄弟子の意味）とは呼ばずに、やはり「姚先生（ヤオ・シェンション）」と呼んでいた。

更に言うと、姚宗勲先生のお弟子さんたちも、また姚宗勲先生を、「姚老師（ヤオ・ラオシー）」とは呼ばず、「姚先生（ヤオ・シェンション）」と呼んでいた。勿論ここで使われていた「先生（シェンション）」は一般的な「先生（さん）」よりもっと尊敬の意を込めた言い方であったと思うが、私の記憶では、姚宗勲先生が亡くなってから、みんなが生前の姚先生を偲んで、徐々に「老師（ラオシー）」という言いかたが広まっていったような気がする。
さて公園に来ていた二代目の先生方は、王薌斎先生のことを「王先生」あるいは「王老先生」と言っていたが、どういうわけか洪先生に対しては、「洪老師（ホン・ラオシー）」と言われることが多かった。洪先生とは、洪連順（洪緒如）先生のことであり、次回は洪先生について紹介したい。

Tさんよりのご質問に関して

2014／07／28｜練習日記

早速、Tさんより質問を頂きました。内容は兎も角、このようにどちらが正しいのか？　という疑問は常に付きまといますね。ここでは明確な回答はあえて避けますが、問題点に対する一つの考え方を紹介したいと思います。

質問内容：
「講習会で站椿の立ち方が全体的に後ろ過ぎるのでもう少し前にするように姚先生より注意をいただきましたが、この場合、身体（背骨？）が地面に対して少し前に斜めになるようにすれば良いのでしょうか？　しかし積み木を積むように真っ直ぐにするようにとも聞いており、すると身体を地面に垂直にしたまま骨盤の位置を前に動かすのかとも思い、よくわからなくなりました」

王薌斎先生は弟子達に対し、例えば膝を内に寄せていたら、「それでは外側の力がない」といい、言われたとおり外側に張って練習していると今度は、「それでは内側の力がない」などと言われたそうです。さらに「本当に私の言うとおりにやれば間違いだが、言ったとおりにやらなければ更に間違いである」とも言われたそうです。

私も以前、姚宗勲先生が亡くなられた頃、たまたま北京に出てきた敖碩鵬先生に、「鉤掛試力で後ろに引く時、ある人には手首を上に引き抜くようにしろ、と言われたが、また別の人には下に抑える様にしろ、と言われました。一体どちらが正しいのでしょうか?」と質問したことがあります。敖先生はその場にいた、姚承光先生と姚承栄先生に対して、どちらが正しいか? お前たちはどう思う? と問われ、姚承栄先生が間髪いれずに、「どちらも正しく、どちらも間違っている」と答えられました。敖先生は「対了!(そのとおりだ)」と力強く言われ、私も疑問が解決しました。

つまりこちらからみればそれは間違いだし、また別の角度から見れば正しいわけです。身体を上下にまっすぐに伸ばす、いわゆる〝挺抜〟は、姚承栄先生が言われたとおり、竹はまっすぐに伸びているからこそ、強い弾力を持っている、この力を養うことは不可欠です。しかし前方に対して(勿論後方に対しても)支える力も必要不可欠です。故に、「おでこは前を支える」とか「膝は前を支える」あるいは、「背は後ろに寄りかかる」とか「股関節は後ろに押し込む」など、その時その時で色々注意を受けるわけです。天にそびえる木は単純に上に伸びるわけではなく、枝葉は四方八方をちゃんと支えています。また、不動に見える大木も永遠に止まっているのではなく、逆に一時たりとも静止することはあり得ません。是非そのような見地からも自分の練習を再度考えてみてください。

内面の高頻率運動

2014/07/29―練習日記

7月23日のブログで提起した、外形の微動をどうやって内面の動きに転換するのか？ またその内面の動きを更に高頻率運動にするにはどうすればよいのか？ などに関して、多くの会員からご意見を頂きましたが、まさに十人十色でした。もっとも多い回答は、「微動の練習を通じて徐々に小さくしていき、やがては外面が不動で内面に至るようにする」とか「振動を小さく短くすることにより高頻率運動へ変換する」、「やや大きく動かし、感覚を掴んだ後に徐々に動きを小さくしていき、最終的には外に漏れないようにする、最終的に不動中で速く、ランダムに力を求める」などと、中国の意拳専門書に書いてあるような回答がほとんどでした。

しかし質問は、外面的な微動を「どうやって」内面の動きに変換するか？ です。小さくやれば外動が内動に変換されるのであれば誰も苦労はしません。また外形の動きをどんなに小さくしたところで、それはやはり「外形」上の小動に変わりはなく、「内面」の動きとは全く異なるものです。更にいえば、外形を不動にしたなら、それはただの不動ではないか、という問題がまったく考えられておりませんでした。

ただNさんの回答では、みんなと異なり「姚先生が講習会で見せていただいた外形不動の高頻率運動とは、先生が話しておられた「鼓蕩」ではないかと考えています。（中略）模勁の微動とは区別しています。極端ですが、模勁の微動は極小の試力、高頻率運動は振動する体の「状態」で…」と。

更にTさんも「どうやら、大動とは体の動き（実際に動いてしまう）、（内面の）小動あるいは微動とは精神面の動きではなかろうかと考えるに至りました。練習でやる微動は分かり易くしているだけで、実際には動かないのではないかと思いました。上手、達人の動きの速さ、変化の早さはそうでないと説明がつきません……」

と、外形の微動と内面の動きには関連こそあるものの、別物であることを指摘しており、とても興味深く読ませていただきました。

前者のような方法、いわゆる外形の動きを小さくすれば、当たり前のことですが力も比例して小さくなるのは当然です。動作を速くおこなえば、筋肉はますます緊張し、呼吸も激しくなるでしょう。試してみればすぐにわかることで、武術として百害あって一利無し！ です。

しかし内動は、高速になればなるほど、呼吸は細く静かになり、呼と吸の区別も感じられず、筋肉は益々リラックスしていきます。その方法は今まで過去に何度もやってきた基本練習の応用であって、決して突拍子もないというものではありません。姚宗勲先生が常に言われた「鼓蕩」に関するたとえ話も、澤井先生が言われた、「気とは血の中にある。簡単にいえば血そのものと言ってもよい。気分が高揚してくると、まるで全身の血が沸騰したような状態になる」などの説明は、このような感覚や気分をよくあらわしており、その時の表情などが大きなヒントになるはずです。是非もう一度よく考えてみてください。

臨清潭腿門、洪緒如、連順先生

2014/07/30｜太気拳意拳コラム

洪緒如（字、洪連順）先生は、山東省臨清で発生した有名な門派である臨清潭腿門の武術家であり、かつて北洋新軍の武術教官であった。臨清潭腿は、その基本訓練が上海精武体育会に取り入れられたことで、全国的に広まったが、北京においては、山東臨清からやってきた賀子琴により、清朝の皇族などにも伝えられ、弟子には愛新覚羅・英啓、愛新覚羅・玉福（金啓亮）などの著名な武術家がいる。洪連順先生は、この英啓の弟子であり、潭腿の他にも形意拳、硬気功、各種武器術などに精通した、まさに武芸十八般という人だったようである。そして姚宗勲先生の師匠であった。１９３７年、北京に来た王薌斎先生に試合を挑んで敗れ、王先生に入門を志願された。

余談だが、一般的には王薌斎先生は当時北京の実力者であった張璧（大成拳の名付け親）に招聘され、北京にやってきて、その張が設立した教育機関、四存会にて意拳を教え、その時に洪先生と試合をした。と言われている。しかし姚宗勲先生の話によると、張璧が四存会を作り、王先生がそこで指導するようになったのは、その後の１９３８年のことで、当時は韓星橋先生らも参加されていたとのことである。

しかし王先生は、既に武術界で有名であった洪先生を弟子とはせず、友人として指導され、またその弟子であった姚宗勲先生に対しては、義子として受け入れ指導をおこなった。姚先生は１９３９年にこの四存会を離れ、以降自宅のある西城跨車胡同14号にて、多くの後輩たちの指導に当たられた。（当時、澤井先生は姚先生のご自宅のすぐ近く西城穿堂門11号に住んでいた）

この練習に参加していた二代目の先生たちに聞いた話をまとめると、大体以下のとおりである。

当時大成拳（40年代意拳は大成拳と名前を変えていた）を学ぶには、洪連順先生に入門するしか方法はなかった。洪連順先生の功夫はすばらしくレンガの10個（レンガといっても、昔の赤土を焼いたレンガであり現代のレンガとは比べようもないが）や、自然石をいとも簡単に掌の一撃で砕くことができた。また保標をされていたから、いつも胸の内ポケットに数本の鉄箸のような手裏剣をしのばせていて、手を胸ポケットに入れて引き抜き各指の間に挟んで投げつけると、４本全て同時に木に命中させることができた。そんな洪先生も、王先生と試合をして敗れてからは站樁ばかりを練習していた。当時、洪先生は天橋などで武芸を見せながら生計を立てていたが、生活は苦しかった。

天橋とは、北京市宣武区永定門内大街の中間あたりの総称で、当時の北京では最もにぎやかな娯楽街であった。占い師、薬売り、手品、武芸などが多く集まり、伝統芸能を楽しめた。天橋武芸の多くは、清朝が滅亡したあと収入を失った武術家や衛兵たちが、生計の為にその技を見せることから始まったと言われている。武芸十八般の洪連順先生は、ここで石割りやレンガ割り、手里剣、鎖、大刀など得意の武術を披露していた。また澤井先生の話では、摔跤の沈三（沈友三）、宝三（宝善林）が天橋でもっとも有名な武術家だったそうである。

そこで姚先生が洪先生の師範代として、自宅の中庭にて意拳を指導し洪先生の生活を手助けしていた。よって当時大成拳を学ぶには、みな洪先生の弟子となって入門料を払い、実際には師範代である姚宗勲先生に指導してもらい、また王薌斎先生も一週間に一度、そこに点検に来られて指導された。

故に多くの二代目の先生達が、洪先生を「老師」と呼び、姚先生を「師兄」よりも更に尊敬の念を込め、「先生」と呼んでいたのであろう。王先生に対しても、「老師」とは呼べないながらも、「老先生」と呼んでいた。何しろ王薌斎先生は、当時の実力者である張璧のお抱え武術家である。一般人がそう気軽に会って指導してもらうことなどできなかった。澤井先生は以前「どの国でも王様にはそれぞれ自慢のお抱えコックがいるだろう。王先生は当時の政府のお抱え武術家のようなものだよ。そう簡単に習うことなんてできないよ」と言われていた。当時、八田一朗（日本レスリング界の父と呼ばれた。そのスパルタ指導は八田イズムと呼ばれ、レスリング界の伝説となっている）、武田熙（当時の官僚で通背拳で有名）、渡辺正雄（プロボクサー、ピストン堀口のデビュー戦の相手）先生ら多くの日本人武術家が王薌斎先生と接触したが、結局直接王先生に学べたのは澤井先生だけである。（武田熙は

韓星橋先生に、渡辺正雄は姚宗勲先生に、それぞれ短期間ながら学ばれた）

その後日中戦争が終わると張璧は国民党に逮捕され、更に内戦後の共産党時代になると、王先生の生活も１８０度一遍、一市民となり、武術を教えることも難しくなった。しかし王薌斎先生は、健身、養生目的として多勢の人達に站樁を公に指導するようになり、以前姚宗勲先生の自宅で学んでいた人達も、改めて王先生の指導に参加できるようになった。

澤井先生と洪先生（黄樹和？）

2014／07／31 — 太気拳意拳コラム

さて、澤井先生はよく、「兄弟子の〝コウさん〟が……」などとお話しされることがあった。澤井先生のお話と言っても、いつも練習が終わったあとの喫茶店で一方的に聞くだけであり、我々は練習でぐったり疲れ切っていたし、また先生の話に質問を挟むことなどできるはずもなかった。故に〝コウさん〟という兄弟子がいたことは分かっていたが、また姚先生とか李先生とか色々な人が登場し、誰がだれだか分らないし興味もなかった。

澤井先生は王薌斎先生に敗れ、入門した当時、初めの半年間はコウさんに預けられたとのことだったが、このコウさんとは、つまり洪連順先生であり、そこで実際に指導をしていたのが、姚宗勲先生であった、ということではないかと思われる。更に澤井先生は、「石割りなどは、私が北京の天橋で教えてもらったものだ」と言われていたが、これもひょっとしたら洪連順先生に学んだものなのかもしれない。

更に言えば、『実戦中国拳法太気拳』（編注：現在は『実戦中国拳法太氣拳』）の本にでてくる「黄樹和」なる人物も、「洪連順先生」ではないか、と私は思っている。なぜなら「黄樹和（Ｈｕａｎｇ ｓｈｕｈｅ）」という人物は色々調べてみたが、誰も知らなかった。わずかに香港から出版された意拳関連の本に名前があるくらいである。しかし王薌斎先生の上海時代の弟子に「王叔和（Ｗａｎｇ ｓｈｕｈｅ）」という人物がいる。王叔和は資産家の家に生まれ、尤彭熙先生とともに当時王先生の個人教授を受けていた。上海語では「黄」と「王」は同じ発音である為、「王叔和」と「黄樹和」は全く同じ発音となる。そして中国では日本と異なり当て字を使うことは当たり前である。よって「黄樹和」とは、香港で本が出版された時の「王叔和」の誤字あるいは、編集者の誤解であると思われる。それがそのまま『実戦中国拳法太気拳』が出版されるときに、澤井先生が言われた「コウさん」を編集者が、香港などの本から、「コウ」という苗字の、「黄樹和」を当て込んだのではないだろうか？　これはまったくの私見だが、そう考えればつじつまが合うのだが……。

ところで最近になって「洪連順は、王薌斎に意拳を学んでなんかいない。王薌斎に敗れたあと生活は乱れ、毎日酒を飲み酔っ払い、一年も経たずに道端で病死した」と発表した者がいるが、先に述べたように洪先生と王先生の試合は１９３７年である。一年も経たずに亡くなったというのなら、多くの二代目は洪先生に会うことすらできなかった。また意拳（大成拳）関係者だけでなく、他派の有名な先生たちも40年代に洪先生と交流したことを述べている。よってこの話は全くの出鱈目であろう。現在北京の主流となる臨清潭腿は、金啓亮系のものである。しかしその練習体系には既に意拳の站椿がとりいれられている。これも洪連順先生の功績が影響していると思われる。

驚力、推手を学ぶ

2014／08／01―北京の思い出

しばらくして、驚力、発拳、推手などを教えていただいた。驚力とは発力の一つの方法であり、主に後方や下方に発する場合に用いることが多い（勿論慣れてくれば横、前でも可能である）。姚先生は動作を交えながら「例えば、道を歩いているとき、突然目の前に雷が落ち、あまりのショックに全身が一瞬に鬆から緊に変化するような状態であり、これに触れた人間も、また同様のショックを受けたようになる」と説明された。具体的には下（後）発力の動作を通じて、驚力の状態を学ぶのだが、他の発力を学ぶ上でも必要な基本となる為、時間をかけて練習するようにいわれた。更に横への側劈などの発力に続いたが、一般的な前法への発力はなかなか学べなかった。

発拳に関しても、先ずは、下から上への鑽拳、次に上から下への裁拳で、一般的な直拳はほとんどやらなかった。

単推手の教え方は、通常は抱の状態を保ち相手の手を自分の〝制空圏〟に入れぬよう流すものと思っていたが、姚先生の教え方は、先ず相手に自分の胸を押させ（つまり自分の抱の状態もつぶし）その状態から身体の移動を以て相手の手をどかす（流す）やり方で、そうでないと、相手の攻撃を手で避ける癖がついてしまい、身体の動きが理解できないとのことだった。足を使っての単推手もまた同様に抱の状態を無視したところからおこなわれた。

両手の推手になると、一気に激しい練習になった。姚宗勲先生が相手を選んで、私と組ませるのだが、ほとんどが姚承光先生、承栄先生であった。両先生に推手の稽古をつけて頂く時は、いつもおもちゃのように振り回され、何度となくレンガの壁や木に叩きつけられ、その技量に感動しつつも恐怖感を叩き込まれた。見ていると他の練習生も、両先生との推手は避けていたようであり、お二人が推手を始められると帰ってしまうものや、隠れてしまう者も少なくなかった。他によく指導してくれた李洪錦先生や、毎回必ずと言ってよいほど胸を貸していただいた崔福山先生らが最も記憶に残っており、今ではみな北京意拳研究会の要職につかれている。姚宗勲先生が帰られた後は、名も知らない練習生達が「推手をやろう」とどんどんやってきたが、姚承光先生、承栄先生とおこなうのとは異なり、お互い体力勝負の押し合いで最後はめちゃくちゃになることも多かった。おかげでみな両腕は常にひっかき傷だらけ、あちこちに青タンができていた。しかしそれはそれでよい勉強になった。

また健身班に参加されていた路遠というご高齢の方にも、よく推手の相手をして頂いた。それまでは、てっきりただの老人かと思っていたが、手を合わせてみると大変重くかつ変化も速くて驚いた。後で聞いてみると路先生は若い頃より通背拳の一派である劈掛通背拳を練習しており、有名な劉月亭という名人のお弟子さんで、現在は北京市通背拳研究会の顧問をされているとのことだった。そこで路先生に劈掛通背拳を見せて頂いたが、その演武はとても素晴らしく、かつて見たどの通背拳とも趣の異なるもので、どこかで教えているのか聞いてみると、

「残念ながら弟子はいないよ。弟子を取らないというわけではなく、今の時代はもうきちんと練習してくれる人がいないのだ。良い先生を見つけるのは大変なことだが、良い弟子を見つけることもまた大変なことだよ。私は若い頃から武術を学んでいたが、残念ながら澤井先生には会ったことはない。しかし通背拳を練習していたので武田熙さんには、何度か会ったことがあるよ」

とおっしゃっていた。

朝陽区小関（三環路外土城）での組手（実做）練習

2014／08／02―北京の思い出

公園での練習に参加して半年が過ぎた頃、「毎週日曜と水曜日の午後に三環路外で練習しているから、時間があればそこにも来るように」と姚先生に言われ、こちらの練習にも参加するようになった。

ここは姚先生が下放されていた昌平県から北京に戻ってきた1979年9月、姚承光、姚承栄、崔瑞彬、劉普雷、武小南、白学政先生などに対し、約二年間一日7時間という集中訓練をおこなった場所だそうで、さらに高長友先生らが加わり、引き続き先農壇の北京市体育委員会科学研究所に場所を

変え、毎週月、水、金曜日の午後におこなわれたが、これによって一部の弟子達のレベルは短期間で飛躍的に延びたと聞いていた。

私が参加した時は、既に先農壇での集中訓練は終わっていたようだが、その余韻を残すこの場所の練習に参加することが許されたのはとても光栄なことであった。

この場所の四合院には、当時白学政先生が住んでいて、練習風景を8ミリ映写機（澤井先生が姚宗勲先生に寄贈し、私が持参した）で撮影したものがどこからかユーチューブにもアップされているが、今見ると懐かしい限りである。

練習内容は公園とは異なり、サンドバッグを打ったり、「実做」と呼んでいた組手練習が中心であった（当時、他の大成拳門派は、組手のことを「散手」とか「断手」とか言っていたが、姚門派では聞いたことがなく、ほとんどの人が「実做」と呼んでいた）。

ここに参加する人は、先農壇の訓練に参加した姚承光先生、承栄先生、崔瑞彬先生、李洪錦先生、白学政先生などが中心で、常に6、7名ほどだった。この時初めてグローブをつけての組手をおこなったが、最初はグローブになれず、背の高い呂さんという先輩に随分殴られてしまった。その後は少しずつ慣れてきたのか、先輩達との組手もそれなりにこなせるようになった。しかしそれでも姚承光先生、承栄先生や、崔瑞彬先生らには相変わらず全く歯が立たなかった。

姚承光先生、承栄先生の歩法はまるで地を這う蜘蛛の如くであり、腰が低くて変化も速く、手がまったく見えずに対応できる間もなく、たったのワンパンチで唸ってしまうことが多々あった。崔瑞彬先生の打撃は雨あられの如く激しく、こちらの攻撃が少々顔に当たっても、全く意に介せず、あっという間につぶされコテンパンに殴られた。

姚承光先生はかつて第一回全国散打大会に参加し、評判の高かった相手をわずか数十秒でKOし病院送りにしたとか、姚宗勳先生に腕試しに来た全国的に有名なボクシングコーチである張某（かつて北拳王とよばれ、全国チャンピオンになった）を、姚承栄先生が、たったの一撃で額を割り病院送りにしたとか（その後張氏は姚宗勳先生に学び、その技術をボクシング指導に取り入れたと言われている）色々な噂を聞くにつれ、「こりゃー自分では絶対敵わん……」と思うと同時に、彼らの技術を少しでも習得しなければ日本に帰っても誰にも説明できないだろうな、と悩んでしまった。

竇世明先生の思い出

2014／08／04―北京の思い出

ある時いつものように南礼士路小花園で練習をしていると、一人の練習生が私の方を見ながら、姚先生の弟弟子である竇世明先生に「あの人は誰ですか？　あれは何の練習なのでしょうか？」と訊ねた。するとと竇先生は、

「彼は日本から来た留学生で澤井健一の学生だ。練習熱心だからおまえも見習うべきだ。私も澤井先生とは約6年間稽古をともにした。澤井先生は李立が連れてきた。李立は後に李克福と名前を変えて北京経済委員会主任をしていたことがある。今では中国を離れてマカオに住んでいる……」

左から、焦金剛先生、竇世成先生、管篠文先生

と答えていて、思わず聞き耳を立ててしまった。

それまで竇先生とは直接お話ししたことはあまり無かったが、その後色々教えて頂くようになり、「もし時間があるなら、私が教えている羅道庄の練習にも参加したらどうか？」と、誘って頂いた。

当時、竇世明先生は、南礼士路小花園以外にも、毎朝早朝に中山公園で養生功を、また夜は羅道庄というところで技撃として意拳を指導されていた。先生はかつて弟の竇世成先生とともに王薌斎先生に学び、二人は大竇小竇と呼ばれ、姚先生とともに他流試合ややくざ組織との戦いに随分活躍されたと聞いていた。日中戦争後は、共産党と国民党の内戦などにより波瀾万丈の人生を送られ、政変後、弟の竇世成先生は同門の焦金剛先生、管篠文先生らと台湾に移住されたが、兄の竇世明先生は、長い間東北地方に追いやられ、北京に戻ることすらできなかった。私はなぜか竇先生に可愛がられ、後に兄弟弟子の何鏡平先生を紹介して頂いたり、中山公園やご自宅にても教えていただき、本当にお世話になった先生の一人であった。

私の留学先の大学は西北の外れにあり、市中心部にある南礼士路の公園や、東の郊外にある小関土城の練習場所までは結構遠くて、自転車で通うのに片道1時間から1時間半はかかっていたが、竇先生が指導していた羅道庄は更に遠かった。しかも街灯のない夜の田舎道を通うのは少々しんどく、まっ暗闇の中で何度か畑に落っこちたこともあった。練習は夜7時から10時まで壁に囲まれた民家の中庭でおこなわれ、站椿から組手まで一通り練習した。土城の練習と同様に特に組手に力を入れており、参加する練習生はやはり6、7名程度であった。

姚宗勲先生は内向的な性格で口数は少なく、必要最低限のことしかしゃべらないと、よくお弟子さん達が言っていたが、確かに練習以外の話はほとんどされることはなかった。しかし竇先生は、練習後お茶をのみながら、澤井先生との思い出話など昔のお話を聞くことができ、ここに行くことは練習以外にも楽しみがあった。竇先生は、

「澤井先生がいた頃は、私も体重が90キロ近くあり、がっしりしていた。澤井先生の気性は非常に激しく、ある日姚先生の院子（四合院、北京の伝統建築）で練習している時、意拳を学んだことがある若者が、日本軍の憲兵隊に追われて逃げ込んできたことがあったが、それを追ってきた憲兵に対して、ここは武術の練習場でありそんな者はいないと一喝して追い返してしまった。また澤井先生は日野と

いう軍人で柔道に精通した者を連れてきたことがあった。日野は王薌斎先生の功夫を信じず試合を挑んだが、ナツメの樹に叩きつけられ失神してしまい、その時は私が彼を介抱した。またボクシングが上手だった渡辺という朝鮮人も澤井先生がつれてきた（注：当時の日本におけるプロボクサーの多くは在日朝鮮人であった）。当時北京には日本人がつくった武徳殿という柔道場があり、澤井先生にそこに連れていってもらったこともある。澤井先生が道場に入ると稽古生はみんな直立して礼をしていた。ここからよく大きな瓶の日本酒を2本ずつ持ってきては我々に飲ませてくれた。その頃は練習が終わると食事をし、酒を飲み、醒めればまた練習をしていた。澤井先生は日本の名刀を何本か持っていて帰国する際に全て王薌斎先生や姚先生に渡された。この時王先生に渡した最も良い刀は、実は今台湾にあるよ……」などと、話してくれた。

澤井先生に関するお話

2014／08／06―北京の思い出

後に、私も少しずつ余裕ができたのか、竇世明先生の外にも、多くの二代目の先生方から澤井先生のお話を伺うことができるようになった。但し何しろ古い話であるから、それぞれの記憶もまちまちではあったが、それでも澤井先生の話を聞くことはとても楽しいひと時であった。

「李立（Ｌｉ　ｌｉ）の本名は礼立（Ｌｉ　ｌｉ）と書く。当時李の家は北京で一番大きな賭博場を経営していた。澤井先生はこの賭博場によく出入りしていた。李は身体が大きく１８０センチ近くあったと思うが、澤井先生と柔道を取るとあっという間に倒され下にされてしまった。澤井先生に上から押さえ込まれると体の大きい李立は全く返すことができなかった。また澤井先生が竹刀でスイカをきれいに割っていたのをよく覚えている。その切り口はまるで刃物で切ったようだった。以前私の兄弟子の李永宗が白蠟杆（棍）を持って、澤井先生の竹刀と試合をしたが、李永宗は一方的に打ち負かされてしまった。そこで今度は我々の練習を指導していた姚宗勲先生が試すことになった。姚先生は澤井先生に打ち込ませる機会を与えなかったが、また攻めることもできず、結局二人は引き分けというかたちになった。我々は澤井先生の剣道には敵わなかったが、澤井先生の剣道もまた王先生の武器には全く通じなかった……」

「澤井先生と李永宗が竹刀で打ち合ったのは、実は王薌斎先生の武器を操る姿を見せてもらう為だった。二人は陰で話し合い、わざと王薌斎先生に見つかるように激しく打ち合ったのだ。案の定、この打ち合いの音を聞いた王先生が外に出てきてその様子を見て、澤井先生に打ち負かされた李永宗に対し、「一体お前ごときが何をやっているのだ！」と自ら武器を手にとって澤井先生に打ちかからせ、自ら技を示された。実は澤井先生も李永宗も、計画通りうまくいったと陰で喜んでいたよ」

「王薌斎先生は澤井先生の剣に関しては高く評価していた。かつて中南海で王先生の目の前で、刀を抜いて落ちてくる木の葉を切り、葉が地面に落ちる前に鞘におさめることができた、と言われていた。また澤井先生はある時公園で囲碁を打っていたが、相手も武術をしている者であった。会話の中で王薌斎先生の話に触れると、相手は王薌斎など大したことはないと見下し、私の方が王よりも功夫がある、と言った瞬間、澤井先生は大声で一喝し、碁盤を蹴りあげ相手に試合を迫った。相手はあまりの突然のこととその気迫に押され、あわてて逃げかえってしまったことがあった……」

「澤井先生が来たのは、確か李立とは関係なかったと思う。李は私の家の近所に住んでいた。李が来るようになったのは澤井先生より1～2年あとだった。李立の家は裕福であり、練習はあまりせず、人の練習を見たり、人と話してばかりだった。澤井先生との関係もそんなに深くは無かったと記憶している。澤井先生は弟子としてはなはだ礼を尽し、毎月人力車で米、小麦粉、魚、干し肉等を付け届けし、おかげで日本軍の影響下にあり物資の乏しい時代においても王先生は良い暮らしをおくることができた。渡辺さんに関しては名前までは覚えていないが、彼のボクシングのレベルは相当なものだった。彼は澤井先生が連れてきたが、意拳の練習はそんなにしなかったと思う。北京で練習していた当時は、王先生に指で突かれると瞬間呼吸が止まってしまう為、姚宗勲先生や我々はこの技を専門に練習した。もっともそれも王先生はものを叩くことを良しとしないので、隠れて布団など柔らかいものから突くように練習していた。練習生は皆元々いろんな武術を練習していたから、学生同志でいろんな事を研究し、お互いに学びあった。站樁、走歩、試力、発力、推手、実倣などの練習以外にも、自分の首を締めて喉を守るように鍛えたり、衝撃を殺す練習や、抜き手などもやったが、武術家としては多くの補助練習が必要だ。私は柔道の寝技はみな澤井先生から教えてもらったし、摔跤の立技は、卜恩富先生からも学んだ。澤井先生と卜恩富先生が柔道をおこなうと立技では卜先生が強く、寝技になれば澤井先生が強かった。卜先生は、摔跤や、ボクシングの全国大会でも優勝しているからね。澤井先生はみんなにもよく防具を付けて剣道を教えてくれた。特に姚宗勲先生とはよくやっていたよ。姚先生は身体が接触して押し合いになると発力を使うので、澤井先生は「今は剣道をやっているんだ！」と言っていたのをよく覚えている。ボクシングは卜恩富先生や渡辺さんから教えてもらった。その他の中国武術もお互いに套路（型）など一切勉強せずに重要なものを学びあった。だから我々はみな、套路などは知らないが、一通りのものはある程度理解していたよ……」

意念活動とイメージトレーニングに関して

2014／08／08 ｜練習日記

私は〝意念〟という言葉を使うことが嫌い、というか苦手です。これは私が澤井先生の弟子であり、先生もまた〝意念〟という言葉を使われなかったことも影響していますが、そもそも意拳で使う〝意念〟という言葉は、あくまでも中国人同士が使っている中国語であり、これをそのまま日本語に入れて日本人に使うことは、少々大げさになってしまうというか、格好つけというか、ちゃんと理解できる人ならば良いが、一般の練習生にはニュアンス的にも誤解されそうに思います。中国語での〝意念〟の意味は、〃考え、気持ち、意識〃などであり、つまり〃意念活動〃とは、人間の気持ち、考え、意の動きにほかなりません。勿論筋肉や内臓に欠陥がなくても、脳が停止すれば人間は動くことはできません。脳からの指令が神経を通じて（意識があろうが、無意識であろうが）肉体を動かすわけですから、

「意為力之帥、力為意之軍（意は力の帥と為し、力は意の軍と為す）」

と言われるのは当然でしょう。

武術だけでなく、我々が日常的に使っている、平仮名を含む単語を漢字（或るいは中国語）に直してみると、なんだか重々しく感じることと思います。故に意念とか鬆緊とかも、あまり重々しく考えず、やや差し引いて感じ取ったほうがよいのでは？　と思います。

先日、天野先生とお会いした時、天野先生のブログに「君たちの手には気持ちが入ってない」、とよく先生に言われた、と書かれていたことに触れ、話が盛り上がりました。確かに私もよく言われました。これが一人の立禅とか練りならまだわかるのですが、組手でも言われたことがあります。組手は必至ですから雑念など入る余地もほとんどないのに、それでも言われるわけですから、きっと恐怖とか侮りとか、先生から見ればそれも立派な雑念であり、無我の境地というのか、唯我独尊というのか、ここでいわれる「気持ちが入った状態」は、まさに意が肉体全てと一体となつた状態、いわゆる整体（Ｚｈｅｎｇｔｉ）であって、単なる想像とかイメージなどではなかったのだと思います。澤井先生の説明される動作には、目つき、首つき、指先から、腰つき、足、そして声までピタッと一致して、どこにも雑念や空虚な個所などありませんでした。

先日おこなわれた姚承栄先生の講習会の際、多くの参加者が姚先生の動きを真似して色々動くのですが、傍から見ているとそれは猿まねに過ぎず、本人たちは気持ちよくやっているつもりでも、「手と気持ちがバラバラ、よって全身ぶれまくり」に見えてしまいました。きっと澤井先生も我々をそのように見ていたのでしょう。

また先生はよく「この世で一番早いものは、人の思いだ。光よりも早い」と言われていましたが、ここでいう〝思い〟も中国語の〝意念〟に入るものでしょう。澤井先生には先生が辿り着いた境地があります。中国語でいえば〝意境（Ｙｉ Ｊｉｎｇ）〟といい、この感覚、〝意感（Ｙｉ ｇａｎｇ）〟はその人がどんなに言葉で説明しても、たどり着いていない人に伝えるのは難しいでしょう。しかし我々はその動作のみでなく、目つき、表情などいわゆる〝神態〟（Ｓｈｅｎｇ ｔａｉ）を見ることができます。弟子はこれらを決して見逃してはならず、脳裏に焼き付け、そのイメージを以て練習することが大事です。このようなイメージトレーニングも、いわゆる〝精神仮借〟（Ｊｉｎｇ ｓｈｅｎ ｊｉａ ｊｉｅ）の一つです。現在の意拳は、このようなイメージトレーニングを大いに活用した体系になっています。

戦後50年代より、王薌斎先生は武術としての意拳ではなく、健康法としての站樁功の研究と発展に力を入れました。勿論歴史的背景も大きかったでしょうが、これにより養生に関する〝精神仮借〟（Ｊｉｎｇ ｓｈｅｎ ｊｉａ ｊｉｅ）、〝意念誘導〟（ｙｉ ｎｉａｎ ｙｏｕ ｄａｏ）は大きく進歩し、病人の治療などに役立ちました。それはまた拳術としての意拳にも影響を与えたのかもしれません。しかしイメージトレーニングは飽くまでも、感覚をつかむ為には有効ですが、これに拘ってしまうと本末転倒です。
以下に、姚宗勲先生が意念活動について説明されたことの一部を紹介します。
・初心者の站椿においては、温水のプールや湯船の中でプカプカ浮かんでいる等といったイメージを活用し、心身をリラックスさせ、雑念を排除させる。30、40分立つ場合、このようなイメージは初めの2、3分おこない、リラックスできたらそれ以上は無理に追求する必要はない、後は手と身体の間隔を近づけたり、手の位置を落としたり、あるいは姿勢を高くしたりして、リラックス状態を調節し、物足りなくなれば姿勢を戻せばよい。
・ある程度の経験を積んできたら、両手で風船を抱え、強く抱えれば風船がへこんでしまう、あるいは割れてしまうし、弱すぎれば飛んで行ってしまう、というリラックスの中にもだらけず一定の姿勢を保つ、また船の先端に立って足下の波の動きをコントロールするようなイメージ等を活用し下半身のバランス感覚も意識させる、こういったイメージも30、40分の站椿の中で、5、6分ほど活用して感覚を養う必要がある。
・技撃とはつまり拳術であり、ここで要求される意識はもっと単純で強烈である。簡単にいえば常に大敵に臨むというイメージだ。そこには雑念を挟む余地などありえない。真剣味が必要であり、ちょっとの気の緩みや過度の緊張は命取りである。

・イメージにこだわってはならない、同時に真実感がなければ意味もない。大敵に臨むという気持ちも真実味がなければ役に立たない。

無意識の中で本能的な自然反応を発揮する、という最終目的を達成させる為には、イメージトレーニングをどのように活用すべきなのか、会員の皆さんは常に考えて工夫してみてください。

お盆期間の練習お疲れ様でした

2014／08／14―練習日記

お盆期間の練習に参加された会員の皆様、お疲れ様でした。

この二日間（明日もありますが……）参加者も昨日は4名、本日5名と少なかったので、ほぼマンツーマンに近い形で練習できました。練習内容は極ごく一部の動作と立禅（站樁）、発力の基本でしたが、それこそ頭から左右十本の指先の1ミリ単位までもの修正をし続けていた為、身体も頭も相当に疲れたかと思います。私も中国ではこのように直されたことが多々あり、その度身体と頭が悲鳴を上げ、集中力が持たずくたくたになり、また結果もすぐに出るわけでもないのですが、このようなマンツーマンでの短期集中は数日間後には必ず成果が上がります。

昨日、本日参加された方は、歴の比較的浅い人もいましたが、みな三時間後にはかなりの力量と感覚があり、それはある部分では歴の長い人が未だ苦しんでいる課題をかなり解決できていたと思います（本人は気が付いていなくても）。問題はこの感覚を失わずに維持し更に高めていけるかどうかです。

昨日と本日の練習を纏めれば、王薌斎先生が説いた「意拳正軌」の用勁である、

「おおよそ出手の時は、提頓、撑抱、兜墜、鑽裹を用いて順力逆行し、方を以て圓を作る。落手の時は、含蓄を用い纏綿滔々と途切れず、圓を以て方を作る」

という最も核心的な力の用い方に他なりません。

（このような理論も、王先生が書いたあのヘンテコな絵の意味も、１ミリ単位でテストを続けていけば自然と理解できます、というかそうなります。ものすごい根気とテスト＝試力が必要ですが、逆にそれをせずに理解できなければ、永遠に感覚のみ、抽象的な想像の世界で終わります）

・出手とは何か？

簡単にいえば相手との接触前の準備状態や接触する瞬間などです。

・提と頓とはどういう状態か？

意拳や太気拳の独特な特徴である、身を沈めて手を挙げる、身体を起こして手を下すなど（いわゆる「神亀出水」などの比喩）もここに含まれます。

・撑と抱をどう統一するか？

撐は押さず、抱は引かず、〝遒（チゥ＝集める）〟と〝放（ファン＝放つ）〟を忘れないでください。

・兜墜の能力を生かすにはどう注意すべきか？

これも上下の基本的な力ですが、普段の立禅で力の養成を続けてください。

・鑚と裹をどう連携するか？

崩拳とか鑚拳とか形意拳にはいくつかの言い方がありますが、撐抱、兜墜の力もこの鑚と裹が加われば、自然と立禅を生かした崩拳とか鑚拳とかの出手（塔手）になります。

順力と逆行とは、どういう状況か？

よく言われる、腕を前に出し身体を後ろに動かすとか、そういった相殺効果的な動きと認識しないでください。そのような感覚はあっても実際に相殺されては何もなりません。（勿論養生としてはそれはOKですが……）

この為には抱はどうあるべきか、圓をどう含ませるのか？

ここに順力と逆行の理由があります。

・落手とは何か？

簡単にいえば、接触した瞬間、発した瞬間です。

纏綿滔々という感覚は、どのような力が働いているのか？

本日おこなった、「捲臂」の能力は、直拳も横拳も掌、各指関節、手首関節なども統一され、まさに波が次から次へと途切れることがなく勁が湧いて起こり、触れた相手に力のどんどん入り込んでいくような、「纏綿滔々」状態を与えていくようになります。一打、一撃ではなく、連打でもなく、まさに津波のような継続、持続した勁が浸透しなくてはなりません。

それを実現するには圓を作り、それを抱となすことが不可欠です。

今回の練習に参加できなかった人は、是非参加した人より補習を受けておいてください。メンツ上の先輩、後輩は関係ありません。要は先輩風を吹かすより出来るか出来ないかです。

厳しいことを言いますが、よろしくお願い致します。

まさかの姚宗勲先生の逝去……

2014／08／15─北京の思い出

1984年10月、姚先生はご病気を患い、急遽入院することになったが、また同時に北京武術協会の認可のもと、北京市意拳研究会が成立した。準備委員会のメンバーたちより、是非澤井先生の祝辞が欲しいとのことで、澤井先生に頼んで送ってもらい、私がそれを持って参加させていただいた。姚先生はそのまま治療の為参加されなかったが、各地より多くの意拳家達が集まったが、意拳以外の門派の先生方も実に多く参加された。聞くところによれば、これらの先生方の多くは、かつて王薌斎先生の指導を受けたことがあるとか、姚宗勲先生とのかかわりがある武術家達が多かった。

意拳研究会の会長には姚宗勲先生が選任され、他の二代目の先生方達数名が副会長になられた。姚承光先生、承栄先生は総教練を担当し、崔瑞彬先生は秘書長、簿家聡先生が副秘書長を担当されたと記憶している。研究会が公認していた練習所（補導站）は以下の8個所であった。

1）南礼士路小花園（姚宗勲指導）
2）羅道庄及び中山公園（竇世明指導）
3）六鋪坑（張中指導）
4）八一湖（于永年指導）
5）工人文化宮（王玉芳指導）
6）後海（王斌奎指導）
7）天壇公園（司徒柱指導）
8）地壇公園（孫長友指導）

右記は、北京意拳研究会の会報「意拳通詢」第一号にも紹介されている。その他で意拳あるいは大成拳として教えていたところもあったが、これらは研究会に属さぬ団体か、あるいは非公開のものであった。

意拳研究会が設立された後も、練習はなんら変わる事無く続けられた。姚先生は相変わらず入院中であったが、姚先生の古いお弟子さん達も私を気に掛けてくれ、練習中は頻繁に声をかけ色々と指導

遺影を持たれている姚承光先生の左から二人目が著者

してくれた。
　しかし色々な先輩が指導してくれるも、その内容や考え方は微妙な違いがあり、必ずしも同じ理論ではなかった。もっとも個性や研究成果、考え方がみな異なるのは当然であり、澤井先生の弟子たちでもみなそうであるし、またそうでなければつまらない。とりあえず教えてくれるものは何でも一通り練習し、自分の個性や研究に合わせて自然に消化することにした。
　85年1月12日、私が大学の授業から寮に戻ってくると、崔瑞彬先生が私の部屋で待っておられ、「実は昨日姚先生が亡くなられた……」と伝えにきてくれた（不思議な話だが、昨日それまで使っていた部屋の鏡を割ってしまい、友人よりも「何か良くないことがあったかもしれないから、日本に電話したらどうか？」と言われた）。姚宗勲先生は癌を患っていたが、それが原因とのことであった。三か月ほど前まで元気で、北京だけでなく外地の愛好家達に呼ばれて精力的に指導におこなったりされていただけに、みなとても驚いた。

発足したばかりの北京市意拳研究会は、急遽張中先生が会長代理となり後を継がれ、数日後に姚宗勲先生の告別式がおこなわれた。私も澤井先生に訃報を伝えてから、告別式に参列し姚先生に別れを告げ、また今後のことを考えたが、最終的に帰国することを選び、その準備を終えると北京の留学生活に終止符を打って日本に戻った。

「中」と「環」について

2014/08/20―練習日記

「守中用中」とは何か?「中」はどこにあるのか? そもそも「中」とは何か? などとよく質問を受けますが、「中」にも「中心」とか「中庸」とか色々な意味があり簡単に説明もできませんが、ここで再度(以前もこのブログに掲載しましたが)、「中」と「環」について考えてもらいたいと思います。

例えば、一台の自動車を見て、「この車の中はどこにあるか?」と考えてみてください。タイヤにはタイヤの中心があるし、ハンドルにはハンドルの中心がありますね。大きな部品からネジ一本に至るまですべてのものに、「中」があり、そして「環」もあります。

「然所謂中者何在？所謂環者何為？環即俗称之圓圈也。其結心即中之所在。有環則有中、同一心結、而有若干相等相乗之十字也。人身上肢、掌、腕、肘、臂、下肢、趾、踵、膝、胯、全身各部、無不有其環中、然須統為一体。所以操拳非各処皆応、不能得其環中。中属之於静、環属之於動。能静者方能動、待時赴機、静動運用之妙也。習拳如何能得其環中？総之須由中以求其環、並由環以求其中……（後略）」

「いわゆる〝中〟とは何処なのか？何を〝環〟と為すのか？〝環〟とは俗にいう〝圓圈〟なり、その結心が即ち〝中〟の所在なり。環があれば中があり、同一の心結であり、幾つかの相等と相乗の十字なり。人体の上肢、掌、手首、肘、うで、下肢、足の指、踵、膝、股関節、全身各部、その〝環中〟のないところは何処にもなく、然るに一体にまとめなければならない。よって拳を操るに各処がみな応じなければ、その環と中は得られず。中は静に属し、環は動に属する。よく静であってこそよく動となる、時を待ち機に動く。静動運用の妙なり。拳を学ぶに如何にしてその環と中を得るか？総じて言えば中を以てその環を求め、併せて環を以てその中を求める……」（『拳学新編』「運力」の章より）

さて、この自動車が動き出したらどうなるでしょうか？真っ直ぐに走ればよいですが、僅かでもカーブすれば、車そのものが、環であり、中は車の外になります。つまり「中」は身体の外に存在することになります。ここにまた「実中」「虚中」「化中」の考え方も出てきます。

現在は、（便宜上の呼び方ですが）いわゆる烏龍捲臂と神亀出水の僅か二つの単純な動きに絞って練習していますが、これを通じて「中」と「環」に関しても、是非よく研究してみてください。より多くの中が安定し、それらの環も安定すれば、捲臂も神亀出水も必ずや相乗的な力の効果が表れるはずです。また休んだ人は皆さんから補習を受けておいてください。効率化と練習に集中する為何度も同じ説明はしませんので宜しくお願い致します。

塔手（ターショウ） その１（本日の朝練にて）

2014／08／27｜練習日記

推手そのものを塔手ということもありますが、接触する瞬間を塔手という場合もあります。

意拳、太気拳の愛好者の中には、推手の練習時に双方の腕が接してから、練習を始める人が多く見受けられますが、実際には接した瞬間に時間差なく、站樁（立禅）で養っている能力を発揮できるようにしなければなりません。そして推手はその継続であるべきです。残念ながら接した瞬間の反応のみに関していえば（私が接した範囲ですが）、通背拳など他の門派の方がそれに集中して練習し、また成果を上げていると感じます。

試力においては、動きの中で站樁の力を使えるように錬るのではなく、たとえ１ミリでも動き出すその瞬間に站樁の能力が発揮され、更にそれが相手と接した後も途切れることなく、永遠に継続されることを練るべきでしょう。これはどんな些細な基本の対人練習においても必要なことであり、その先には、接した瞬間から↓接する瞬間には↓動いた瞬間に↓更には対峙した瞬間からと、どんどん要求を高めていくべきだと思います。

今年の姚承栄先生の講習会に参加された、関西のIさんのレポートの一部を紹介します。

「今年の交流会では「相手との呼応」が一つのテーマでした。私もなんとかこれを表現しようと努力しましたが、全く出来ませんでした。なぜ出来なかったのか、自分と先生では何が違うのか、ずっと考えてきました。ひとつの結論としては、先生は最初から相手を制した状態で余裕を持って相手と呼応しているのに対し、私の場合は相手がこう来たらこうしよう、ああ来たらああしようと、その場しのぎの受身の対応に終始していた、というものです。これでは後手後手に回るしかなく（中略）……「呼応する」ということを大きく勘違いしていました。（後略）……」

これは、Iさんだけでなく、皆さんも感じているでしょうし、私も感じている課題です。自分よりレベルの高い人にはどうしても後手に回ってしまいます。だからこそ、相手と触れた瞬間、相手よりもいち早く先に普段練習している站樁の能力を発揮するような練習をしなければならず、更には触れる前、対峙したその時から発揮できるような練習でなければなりません。練習内容もそうでしょうが、先ずは気持ちの問題ですね。以前、澤井先生の崩拳の説明で拳銃を抜く時の例えを書きましたが、どんな動きも相手より僅かでも遅れたら、それが直接命取りになります。

立禅の練習から揺、静から動、あるいは立禅の中での微動、静中の動など、せっかく練習しているものを、相対練習でも失わないように気を抜かずに練習していきましょう。

塔手（ターショウ） その2（対人練習にて）

2014／08／28―練習日記

昨日の塔手でも書きましたが、対人練習の際、相手と触れる瞬間から立禅で養う能力が発揮されるよう注意しなければなりませんが、触れた瞬間に相手の実がどこにあるのか、先ずは相手の実に自分の実を合わせ、いち早く相手の力を感じ、自分の力を相手に与える、相手の重心を浮かせて根を引き抜く、場合によっては変化し虚を攻めるなど、いずれにせよ瞬間の察知能力が必要です。以前書いたように動作そのものの速度ではなく、察知能力と動作の一体となった早さと言った感じでしょうか？（これ自体が立禅で養うべき能力の一つです）

またその為には自分と相手との位置関係も重要な要素です。いかに基本的で簡単な練習でも触れる瞬間の距離が不適当なら自分の持っている能力の数分の一も発揮されません。その為触れる前には必ず相手との距離を自然に調整しておこなってください。一人での立禅、試力では忘れやすい点ですから、対人練習の際に徹底的に癖をつけるようにしてください。

尚、天野先生の8月25日（月）のブログに書かれていたことは、とても大切なことです。

「組手で大切なこと。
威嚇。
威嚇する。
委縮。
委縮させる。

威嚇と委縮、
別に怖い顔するとかじゃない。
打つ、打てる、という強い意思を明確にする」

勿論、このような意思は、思っただけではどうにもなりません。日頃の地道な鍛練によって養われるもので、自分の功夫（とでも言うのか）に裏打ちされた強い意思です。
表現がやや異なりますが、「相手との呼応！」。言いたいことはここですね。

夏休みの間本日まで毎朝私の練習に付き合ってくれたSさん、御苦労さまでした&有難うございました！（引き続き朝練に参加される方は、これからも宜しくお願い致します）

神戸での練習にて　その1

2014／09／03｜練習日記

久し振りに神戸の練習に参加させて頂きました。神戸、姫路、大阪、京都、だけでなく鳥取、富山、新潟などの遠方からも参加され賑やかでしたが、皆さん大変ご苦労様でした。

練習は三日間に渡りましたが、内容自体はいわゆる「捲臂」と「神亀出水」、「歩法」と同じことの繰り返しで実に単調だったかもしれませんが、その分、理解と進歩があったかと思います。一応忘れぬうちに再度纏めておきたいと思います。

いつも言うことですが、「捲臂」とか「鉤掛」とかいっても、しょせんは言葉上のことで、その力（能力）がどのくらいあるのかが重要です。現在の意拳も多くの伝承に分かれ、それぞれに言い方がありますし、またこのような名前など全くなくても、その能力が驚くほど高いレベルの太気拳指導者、意拳指導者もおります。

逆に色々な言葉というか、練習方法を揃えていても、あるいは高名な先生でも、触れてみたらその自慢の能力は「あれっ?」と、とっても残念に思うこともありました。

故に、我々のやり方（というか言い方）も、（教えていただいた先生方には申し訳ありませんが……）我々の会の中でのみ通用するもので、飽くまでも便宜上用いており、完全なものではありません。よってここで書いていることも、他の人から見れば、「何じゃそりゃ?」とか言われても仕方ありませんし、逆に会員の皆さんは毎回の練習に出ていれば、すぐに理解して頂けるでしょうが、練習を休めばやはり分かり難いこともあると思います。よって練習を休まれた方は、必ずや練習に出ていた人より補習を受けてください。

まずは試力に関してですが、現在では一般的に、静止した訓練を站椿、動的訓練を試力と考えられることが多いですが、意拳の指導者によっては、動的訓練そのものは、操拳、操手あるいは形態操等々……、と呼び、その動作を用いて站椿で養うべき能力を色々な方法でテストすることを、試力としている人達も少なくありません。

名前は別として、各能力を試す（テスト）には色々な方法があり、また個人的にもやるべきテストは異なるはずです。一枚のテスト用紙の中で、間違える問題は人それぞれであり、理解できている問題と分からない問題を毎回何度も一緒にテストする必要もなく、わからない問題に集中して解決すべきであり、つまり動作の練習も万人が教科書のような同じ試力（これをいわゆる様板武術と言います）をおこなうようでは時間の無駄です。また自分の能力より極端にレベルの高い問題のテストをすることも時間のロスであり、その様なテストを受ける資格もないのに受けても仕方ありません。

王薌斎先生はその著書の中で、試力に関し「最も重要で、最も困難なもの」と何度も言っております。

自動車でも電気製品でも何でも同じですが、世に出す為には多くのテストを経て合格点を重ねていかなければなりませんし、単に動作を繰り返すだけであれば、ただの時間の浪費ですから、できるだけ自分の問題を見つけ出し、それを克服する練習をしていきましょう。

また相対練習でのテストでよく見かける、受け側が極端に力を抜き、あるいは極端に圧力を与え相手にテストをやらせないことがありますが、最も基本となるテストでは、お互いが協力し合って、呼応しやすい環境から始めてください。できもしないテストを受ける資格がないうちは、馬鹿なことはやめてください。

中国には「喂勁（ウェイジン）」という言い方があります。勁を与えるという意味です。母親が赤ん坊に母乳を与えることを「喂奶」と言いますが、赤ん坊にいきなりステーキを与えても消化できず却ってお腹を壊しますね。回答を与える側の動きをこのように拒否することも、せっかく与えられた勁を自ら放棄することであり、学ぶ機会を自ら放棄したのも同然ですので、十分に注意してください。

受ける者は、相手の力をできるだけ良く聴くことが大切な練習になります。相手の力が自分とどこが違うのか？　自分はどこが劣っているのか？　相手はどのような力でどこに向かって働いているのか？　先ずはそれを理解してください。俺は動かされないぞ、とか、すべて流してやるなどの練習をしたいのなら、双方が合意のもとそのようなテスト（たとえば推手とか組手とか）を別途おこなってください。

また「塔手」でも書きましたが、接点がどこで発生しようとも、先ずは相手の実を瞬時に見つけ、自分の実を合わせなければすべては始まりません。これにより相手の力をキチンと聴くことができます。

澤井先生はよく「いなす相撲取りは横綱にはなれない」と言われましたが、接する瞬間に相手の実をとらえ、相手の根を見つけなければ、自分の力（立禅で養うべき各種の能力）も十分に発揮できません。これが最も初歩のテストに必要なことです。そしてこれはごく一瞬のことでいつまでもそれにとらわれるのではなく、実を外すことなく自然に変化する、相手の実の中の虚へと変化していくことで、この変化こそがすなわち「動」です。その変化、動きはまさに水が流れる如く、風が吹くごとくであるべきで、立禅においても手の位置を上げたり下げたりするのは、単に疲れたから、物足りなくなったからというだけではなく、その動きの1ミリ1ミリの変化にも気をつけておこなってください。（続く）

神戸での練習にて　その2

2014／09／04｜練習日記

いわゆる「捲臂」の動作も単なるいくつかの站樁の変化に過ぎません。しかしその変化によっていわゆる「鉤（ゴウ）」とか「掛（グア）」とか相手の力を崩す能力や、いわゆる「伸筋」という自分の力を無駄なく放出し相手へ浸透させる能力も高まります。「順力逆行」による相手との呼応、但しそれもきちんと相手の実をとらえ続けなければ効果はありません。テストは本当に難しく「もう、ここら辺でいいや」とか「既に一時間もやったから、明日はうまくなっているだろう」は通用しません。精密機械を製造するがごとく自分に妥協しないようにしましょう。

「捲」の最も基本となる練習は極めて単純であり、私も初めて学んだときはその効果と単純さにも驚きましたが、まさに灯台もと暗しで、『新装増補版　実戦中国拳法　太氣拳』（日貿出版社）28、29頁の「練　基本運動1」そのものであり（但し歩法は付けずに、先ずはその場で止まって身体を動かさず、手だけで錬るものでしたが）、このボールの上に手を置いて張り付け、ボールを転がす動作をおこなうことでボールに合わせて自然と肘から指先の腕全体が大きな球体の一部に合わせ動くことでした。しかし相対練習というテストを何度もおこない、そして時に回答をもらい、またテストし、と繰り返すうちに、それまで漠然と「鉤は手の上部分で、掛は手の下部分で相手をひっかける」と聞いていたものが、「鉤の中（中心点）と環（運動部分）、掛の中（中心点）と環（運動部分）がそれぞれ少し明確となり、相手の圧力をほとんど受けずに最小限の力で相手を移動させる（根を抜く）能力が徐々にアップしていきました。また「鉤」は澤井先生が得意とする相手の拳を自分の腕に乗せて誘導したりはね上げたりする能力でもあり、掛は布団を物干しに掛けるがごとく、自分の重心そのものを相手に与えて動けなくさせたり、上からの拳（いわゆる馬形など）にも必要な力であることが少しずつ実感できて、他の能力にも影響を与えるようになりました。

その後少しずつ、他の能力を加え徐々に複雑な動き、あるいは時として全く別の動き（捲く方向が縦にも、横にもなる為）になってきましたが、動きそのものではなく各種の能力を色々な角度からテストしレベルを上げていくことが必要です。

また相手への浸透力というか、力を途切らせず津波のように継続させること、ある一点が相手の実から外れても（その点はまた相手のあるいは自分の別の点と呼応しており）、次の瞬間には別の点が相手の実をとらえており、それがまた外れても（別の役目をしても）また次の点がとらえている、まさに王先生の言われた、「生まれてやまない力」、「雲が湧くが如く」、「弾力のない点などどこにもない」状態を確認することも重要なテストです。これが自然発生する変化であり、正しい「動」です。そして動とは力の発動そのものであって、発力とは一瞬で途切れるのではなく、動く限り永遠に続くくらいのイメージをもってテストをおこなって欲しいです。（続く）

神戸での練習にて　その3

2014／09／05｜練習日記

いわゆる「神亀出水」も最も基本となる練習です。これも伝承によって色々な動きがあり、現在もっとも多い動作は、身体の旋転、上下左右、手の動きなど各部の総合的な動きを錬るものだと思いますが、人によっては身体の旋転はおこなわず、上下を中心として錬る、あるいは上下プラス前後を錬るなど、様々です。但しその大きな特徴はいずれも身を沈めて手を挙げる、あるいは身を上げて手を下げる、いわゆる「抽身長手」と言われる動きで、身の重い亀が水から顔を出したり潜ったりする神態が求められます。

今我々がおこなっているものは、動き自体は最も簡単、単純な上下を中心としたもので（勿論前後の力、左右の力は動きは外面的にはないものの、站樁と同様にその力の感覚は保持したままであることが重要です）北京では「提按（ティイアン）試力」などという人もいます。しかしこれだけでも実に多くのテストが必要で、今のところ身体の旋転まで手が出ない（その資格がない）のが現状です。

しかしこの動きは単純でも澤井先生や姚宗勲先生も多用されていました。私も単純な上下の動きがなかなかできず、上下を更に分けて、例えば下からほんの少し15センチ程度動かし、その間は常に立禅で養っている力が活用できているかテストし、更にその15センチあげた高さから次の15センチまで上下させ、この範囲でのテストをし、更にまた15センチアップへと進んで点検し、一体どこが弱点なのか、その弱点を集中して練習し、また15センチプラス15センチと30センチ間隔で動かしたり、その中での漏れがないか、弱点が克服されたのか？　手の形を変えて半拳した場合はどうなのか？　相手の圧力が左右異なる場合はどうなのか？　それでも相手の実から離れていないか？　その実の中の虚に対して自然変化が出来るのか？　ここに「捲（ジュエン＝捲く、巻き込む、包み込む）」の能力を加えても、「提（ティイ＝ぶら下げる、吊り上げる、引っ張り上げる、持ち上げる……）」、あるいは「按（アン＝手や指で押さえる）」の能力は失われないか？　色々なテストをするように指導を受けました。

また突然の接触から同様に動けるか、徐々に実践に耐えられるように精度を上げていかなければなりません。しかし功を焦ってスピードと腕力に頼っては立禅をおこなっている意味もないので、一歩一歩焦らず且つ確実に効率のよいテストをしていきましょう。

絶対的、片面的な見方に注意しましょう

2014／10／06｜練習日記

昨日は台風の中、練習参加ご苦労様でした。

練習中にSさんより「摩擦歩の練習において、軸足はぶれないように動かさず安定させておこなうべきか、あるいは身体の前進を止めないよう軸足も前に動かしながらおこなうべきか？」というような（意味だったかと思いますが）質問を受けました。この拳術においてはこのような悩みは常に付きまといます。私も北京で学んでいた頃、「足を出すときは、軸足（後足）の股関節（太ももの付け根部分）を後ろに押し、前足膝を前に押し出すように、争力をよく使うように」と言われ、ある時は反対に「後足の股関節で体をもっと前に押し出せ」とよく言われました。

また「発力の瞬間は、鬆から緊に突然に変化する」と言われたかと思うと、またあるときは「発する前の蓄勢は緊であり、発する瞬間に鬆となる」と言われ、全く逆の教えに一体どういうことか、悩んでいました。

有名な話ですが、王薌斎先生は自分自身を「矛盾老人」とも言い、よく弟子たちに、「一講具体即成片面（一たび具体的に述べれば、それは片面的になってしまう）」と話されたといいます。発力の練習において、蓄勢が「緊」で発力が「鬆」なのか、あるいは発力が「緊」で蓄勢が「鬆」なのかは、ある状況においては正しいものも、ある状況においては間違いとなってしまいます。絶対的なことと考えれば、それは所詮は片面的な見方にすぎません。

例えば、「驚力」の練習と考えれば前者は正しく、しかし「弾力」の練習としては後者は正しいと言えます。また何を（どこを）「緊」で何を（どこを）「鬆」にするのか？　またその変化がどの程度なのか？　によっても異なることがあります。一口に発力と言っても、その状態は無限であり、しかしまた間違いも無限にあります。自分の知識や考えだけが正しいと思わず、他の先生方の意見も簡単に否定せず、常に色々な角度から考えていきましょう。

効率よく……

2014／10／21 ― 練習日記

土日は久し振りに地方の人達も何人か参加されましたが、遠方より来られた方は本当にご苦労様でした。さて、いつも言っていることですが、練習での効率をどうやってあげるか？　もう一度よく考えたいと思います。

皆さんの推手を見ていて思ったのですが、何が何でも推してやろう、あるいは何が何でも逃げきろう、というシーンが多々見られました。このような人達の心理状態は（私もそうでしたし）十分理解できますが、今何の練習をしているのか？　その為にどう動いているのか？　と考えるとあまり感心出来るものではありません。勿論相手との戦いにおいては、このような気持ちを持つことや、特に若いうちはこのような練習も必要な時がありますが、今自分が何をすべきかを忘れてガムシャラに動いても、大した効果は上がりません。というか身体をバラバラにするだけで、息は上がり、疲労が増し、とても王薌斎先生のいう拳の道に合ったものではないでしょう。例え推手であろうとも、呼吸を乱さず、血気を循環させ、身体の骨格構造を正しく整えて筋骨を動かす、一つ一つのポイントを正しく整えながら動作へとつなげていってほしいと思います。何度も言いますが当会における推手は単なる勝負ではなく、いち練習方法であり、所詮は各人のテストに過ぎません。

今までの経験から言えば、ガムシャラな推手をしてもそれなりの推手慣れはするものの、全体的なレベルはそれほど向上しません。いわゆる内勁と言われるような力は、例えば自動車とか時計とか精密機械と同じく外見上からはその原理は何も見えませんが、内部には多くの部品が複合的に緻密に絡み合い、何か一つが壊れてもその力は大きく損なわれるほどデリケートなものです。しかしこの力がある者とない者とでは天地の差もあります。そしてこのような力を養うには、残念ながら各人の感覚に頼るしかなく、その為、この能力を持った指導者が何度も弟子と直接手を触れ、感覚を与えていかなくてはなりません。これがいわゆる喂勁（ウェイジン）とか喂手（ウェイショウ）とか言われる指導方法です。よって指導者がこれらの感覚を正しく伝えられなければ、いくら偉そうに口で言っても弟子はその感覚は分からないだろうし、逆に学ぶ者も頭を使い、どうやってこのような力の感覚を覚えマスターするか？　常に考えておかないとせっかく与えてもらった感覚もあまり役に立たず効果が悪く、ここに指導者の責任と弟子の資質が求められます。

現在は我々の会も少子高齢化、みなそれなりに歳をとってきました。時間的問題を考えると、皆さんに練習方法を覚えていただくより、その場、その日中にマスターしてもらうことを基本的な考えとしております。よって要求自体がかなり厳しいものになってきていますが、いずれの「力」も何とか各人の財産にしてもらいたいと思っています。

切磋琢磨と山籠りの話

2014／10／22―練習日記

朝練に行くと、毎日朝練に参加されているIさんが、同じく週3回以上参加されているFさんに、来られなかった時の練習内容を説明されていることがあります。また土日の練習ではMさんが後輩であるFさんに、今週朝の練習はどんなことをやったのか教えてもらっていました。（おかげで私の負担も軽減され……、と喜んでおりますが）Iさんも Fさんもそれなりに説明できる力が出来てきたので助かっております。また経験と実力のあるMさんの謙虚な態度にも好感が持てました。

人の性格はそれぞれですから、中には一匹オオカミ的な性格で、誰にも媚も売らず、黙々と一人で練習しレベルを高めていく人もいるでしょうが、みんなで切磋琢磨されることも大事なことです。いつも効率よく練習してくれと、うるさく言っていますが、切磋琢磨することも効率よく練習する一つです。家では一人練習がメインになる分、公園に来たら出来るだけ積極的に多くの人と手を触れ合わせ練習して頂きたいと思います。

澤井先生から聞いた話の中で、忘れられない話のひとつに山籠りの話があります。当時ある仲間が、山籠りを計画していることを先生に話すと、先生は、

「山籠りなんてバカなことを考えるんじゃない。山に籠れば毎日の食事のことだけで精一杯だ。動物だっている。寝床の確保も大変で、君、とても練習どころではないよ。そもそも誰と練習するのかね？滝に打たれるなんていうのも意味がない。君らならまだしも私のようなハゲ頭の上に小石が落ちてきたら、それだけで怪我してしまう。そんなことをするよりもここに来てみんなと切磋琢磨しなさい。東京には色々な人間が集まっている。みんなに相手をしてもらえることは、本当に有り難き幸せなんだよ」

と、おっしゃられ、横で聞いていた私は正に目から鱗でした。

実際に満州からシベリアまで、夜な夜な紅槍会などに襲われたり、虎と出くわしたり、零下何十度の環境で、生死の境をさまよいながら何日も馬で移動した経験を持つ澤井先生だからこそのお話だったのでしょう。

王薌斎先生の著書の中には、「尊親、敬長、重師、尚友、信義、仁愛」を述べ、また「恭、慎、意、切、和を五要」として重視しておりますが、道徳的なことを述べるなんて、私が思い描いている王先生のイメージとは似つかないなあ、と以前は思っていました。

王先生の言われる五要には色々な解釈があり、勿論拳術的な意味もあるでしょうが、精神的、道徳的な意味もあると思います。私には王先生の境地は分かるはずもありませんが、しかしきっとこのようなことは一つの芸を極める為には本当に必要なのだろうと、最近思うようになりました。他人と練習するときは、こいつをつぶしてやろうとか、差を見せつけてやろう、なんて邪念は往々にして自分に帰ってくるもんです。ライバル意識はとても重要ですが、その中にも相手を敬い信頼関係を持って、ともに向上していけるよう頑張りたいと思います。

裹（グオ）の復習　その1

2014／10／23―練習日記

裹（グオ）は、中国語で主に、巻く、巻きつける、くるむ、包む、包み込む、からめる（＝缠绕）といったような意味があります。

相手との攻防において初めに発生する接点は、腕などの中節部分が比較的多いかと思いますが、その場合、相手を巻き込んだり、流したりと色々なことが求められ、そこにこの裹という能力が活用されます。単純に迎手というものではなく、相手との接触時の状態によって方向性は無限に変化しますが、方向が変わっても、基本的な要求はほとんど同じです。その為便宜上、あえて中国語で「裏」として説明しました。（勿論、言葉なんてどうでもよいことです）

話が一度脱線しますが、私が中国の先生より学ぶ場合は当然中国語でのやり取りですから、動作というか要点というか、中国語で覚えてしまい、指導する際にもそちらの方が手っ取り早ければ（適当な日本語の単語が見つからない場合）中国語の単語になってしまいます。しかし中国語をそのまま日本語に置き換えたとき、たとえば中国人の遣う「意念」と日本人の「意念」の概念がやや異なると思える場合、本質から大きくずれていく可能性がある為、あえて「意識」とか「気持ち」、「気分」、「イメージ」などとその場その場で適当な言葉に意訳して話します。

「裏」にしてもそうですが、中国語の単語も説明を聞けば、「ああ、そんなことか？」ということばかりです。

韓星橋先生のお弟子さんで、私が尊敬しているとある先生に、ある字訣？の説明を受けた時も「そんなに簡単なことなのですか？　こんなことは今までも普通にやっていたと思います。それに意拳の本には、みなこう書いてありますが……」と質問したことがありました。するとその先生は、「ああ、そんな簡単なことだ。しかしそれを使いこなすことはとても大変なことだ。そしてとても奥が深い学問のようなものだ。普段から自然におこなっているが、そのレベルは指導者によってまちまちであり、効果がまったく違うことは、あなたは何度も経験しているだろう」と言われました。

また韓星垣先生の古いお弟子さんには、本に書かれている説明は、所詮は個人の感覚であって、参考になることもあるが失敗のもとになることも多く、売られている本の多くは、所詮は誰かの本を参考に書かれたもので、使いこなせる者と理論を述べるものが必ずしも同一ではないと言われ、更に「姚宗勳先生や韓星橋先生の本にしても、実際には弟子や息子が話を聞いて書いたものであり、彼らの考えが入っていないとは断言できない。また姚先生も最後までチェックできずに亡くなっているしね。王薌斎先生の本にしても、本当に本人が書いたものがいくつあるのか？　一般に王先生の著と言われている『意拳正軌』や『大成拳論』にしても、弟子や編集者に書かせた可能性は高いだろう。君は澤井先生や姚宗勳先生に直接手を触れて学んだのだから、その感覚だけを信じて練習すればよいのだ」と言われ、その感覚を覚える大切さを強調されていました。

話を元に戻すと、この接点に関してもよく研究する必要がありますが、とりあえず裏の要点を再度説明致します。練習でよくわからなかった方は、参考にしてください。

1．姚宗勳先生は、この接点に関し、「半個点、半個螺旋（半分は点で半分は螺旋）」とよく言われましたが、接点の面積は極めて小さく、そして一瞬たりとも停滞せず、転がるように動き続けなければなりません。（＝滚動）

2．またその接点は、まさに王先生の言われる「骨生稜（骨は稜を生む）」というように膨らんでいなければきちんと転がりません。接点が常に動き続けて停滞しないとは、その接点の膨らみも動きに合わせて常に生まれ続け、一瞬たりとも平面になること、ましてや凹むことがないということです。
3．ところが接する一瞬の点は、まるでタコの吸盤のように相手と安定した呼応状態ができていなければなりません。
4．これらは、その接点そのものに拘るのではなく、実は根節、梢節が重要であり、接点自体に力を入れたり、有る時点で圧力を加えたりする必要もなく、全身の協調、バランスが必要です。接点に力を入れて動かした時点で、その力は死んだ板のようなもので局部の力となってしまいます。

どれも当たり前のことですが、この瞬間瞬間を継続させることはそう簡単なことではありません。しかしこれができている間は、無駄な力も使わず、触れるそれぞれの点は一瞬であるにもかかわらず、相手と呼応し空回りせずに誘導することが容易です。例えばビー玉が転がる為の地面との接点は、このようなものです。もし球体の表面に少しでも傷や窪み、平面があれば、転がらずにそこで止まってしまいますが、我々の腕にもこれと同じ条件が求められます。そうしてようやく相手に空気というか、物というのか、何か得体のしれない飽満感を与え続けることができます。接点そのものに拘わるのでなく、どちらかといえば接点など忘れてしまい、ビー玉全体の本質を整えることで、無限に生まれてやまない接点の力を得ることになります。

立禅、站椿においても動きにおいても、平面をなくし、内部を充満させる重要性がここにもあります。一度感覚に手ごたえを感じれば、やればやるほど素晴らしいものに仕上がっていくでしょう。

澤井先生は、よく蹴りや突きの動作を示しながら、

「こんな動きは、当たればよいが、狙ってもそうそうピタリとうまく当たるもんじゃない。これらはとても技といえるもんじゃないよ。目で見てもよくわからんだろうが、相手と触れた一瞬に、その点が自然と、引く、出る、捻るなど寸分の狂いもなく僅かに変化する動きこそが、本当の技と言えるものであって、この拳の妙はまさにここにある」

と言われていました。

当時はあまりに地味で簡素な動きにその価値が分からず、突き蹴りのコンビネーションに走っていましたが、何十年たった今になって、本当にそのとおりだったんだ、と私自身も反省しています……。

裏の復習 その2

2014／10／24―練習日記

今日、天野先生のブログを覗いたら、偶然にも私のブログとかぶっており、「接点の変化」について述べられていました。天野先生のブログは、いつもご自身の言葉でその感性を語られ、私と異なるところもありますが、大変勉強になります。

数日前の、

「力は骨の中を伝達していく。（中略）不動の中での力の伝播・伝達。ちょうど水道管の中を水が走

り抜けるように、骨の中を力が走り抜けていく」
なんて感覚は、私には考えもつきませんでしたし、とても新鮮な言葉でした。言われてみれば、確かに思い当たることが多々あり研究しなければと思います。みな同じようでいてそれぞれ個性があり、面白いものです。

それはそれとして、また裏についての補足説明です。

裏は腕などの中節だけでなく、肩、腰、骨盤などの胴体部分、つまり全身同様です。全身を整えて、はじめて得られる能力ですから、当然のことです。
また関節は歯車のように回転したり、蝶番のように開いたり閉じたりすることで力を生みだしますが、当然その関節が大きければ大きいほど大きな力を生みだします。
1．骨盤部分は人体でもっとも大きな歯車であり、つまり最も大きな力を生みだす身体の要です。
2．その次に大きな歯車が肩部分です。これを無駄なく同時に利用するには、当然ながらそれを貫く大黒柱、上下に真っすぐ伸びた背骨がなくてはなりません。軸がゆがんでいれば、その効果は大幅に低下します。
3．骨盤が裏となり、腰も肩も同時に裏となることで、肩甲骨が肘を押し、骨盤プラス肩甲骨関節の巨大な力が肘に伝道され、更にその肘が腕を押し出します。

そしてこれらは動きの中で養われるのではなく、立禅、站椿という不動の中で、正しい姿勢と意識を保つことによって養われ、相手との相対練習などのテストで認識し精度を増していくものです。

言葉にしてしまえば簡単ですが、この精度を上げていくには、自分自身に絶対妥協しないこと、そして敏感な感性が不可欠です。この感性というか感覚というかは、優れた指導者に実際触れてみて吸収するしか他に手段がありません。ある程度手に入れてしまえば、後は練習によって自然と向上していきます。しかし感覚が得られなければ、どんなに練習しても進歩は遅いでしょう。

胴体各部に少しでもブレが生じれば、肩の力も衰え、また肩がブレれば、肘は無力になり、それを補う為に局部の筋肉を鍛えて固定し、また局部の筋肉組織の収縮をメインとした力になってしまいます。

しかし本当に無駄のない優れた力を出す人たちは、みな例外なく身体各部がブレずに安定し、見事にまとまっています。以前、天野先生と澤井先生のとあるビデオを見て、「なぜここまでブレないのだろう？　我々はいつかこんな動きが出来るようになるのだろうか？」と悩んでしまいました。姚宗勲先生にしても同じです。今よくある動画を見ても、ほとんどは一見すると姚先生とそっくりに動いているものの、各関節のブレを見れば、全くの別物と感じてしまいます。（自分のことをタナ上げしてしまいますが、太気拳にしても意拳にしても、ブレまくりの動画が実に多く、よくこんな動画を流せるものだと思いますが、また反対に他門派でも見事にまとまっている名人も少なくありません）また以前、香港の韓星垣先生の古いお弟子さんより、韓星垣先生のビデオを頂いた時にも、見事にまとまっている動きを見て、「こんなすごい先生が香港にいたのか」と衝撃を受けました。更に王薌斎先生の最も古いお弟子さんの一人である張長信先生の御子息、張小元先生に教えていただいた時、「父は站椿においても、拳を打つ時も、そして食事をしているときも、まるで位牌のようであった」と言われたことが印象に残っています。（張長信先生の站椿写真　２０１３／06／19―太気拳意拳コラム　２１６頁参照）

意拳の前身である形意拳は、龍、虎、猴、馬、鶏、燕、蛇、鷹、熊など十二種の動物の意と形を取った十二形という基本があり、この十二の動物のうち「鼉（だ、トゥオ）」という動物は、「揚子江に生息するワニ」と解釈されたり、また『西遊記』に出てくる妖怪、「鼉龍（トゥオロン）」のことであるという説も根強いようです。妖怪の「鼉龍」は亀の甲羅を持ち、その身体は龍のようだそうですが、澤井先生や姚宗勲先生、韓星垣先生らの古い映像をみると骨盤から肩までの背中、胸部、腹部などの胴体部分がまるで亀の甲羅のように安定して見えます。馬貴派の八卦掌では「亀背」という姿勢を保つことが要求されるようですが、このような亀の甲羅のような胴体のイメージもまた役に立つかと思います。

「平衡（ピンヘン）＝バランス」について

2014／10／26－練習日記

そもそも人間でも機械でも、軸や歯車はグラつかず、力が漏れない安定性が必要不可欠です。変に力を緩めたり緊張したりすればすぐに能力は相殺されてしまいます。如何に身体すべてのパーツに相剰効果を生ませるか？　その為には立禅、站椿に対する正しい理解と姿勢、意識などを保った練習が必要で、これが前提になければ、いくら素早く動いたところで、その力は別物と言えるかと思います。私も、肘の安定、膝の安定不足について嫌というほど注意されてきました。何度やっても駄目出しされ、しかしうまく纏まった時の威力は全く異なるもので、自分でも驚くことがあります。「裹」という内側に包むような動作も、その反対に外側に捻じる「拧（ニン）」という動作もみなこのような原則に基づいておこなわれなければなりません。

「拧」には、捻じる、ひねる、つねる、などの意味がありますが、武術ではよく「往外拧、往里裹」というように、内側に捻じる場合は、「裹」を、外側に捻じる場合は、「拧」と使うことが多いようです。しかし相手を外側に払っても、内側に迎えても、自分の回転軸に対し「裹」も「拧」も実は同時に発生しています。故に「裹」は迎い手、「拧」は払い手とか、単純なものではなく、両者はそれぞれが、対立した力でありながらも統一された関係でなければ相剰効果は期待できません。このような一見正反対に見える動きもそれぞれがあっての力です。

そういえば、最近読んだある意拳関連の本に「バランスとは一体なんだろうか?」というようなことが書かれていました。人によって考えはそれぞれでしょうが、今の私のレベルで簡単にいえば、「バランス(平衡)とは、矛盾対立の統一」と考えます。世の中には絶対的な平衡など存在しないが、不平衡の中で常に平衡を保つ空気の流れ、水の流れ、風になびく旗、波の中の魚など、一瞬も止まらず永遠に尽きない変化こそが、自然というものであり、また我々の求めるべき平衡状態ではないだろうか? と考えます。ちょっと話がオーバーになりましたが、たまにはこんなことも考えてみるとまた練習も面白いかと思います。

「鑚(ツァン)」、「順力逆行(順著対方的力、逆著対方来打)」について

2014/11/12 ― 練習日記

「おおよそ出手の時は、提頓、撑抱、兜墜、鑚裹を用いて順力逆行し、方を以て圓を作る。落手の時は、含蓄を用い纏綿滔々と途切れず、圓を以て方を作る」(『意拳正軌/用勁』)

王薌斎先生のこの言葉は、既に何度も説明していますが、ここ暫く打拳や差手などを例にとった練習が続いていたので、またちょいと書かせていただきます。

「鑽(ツァン)」は、「裹(グォ)」との共通部分も多いですが、「裹」が主に中節とか根節とかを、くるむように動かすのに対し、「鑽」は錐が回転しながら刺すような力を言います。これも簡単に「差手」とか「打拳」とか言えませんが、「差手」や「打拳」によく活用される力です。「鑽」には明確な進行方向があります。いわゆる「三角螺旋」であり、三角ネジのような力です。

「この螺旋の力は、余の体認を以て観るに、三角力に由らなければ生じない」(『拳道中枢―試力』)

三角ネジの動きはピストルの弾丸のように、進行方向は一直線でブレることは許されません。厳密に言えば意拳で禁止されている「出尖」状態になりますが、「方」は自然とまたすぐに「圓」に戻ります。そもそも「方」には、明確な「〝方〟向性」があり「出尖」とも言えますが、「圓」は平衡状態であり、よって「出尖」にはなりません。

また「鑽」は螺旋によってすべての方面にバランスが取れていなければなりません。故にレベルの高い人たちの突きは、手を出すだけで相手はこれを払うことも遮ることも出来ず、弾かれ、あるいは巻き込まれそのまま打たれてしまいます。二はなく一でおしまいです。ここに、

「落手の時は、含蓄を用い纏綿滔々と途切れず、圓を以て方を作る」の意味が含まれています。そしてそれは「提と頓」、「撑と抱」、「兜と墜」と同様に、順力逆行するとは、つまり、「順著対方的力、逆著対方来打(相手の力に順じながら、同時に逆行して相手を打つ)」ということです。変化は順力と逆行が常に同時に失われず発生し、相乗効果を発揮すること。僅か一瞬、一点でも相殺効果とならぬよう、自分に妥協をせぬよう、出来た気にならぬよう、十分に注意しながらテストしていかなければなりま

せん。

なお全くの蛇足ですが、私が入門した頃、差し手の指導を受けていた時に澤井先生は、「この技は、元々は通背拳から取り入れたモノだ」と言われ驚いたことがありました。更に払い手においては、「これは王先生が八卦（掌）から採用したんだ。八卦の名人は、（手を返す動作を交えながら）たったこれだけで、相手を弾き飛ばしてしまう。その為こんな格好でゆっくりと何時間でも歩いている。王樹金だってそうだろ？　我々の立禅と同じだよ」と言われたことを覚えています。当時は「こんな動作、形意拳に元々あったものだと思うが？」と内心思っていましたが、これに関してはまた別途お話ししたいと思います。

各種の能力（勁力）について

2014／11／13｜練習日記

以前にも書きましたが、型や招法を否定したはずの意拳において、神亀出水、虎撲、鳥龍捲臂、蛇纏手、蜻蜓点水など、現在では多くの名前をもった基本動作があり、これをどう見るのか人それぞれです。

生前、竇世明先生は、「我々が練習していた頃は、動作に特に名称なんてなかった。ただ王先生は神態やイメージなどを説明するとき〝神亀出水〟などと言われることがあった」と言われていました。

私が姚宗勲先生に学んだ時も、「××のようにおこなうように」とその感覚とイメージを説明されることはあっても、名称を教えてもらったことは一度もなく、先生が亡くなられてから、兄弟子たちに聞いたものをその後、使っていました。（とはいっても、兄弟子達のいわれる名称も異なることばかりでした）

実際に、王先生の自著である『意拳正軌』や『拳道中枢（大成拳論）』には、現在使われている動作の名称などどこにも書かれておらず、唯一使っていたという〃神亀出水〃の名前さえも見当たりません。（なお、王先生の晩年の著書と言われていた『意拳論』や『断手述要』などの本は、日本でも取り上げておりますが、その思想や文体が今までのものと大きく異なり幼稚で、個人的にはパチモノと思われる為、ここでは取り上げません）

逆に、初期の著書『意拳正軌』には、「龍法」、「虎法」として、

「滄海龍吟、雲龍五現、青龍探海、烏龍翻江、神龍遊空、神龍縮骨、及び、猛虎出林、怒虎驚嘯、猛虎捜山、飢虎剖食、猛虎搖頭、猛虎跳澗」

などそれぞれ六つの名称と特徴が書かれておりますが、最後に、

「総じて龍虎の二法には定勢無く、その勢は虎が三千里を駆け、龍が万里を飛ぶが如く、勁が断たれても意は断たず、意が断たれても神は達す。口授心伝でなければ得ることはできない」

と言う通り、固定した動きではないことが伺えます。

また姚宗勲先生が、１９６３年にこの書の注釈として、「龍法、虎法はこの20年間（注：１９４０年代以降）再び語られることはなかった」と記されているとおり、現在ほとんど聞かれません。

尚、何鏡平先生の著書『薌師日語随筆』（後に『意拳要点』と称した倒錯本が出回り有名となった）には、拳式十二式として、蟄龍探首、進退捲臂、滄海龍吟、勒馬聴風、驚蛇遭敵、怒虎捜山、提弓捉狐……、などが書かれていますが、これらは站椿や動作など各状態の〃意境（境地）〃であり、あるものは站椿で学び、あるものは動作で学び、文章で説明することは難しい、と述べられており、いずれも固定した動きと考えないほうがよさそうです。

但しこれとは別に、香港に移住された韓星垣先生が伝えた、十二趟手は具体的な動作といえますが、意拳、形意拳、六合八法などの代表的な動きをよく纏められており、またいくつかの動作は澤井先生がおこなわれた練りとの共通点も多く、非常に興味深く素晴らしいものだと思いますが、名称自体はいつからあったのか疑問が残ります。

更には王先生自身が、形意拳に関して、

「五行（注：五行拳を指す）とは、もともと五種の力の代名詞であり、また十二形は所謂十二種の禽獣の各特徴を闘いに取り入れ、単独に十二形があるとか、また各種の雑な類の拳套には非らず」

「形意拳の嫡傳には、そもそも十二形の練法などは無く、然し全身に十二形の意が有りこれを尽くす。また五行生克の論も無く、ただ五行を以て五種の力の代名詞と為しているだけである」

などと述べています。

故に、固定した動作にとらわれるべきではないのでしょうが、しかしこのような名称とある一定の動作があると、指導するにも継承していくにも本当に便利ですが、また誤解を生むのではというリスクもついて回ります。私自身も指導する場合、このような名称をつい使ってしまいますが、それが良いことかどうか悩んでいます。但しあらゆる動作は、所詮は各種の力（能力）の組み合わせというか、重なりというのか、で成り立っており、その結果、自然と動作が生まれてくるのに過ぎません。よって形から真似して、やがて指導者や名人と言われた人とそっくりな動作をおこなえるようになっても、それを生みだす元になる各種の勁力がなければ、その動きは大した効果を生み出しません。これがいわゆる内勁があるとかないとか言われる由縁だと思います。

ここ数年は、会の練習内容も、王薌斎先生の著書に示されている、各種の勁力（能力）、「両手は兜、抱、開合、伸縮の勁を用い、両足は提、挟、扒、縮、蹚、崩、擰、裹の勁を用いる」とか、「おおよそ出手の時は、提頓、撑抱、兜墜、鑽裹を用いて順力逆行し、方を以て圓を作る。落手の時は、含蓄を用い纏綿滔々と途切れず、圓を以て方を作る」

といったように個々の能力を、先に向上させていこうという方法に変わってきました。その内面がなければ全ては成り立たず、しかしまた外面にでてくる動きや風格は、所詮は個人個人の性格や条件で異なるものであり、澤井先生も「君ら自身の太気拳を練り上げていかなければならない」と言われた意味が思い起こされます。

しかし、先輩たちより（直接的にも、間接的にも）学んだ名称は、その意境（境地）、意像（イメージ）

等には大変役立つものであり、飽くまでも固定した動作の名称ととらえず、それに内包される勁力のイメージ、境地を掴む為のヒントとして大切にしていきたいと思います。

そんな訳で、これから2、3週間は、いわゆる「抜水試力、抜水試力、分水試力、迎風催浪……」などと言われている単純な基本動作を利用して、これを構成する各種の能力、そこから生まれる無限の変化に特化し学んでいきたいと思います。

エレメンツ（物事を構成する元素、要素、自然力）

２０１４／11／26｜太気拳意拳コラム

方と圓の考え方は、王薌斎先生の１９２０年代後期の著書『意拳正軌』の「用勁の章」（拳術の妙の貴は勁にあり、剛柔方圓に外ならない……）にて、図形を用いて強調し、更に１９３０年代末に、弟子の斉執度先生が、王先生の言葉をまとめて出版された『拳学新編』の「運力の章」（用力の変化は、剛柔方圓に他ならず、斜面、螺旋、及び蓄力、弾力、驚力などである……）にて説明されています。

『意拳正軌』は、晩年に王薌斎先生自身がこの考えを否定していたので、参考程度にしかならない、という意見もありますが、姚宗勲先生は「樁法換勁、鍛錬筋骨、用勁の章に関しては、この二十年間の説とほぼ同じであり、大きな差はない」と言われております。

確かに、１９４０年代の著書『拳道中枢（大成拳論）』では、「宇宙の原理原則を以て、神圓力方を養い、形曲意直、虚実無定とする」とあるのみで抽象的なようですが、その内容は、方と圓が含む（というか、構成するというか……）斜面、三角、螺旋、弾力などを挙げており、攻防原理や、発力の原理がここにあります。

現在の意拳界では、「神圓力方」という言葉はよく使われますが、これも「中と環」と同様、単純に全身だけを指しているのではなく、指、手、腕、足など身体各部にあてはまることです。

故に古い発想だと言われてしまいますが、我々はこれを大切に、また大いに参考にしていきたいと思います。

方の中では常に圓を求め、圓の中では常に方を求める……
横の中にも縦を共存させ、縦の中にも横を失わない……
剛の中には柔を求め、柔の中には剛を求める……
動の中では静を求め、静の中では動を求める……
ゆるやかさに早さを求め、早い中でゆるやかさを求める……
実の中に虚を探し、虚の中に実を探す……
不平衡の中で平衡を求め、平衡の中から不平衡をさがす……
矛盾（対立）に統一を求め、また統一は分かれて対立を生む……

決して言葉遊びではなく、単なる思想でもなく、どんな小さな動作でも（外面的な不動状態においても）、大きな動作でも、これらを忘れず求め、対人練習においても、その精度を向上させる努力が必要です。ただ漠然と気のない、意のない繰り返しの数練習では効果が低いです。よく理解し、よくテストし、使いこなせるようになりたいものです。

ところで、香港の九龍（クーロン）駅にある香港最大級のショッピングモール、「エレメンツ」は、正式名称を「Ｅｌｅｍｅｎｔｓ（圓方）」と言い、ビルにもこのように大きく書かれています。つまり中国人の発想では、方と圓はエレメンツ（＝元素、要素、自然力）なのですね。

このショッピングモールの売場も、「金、木、水、火、土」という5つのエリアに分かれていて、それぞれ、ファッション、レストラン、美容、健康、ヘルスケア、エンターテイメントなど総合的に遊べますが、中国人にとっては、今でもこのような発想が自然に日常生活と一体化しているのでしょうね。

試声

2014／11／27―練習日記

姚承栄先生の講習会において、参加者の一人が試声に関して、「なぜイとヨの声を出すのですか？何か理由があるのですか？」と質問されました。これに関して少し補足説明を致します。

中国の意拳の指導者によっても、
Ｙｉと Ｙｏから練り、やがてこれを合わせ、最後に無声とする。
Ｙｉと Ｙａｏから練り、やがてこれを合わせ、最後に無声とする。
Ｙｉと Ｅｒから練り、やがてこれを合わせ、最後に無声とする。
分けることを良しとせず、初めから息を呑むように一瞬で発声する。
などやや異なります。

王薌斎先生の『意拳正軌』の「龍法、虎法」には、「滄海龍吟」と「怒虎驚嘯」という名があり、また１９４０年の新聞に掲載された「大成拳宗師王薌斎訪問記・談拳学要義」には、

「試声は試力の不足部分を補う。人の生理的構造は、先天的な関係によりそれぞれ異なり、故に人それぞれの身体には通りにくいところがある。試声はすなわち身体内部の呼吸の功夫を以って補うものである。別名を内呼吸、または脳（腹）背呼吸という」

とあります。

試声でＹｉ（いーっ）と後頭部を突き上げるようなかん高い声を出すのは、雷の天を引き裂くような、龍の嘶き（いななき）に例えられます。また人によっては馬の嘶きを例にとって説明される指導者も少なくありません。龍は所詮架空の動物ですから、馬が首を持ち上げるようにして空に響くように嘶

く表情はとても参考になります。この音そのものもそうですが、その神態も重要で、口というか喉というかが横に開き、全身から絞りだされる声は、頭（後頭部）から天まで届く様です。澤井先生も、王薌斎先生は、「ひぃっ」という気合いを発したと言われましたが、また時に澤井先生自身、虎や熊の腹の底から唸るような声を出されることも多々ありました。虎が谷間や山林を揺るがすかの如く腹から吼える様がＹｏ（ヨッ）とかＥｒ（アとエの中間音）でしょうね。必然的に口というか喉は、縦に開くことになります。いずれも、この小さい「ぃ」のような息（声）を漏さないキレも重要な点です。

また李見宇先生の発声は実に見事で、この嘶きと吼える声が自然状態からほとんど時差なく一瞬に発せられるので、突然の爆発に感じ全く予期することができませんでした。李先生は、これを「声撃法」と言われ、山に向かって練習したり、声で飛ぶ鳥を撃ち落とすような気持ちで練習するよう、よく言われていました。

立禅・站椿における発力の為の微動で、後ろへの驚力の練習とその反動の前への弾力の練習が一瞬にして完結するようで（驚弾力）、突然の振動に感じられました。

形意拳の名人尚雲祥は、猫を抱いたときに、猫がゴロゴロと身体の中から音を立て、それが抱いている手にも伝わる状態を例にとって、いわゆる雷音も単なる雷の轟きではなく、雨が降り始める前の天空の中に有るような無いような、とても深沈な状態だ、と説明したと言われています。

この尚雲祥先生のいわれたいわゆる雷音が、試声、試力であり、実際の発声が発力と考えるとわかりやすく、つまり単純に声そのものを練習するのではなく、正しい練習を長く積むことで自然と内部から養われるものが、気分や意によって発せられるのであり、ただ声だけを練習してもなかなか上手くいくとは思えません。一番の近道は基本を疎かにせず、目的をよく理解し、レベルの高い指導者の声とその状態を観察し、日頃からその精神状態を忘れずに求めることが大切かと思います。

試声（追加）

2014／11／28―王薌斎の言葉

試声に関して、王薌斎先生の著書『拳道中枢』にも書かれています。以前掲載した『大成拳祖師王薌斎先生談拳学要義（答記者問）』と、ほとんど同じ内容ですが、もう少し詳しく書かれていますので、一応参考までに掲載致します。

拳道中枢―試声

試声は、試力の細微で及ばないところを補助する為のものである。その効力は声の音波を運用し、全身の細胞を鼓蕩させる作業にある。その本意は威嚇することではないが、これを聞くものは、突然不意に驚きと恐怖を感じる。その声と力は併せて発し、ただ叫び声を出して威嚇するものとは異なる。試声の時は、口内の気を外に吐いてはならず、声の内転功夫の運用である。初めの時は有声を求め、徐々に有声から無声に変えていく。

つまりおおかた人の声は各々異なるも、ただ試声の声は、人は誰もみな同じで、その声は幽谷で衝く鐘の音に似る。故に老輩曰く、「試声如黄鐘大呂之本」といった。筆墨で形容すること難く、その神を観、その理を測り、その声を聞き、その意を推し量る、後にその声力の情態を試すことを以て、ようやく得るところがある。

『意拳正軌―用勁』

2014／12／03―王薌斎の言葉

『意拳正軌』の用勁の章の意訳したものを掲載します。

用勁の章は、用勁と求勁の二つの文章から成り立っていますが、後半の求勁の部分は、その後発表されている試力に関するものと大同小異です。よって今回は前半（というか大半を占める）の用勁の部分のみを掲載します。いつものように、完璧な訳文ではなく間違いも多々あるでしょうが、現在練習している内容は、これなくしては語れません。

なお、図の部分は私のパソコンの作業レベルでは貼り付けることができないので、各自王先生の本を参考にしてください。

この文章もそうですが、力の感覚が出てこないと、いくら読んでも抽象的にしか感じられず、実感のない人にとっては全く価値のない文章でしょう。しかし実感のできた人にとってこの文章はとても

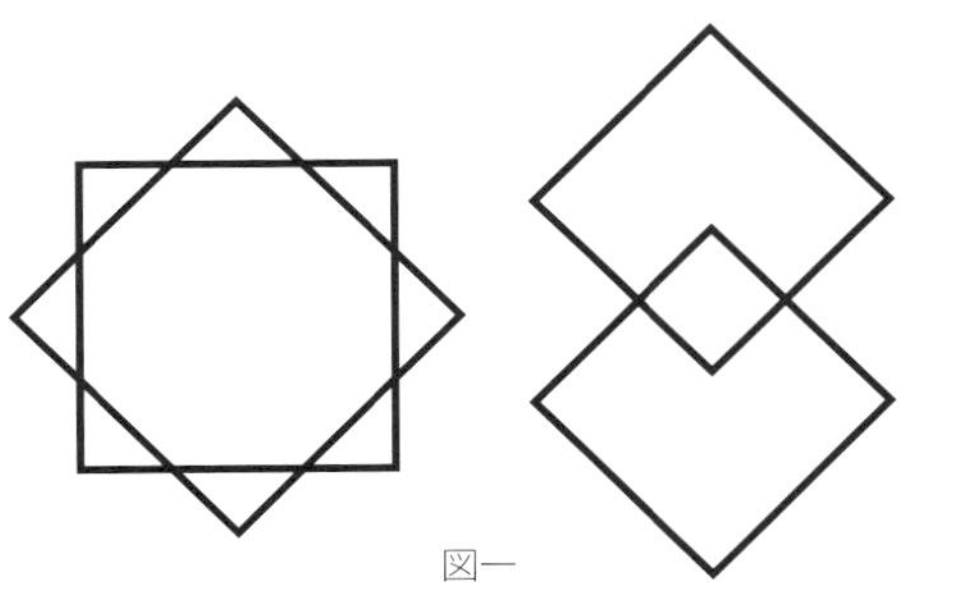

図一　図二

参考：王薌齋著『意拳正軌』

価値のある宝になるかと思います。

もし一部でもこの文章に書かれた勁力の感覚が出れば、その部分は更によく理解できるようになるはずです。できればこの文章の一語一句、全ての実感が出てきて欲しいものです。

私にとってもこの文章を、単なる意訳ではなく、実感として（まだ、ある程度ですが）理解することは長年の夢でした。それは指導してくれた方々の、いわゆる喂勁（ウェイジン）とか喂手（ウェイショウ）とか言われる、手とり足とりの丁寧な指導方法なくしてはあり得ませんでした。縦と横、方と圓、剛と柔など、いずれも非常に微細な、そして自然な用勁です。会員の皆さんは、是非細心の注意を以てわずかな姿勢と動きにも妥協せず、求めていってください。

用勁

拳術の妙の貴さは勁に有り、用勁の法は、剛柔方圓に他ならない。剛は直堅、柔は霊活。直堅は伸び攻守の力あり、柔は縮まり驚弾力がある。剛勁の形は方に似て、図一の如くである。柔勁は外が方で内は圓、図二の如くである。伸縮、

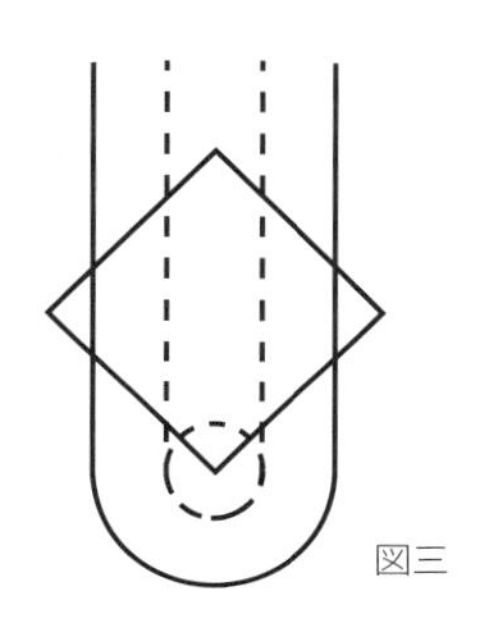
図三

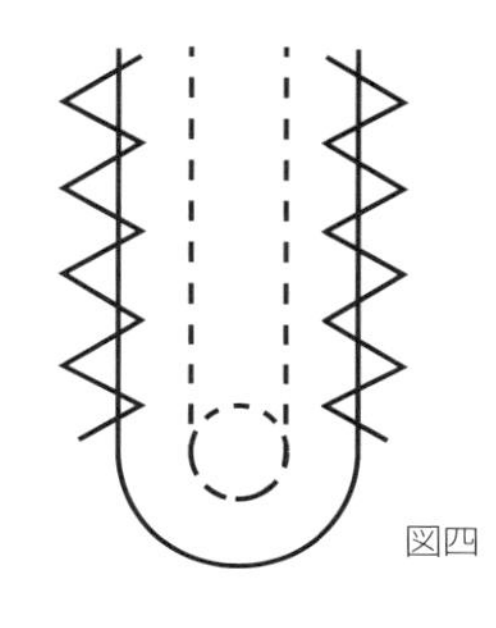
図四

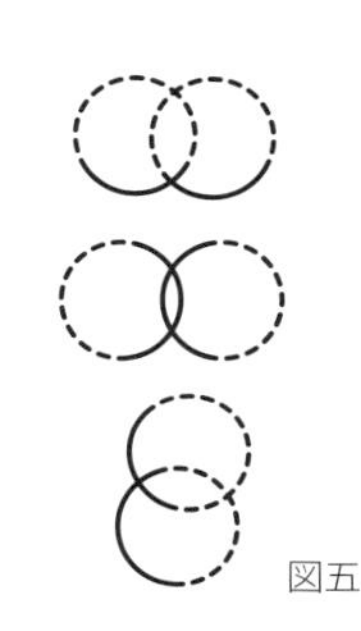
図五

参考：王薌齋著『意拳正軌』

仰揚（注：めりはり）、長短互いに用い、剛柔が相助ける。左が剛で右が柔、左が柔で右が剛、梢節が剛で中節が柔、また時に剛で時に柔、虚実変化の妙、半剛半柔運用の精があり。更に柔で退き剛で進み、剛で退き柔で進み、虚に遭えば柔、また剛はその後に随う。実に臨めば剛、また柔はその先にあり。千差万別なれども、中線を以て重心を失わず、全身の光線は絶えず枢軸と為す。

横に支え（縦に？）放ち、光線は広々として果てしない方であり、提抱を含蓄し、中に生気を蓄える（隠す）圓なり。筋は力を出し、骨は稜を生む。およそ手を出す時は、提頓、撐抱、兜墜、鑚裹を用い、順力逆行し、方を以て圓を作り、図三の如くである。落手の時は、蓄を含み延々とまとわりつき途切れず、圓を以て方を作る。図四の如し。この圓勁は抽提し、方勁は転じ、開合は連なる輪のようで、図五の如し。相互複雑にいくつも絡み合えば、相手は計ることができず、その精巧さは、良馬が谷を跳び、勇ましく嘶き、色艶は美しく、気は壮大で、精神が堅固で、大敵に臨み、たとえ剣鋒が林の如く、刀斧は山の如くでも、無人の境地の様である。身体は強固な弓の如く、手は弓が満ちて即発する矢の如し、出す手はあたかも蛇が獲物を呑みこむが如く、人を打つは雷が地を震わすようである。

この用勁の道は、剛に過ぎるべきでなく、剛が過ぎれば折れやすい、また柔に過ぎるべきでもなく、柔が過ぎれば進めない。縦の勁を以て側面から入り、横の勁で出入りし、また回り廻る。この種の用勁の法は、その真髄を心底理解しなければ、得ることは容易ではない。もし熟達して使いこなせれば、勁は自ずと圓に、体は自ずと方に、気は自ずと静まり、神は自ずと一になる。学ぶ者はこれを怠ってはならない。

『拳学新編』（総論―拳学述要）

2014／12／11―王薌斎の言葉

『拳学新編』の「第一章　総論―拳学研究会述要」を意訳しました。色々難しいことが書かれていますが、会員の方は是非その要点をつかむよう参考にしてください。

我国の拳学は戦国時代に興り、以後達磨の洗髄と易筋の両法に華佗の五禽戯を加え、この技を集め始めた。今その門派はおびただしいが、淵源は一つである。如何に派が分かれようとも、総じて拳の名を出ることはない。この拳とは即ちいわゆる拳拳服膺の拳である。動静の中で守り用い、これ即ち我々の気質本能を尽くす道であり、ただ套路に精通し専ら招法を論じるという拳にはあらず。

拳学の一道は、計り知れぬほど難しいものと思い込んではならず、尋常でない功夫も多くは平易（注：やさしく、簡単なこと）から得るものであることを知らなければならない。歩く、立つ、座る、横たわるに係わらず随時どこでも功を練ることができる。それには先ず身体をきちんと正し、意念を空洞にし、精神を集中し気を静め、情や縁を一掃し、静寂に呼吸を調え、内外の温養を以て、不正常なものを洗い落とせば、筋骨気血は練らずとも自ずと練られ、養わずとも自ずと養われ、人の本能は次第に発達する。

初めに学ぶ際には、姿勢の優劣とか複雑か簡単かにかかわらず、ただ全身の大小間接が上下前後左右に相互用と為すか、神経支配の大意と気血の流れと呼吸の調えが発する弾力がどうかを見るのみである。

総じて得力（注：力量感がある状態）舒暢（注：伸び伸びとして心地よい状態）に達するところまでおこなう。その神情（注：表情、顔つき）を察すれば、身体は天を貫く宝樹（ほうじゅ、注：浄土に生えている木々のこと）の如く、多くの木々の支えを借り、また大気の波の中で遊泳する動蕩（注：揺らめく）の如く、毛髪は高く低く抑揚があり互いに頼り、大いに長伸の意があり、気血は大海の洋々たる水の如く、波が縦横入り乱れ流れ渦を巻いてやまない勢があり、精神は巨大な高炉の如く溶かさぬものはない。また心身は大海を渡る浮きに似て、わずかの一針の隙間も許さない。これ心身気血修練の要旨なり。

もしも妄念を洗い尽くさなければ、動静自然を失わずに、利を得ることは容易ではない。然るにたとえ如何におこなおうとも、身心に力を用いることを最も忌み、力を用いれば気は滞り、気が滞れば意は停まり、意が停まれば神は断たれ、全身みな非なり。

他に試力の均整、肩架（注：骨格構造）の配備、発力の自乗（注：争力の作用）、三角の螺旋、種々の構造の一様でない力、また渾元仮借の一切の法則など、みなおろそかにすることはできない。さらに全身の枢軸の鬆緊、面積の曲折と、敵と対した時の互いに接する時間の利用、これらはみな言葉や文字で形容し得るものではなく、願わくはこれを学ぶ者は恒心毅力（注：ぐらつかぬ意志、根気、気力、気迫）を以て、研究検討し、さもすれば法海（注：広大な仏法の例え）に入り、道理要点を博することも難しいことではない。

『拳学新編―養気の章』の一部、目と気の鍛錬に関して

2014／12／12―王薌斎の言葉

先日、練習の際に眼付きの話が出たので、ちょっと触れたいと思います。

以前、何かの本で読んだのですが、確かその著者が中国に行き、意拳の人達と交流したが、それまで、にこやかだった彼らの顔が、まるで親の敵のような形相に変貌し、打ちかかってきた。しかし交流が終わればまたもとの笑顔にもどった……。意拳では戦いの意識を離れてやっても意味がないのだ……。

などと書かれていた記憶があります。

確かに、相手と手を触れるからには真剣味が必要なことは当然で、ライオンはウサギを捉えるにも全力を尽くすというのも、もっともです。しかし私が北京で練習していた頃、姚宗勲先生のところでは、右記の話のように形相が一変することは全くありませんでした（他の大成拳練習生では、確かにこのような輩がいましたが、彼らのほとんどは経験の少ない、レベルのそれほど高くない人達でした……）。特にレベルの高い兄弟子は、ただ冷静に獲物を探し捕らえる様な目付きで、中国的にいえば、目に神がある、という感じですが、その表情は全くの無表情で、反ってそれが怖く、印象に残りました。

意拳でよく言われる、〝神不外溢、意不露形、形不破体、力不出尖〟（神は外に溢れず、意は形を露出させず、形は体を破らず、力は先より出さない）、つまり表情も意もそれを漏らさず、表さず、形は崩さず力も漏らさないというのが、こんな感じなのだろうと思った記憶があります。


ところで中国武術では門派にかかわらず、目付きがよく鷹の目に例えられますが、鷹や鷲の仲間は、何百メートルもの高い空を飛びながら地上の獲物を見つけるほどで、その視力は人間の8倍以上もあるそうです。中国では目の鍛錬もいくつか習ったことがありますが、補助練習として目のみを個別に鍛える指導者と、あくまでも站椿などと結びつけ、全体の一部として自然に鍛えることを良しとする指導者がいました。

なお、王先生の弟子の斉執度先生が書いた『拳学新編―養気の章』には、以下のようなことが書かれており、一応参考までに紹介いたします。会員の方々は、以前掲載した秘静克先生の文章とともに、お読みください。

（前略）薌斎先生は質問に答えていわく、

神を用い、意を用い、力は用いるなかれ、気を養い息を調え、川の流れのように滞らず、神意と気を合わせれば、この道の真の主宰とその奥妙機運を得る。

前に、気を養うは故意に自己の意の支配を用いてはならず、と述べながらも、また神を用い、意を用い、力は用いるなかれ、の一語は、やはり意を用いることを重視しており、これ矛盾にあらずや？　との問いに答えて、「実則未也」と言われた。

故意に自己の意の支配を用いてはならずとは、即ち故意に気をどう動かし用いるか、ということをしてはならず、これによって気が滞り自然を失うことを防ぐのである。いわゆる意を用いるとは、意を以て体験観察し、気を自然に帰し、全身に行き届き、かつその均と静を保つこととなり。言葉は異なれども、用意は一つである。前者の用は助長であり、助ければその気は暴れまた乱れる、後者の用は不忘であり、自然より得て気は静粛する。このことを知っておかなければならない。

気を養うのは専ら呼吸を調えるところにあり、むしろ身体外に求めるに及ばず、気を故意に調えなくとも自ずと調う。その法は目を遠方を注視し、一つの目標点を仮定して、身体各部とその定めた目標点と、神を合わせ、意を合わせ、光を合わせる。我が動くときは、目標もこれに随い動く。目標を拡大すればその光は輪の如く、縮小しても光を破ってはならない。始めにおこなうときは、身体と目標は十丈前後（注：古代では一丈は2メートル弱、現代では約3メートル）離れ、視線は水平に一直線とし、練習が進めば、この目標点を遠くから近くに縮め、あるいは近くから遠くに推し出し、またあるいは上へ下へと、このようにおこなえば、気は練らずとも自ずと練られ、養わずとも自ずと養われる。（後略）

『拳学新編』（習拳六要、第四節　要作体認功夫）

2014／12／13—王薌斎の言葉

今回は、『拳学新編』の中にある「体認」について意訳してみましたので、是非参考にしてください。

拳学新編　第四章　習拳六要
第四節　要作体認功夫

拳を学ぶには「心伝意領」の四字を知らなければならず、力を得る最も大切な時期であるが、この四字は「体認」の二字の中でこれを求める。体認は一種の実行の功夫であり、意の支配を運用して、自身の知能と体能の作用を発揮し、脳が認め受けたものを身体を使って実行し、身を以て確かめ知り、併せてその未知のものを求めることなり。

口授心伝とは、真の学、真の知に非ずということを知らなければならない。須く自身が実行して正に実の学、実の知となるのである。故に拳を学ぶには体認の功夫を重視し、これ空想を実相（注：実際のありさま。仏語：真実の本性。不変の理法。真如。法性）に改める実功夫なり。

体認の功夫には、内を省み、外を観み、実験する三要点があり、一つ欠けても不可である。内を省みるとは自己の意象（注：雰囲気、情調、形象）がどうかを直接観察することなり。外を観るとは内の自分を省みて外の他人を観て、その他人の表現を以て、内容を参証し、内省をおこなう助けとなり、実験は内省、外観と合わせて得るところがあり、自己の体でおこない、また実効を得ることとなり。

拳を学ぶに師から得るのはしきたりと規則であり、己が得るのも即ちしきたりと規範に従うものであって、体認を経て実際に身体の妙用を得るのである。拳を学んでも身体に得られなければ、そのしきたりと規範は自己にとって無益である。

体認を論じれば、もともと力、気、神の功夫がある。力、気、神はみな体認の功夫であり、これを分けて言えば、拳功の深さに限界あり、合わせて言えば心と気が一斉で万力すらも十分である。

力、気、神はもともと分離不可の性があり、三者は実際みな一気に基づくものであり、気が調えば、神経の訓練、気血の調理（注：保養、訓練、調整）、筋骨の鍛錬、みな体認の実功を得、故にいわく三歩の功夫なり。椿法の示す要点は、みなこの気を養い人の生を養う基と為すなり。

『拳学新編』(習拳六要、第五節　要去三病)

2014/12/14 ―王薌斎の言葉

引き続き「拳学新編」の意訳です。どの文章もそうですが、力を入れることに徹底的に気をつけるよう注意を呼び掛けています。蓄力状態は勿論のこと、発力状態でも十分に気をつけたいものです。いかなる状態においても緊張は厳禁です！

拳学新編　第四章　習拳六要
第五節　要去三病

拳を学ぶに三つの病あり、一に努気、二に吃力、即ち拙力を用いること、三に挺胸提腹のことである。この三つの病に感染すれば、動静は理に合わず、拳功は必ずや力を得、気を得、神を用いることは難しい。用心しなければならない！　拳を学ぶに力を用いることはとても大きな病である。昨今拳を授ける者は専ら速さと力を用いて初心者を指導する。誤りである！速さと力を用いて教えるとは、手足の用力を欲することなり。四股に力を用いるは、心身の真勁が必ずや詰り固まり、久しくなればその害は甚だ大きくなる。今拳を学ぶ者はこの害を理解し、これを遠ざければ、誤った道に入ることを避けることができるであろう。

薌斎先生いわく、「今拳を学ぶ者は、多くあたふた拳套を打ち、暴力（注：粗暴な力）を用い迅速さと美観を求め、全身の気孔を閉塞させ、また気血の流通に実に大きな阻害がある。あらゆる拳術家はおよそ暴力を用い、目を怒らせ眉間に皺をよせ、足をばたつかせ音をだす」。これは先ず気を閉じ、またその後にその力を用い、練習が終わるときに至れば息が切れて止まらず、元気を傷つける。故に十数年の功夫も最後には門外漢と為る。これ、どうして拙力を用いることによるところでなかろうか？

立禅（站椿）と試力

2015／01／09 ―王薌斎の言葉

動作において、ある時点（空間）では力がバラバラで、その運動路線において力の隙間や強弱が発生する、また始動時の力の発生が遅れるなど、いつも指摘している問題ですが、これらはいくら動作の練習をしても、なかなか解決できないのが現実のようです。一人の動きも、対人練習での動きも、ある意味みな立禅（站椿）で養う力のテスト（試力）ですから、立禅で力を養わずテストをする意味は少ないと思います。

かつて王先生は、「力がないのに一体何の力を試すのか？」とやたらと動くことを戒めたそうです。立禅で養われる力は、言ってみれば静の力です。それはまさに『意拳正軌』などに書かれているように、「筋骨訓練」によって得られる、より合理的な骨格構造と筋の状態の養成を中心としており、争力、中と環などが意識的でなく自ずと養われるものです。その力を如何に活用できるようにしていく為のテストが試力ですから、力もその養成なくして動きからこれを得ようとするのは、どうかと思います。勿論動きの練習から得るものも多々ありますが、立禅（站椿）から得られるものとは異なるものでしょう。

また立禅（站椿）時に、姿勢の調整をしているのか？　苦しそうに身体を動かす（？）というか、じーっとできない人も多々います。

海辺に行くと、生簀の蟹のなかで、やたらと元気そうに動きまくっているものは、実は呼吸ができずに酸欠状態に陥り居心地が悪くて動き回っているのであり、水中で動かずにじーっとしている蟹こそいい蟹だ、と聞いたことがあります。

〝心猿意馬〟あるいは、〝意馬心猿〟という言葉がありますが、煩悩や情欲・妄念で、心が混乱して落ち着かない、心に起こる欲望や心の乱れを抑えることができないたとえで、心が、走り回る馬や騒ぎ立てる野猿のように落ち着かない意味だそうです。

気が乱れたり、心や意が定まらないと、じーっとすることができなくなります。

〝王薌斎先生は養気を論じて嘗て曰く、「気を調えれば妄念は平穏となり、無念でかつ神は自ずと清となり、神が清となれば心意は定まる」〟『拳学新編―論意』より。

頭頂如懸磬（頭を持ち上げるは、磬をつるすが如く）

2015／01／10—王薌斎の言葉

立禅（站樁）において、姿勢が高いと重心が落ちずに足腰が安定せず、力が出せない、また姿勢が低いと体が重く、動きが鈍くなって相手に後れを取る……。この問題も単純な姿勢の問題だけではなく、力の偏りより発生しており、このバランスが適当であれば上下の争力も自然に養われ、重厚かつ軽快な状態になるかと思います。天野先生のブログでは、再三にわたって上下の力を重視するよう書かれていますが、昔から武術家はあの手この手で上下の感覚の妙を指導されようとしてきました。意拳における神亀出水などという言い方もそのひとつでしょう。立禅だけではありませんが。

王薌斎先生は、『意拳正軌—歌訣』の中で、

「頭頂如懸磬（頭を持ち上げるは、磬をつるすが如く）」

（注：磬＝けい、あるいは、きん。平らな石片や金属片などに孔をあけ、紐を通して架につるし，角製あるいは木製の撞木で打鳴らす、古代の打楽器。磬の写真は、インターネットなどですぐ見つけられますので、見てください）

と述べており、更に続いて

「頭は六陽の首なり、五関百骸はみなこれに基づくものである。頭を持ち上げるは宙に浮くが如く……」

となっています。なんとも言い得て妙です。

磬の重い石片や金属片の重力と、それをつるす浮力のバランスを保つように立ち、やがてはそのような状態のフットワークができるようになりたいものです。北京で初めて姚承光先生、姚承栄先生と組手をした時、他の兄弟子とは異なり、まさに蛇や蜘蛛が地を這うようで、異常な低さと安定感を保ちながらも、わずかに地面から浮いているようで、その早さに驚きましたが、これも站樁から練り上げられたものと感じました。

『拳学新編』（樁法前論 応知自身之位置）

2015／01／11―王薌斎の言葉

昨日の「頭頂如懸磬（頭を持ち上げるは、磬をつるすが如く）」に続いて、自己の位置の重要性がまた書かれているものがあり、参考にしてください。

書かれていることは当たり前ですが、いかなる状況においてもこの感覚をつくるのは大変難しいかと思います。会員の皆さんは本日の練習と合わせて、是非考えてみてください。

拳学新編　第六章　樁法前論
第二節　応知自身之位置

拳を学ぶには先に自己の位置を知らなければならず、我々がひとたび立てば、天戴地履（注：天を戴き地を踏む）、上下、左右、前後の中、その所処の境とは天地四方、身体は空気中に居ることは誰もが知るところであり、言うまでもない。拳を学ぶ者は、須く先に自己の位置を求め得る。その法は本身以外の四面八方から振り返って自己を見て、まさに中心を得る。その立つ基は即ち圓であり、中を得、中を用い、妙用は尽きることはない。

張壁と大成拳

2015／01／12―太気拳意拳コラム

昨日は島田先生の気功会設立30周年演武会の日、残念ながら出席できませんでしたが、心よりお喜び申し上げます。

さて、我々の目指す太気拳は、澤井先生が学ばれた１９４０年代に大成拳と呼ばれていたことはご存じだと思います。

大成拳という名は、当時北京における実力者で、当時四存学会という教育機関の董事長であった張璧によって名付けられた名前です。

また、ここで何度も紹介している『拳学新編』の著書である斉執度は、この四存学会の校長を務めていた斉振林（中華民国陸軍次長）の実子であり、斉執度もまた張璧と同じく当時の王先生のパトロンの一人と考えられる人物です。

四存学会は中華民国第４代総統、徐世昌が設立した儒学顔李学派の教育機関で、董事長の張璧は当時日本軍の傀儡政権となっていた北京臨時政府における実力者であり、王薌斎先生は１９３８年以降、この張、斉らの組織する四存会にて、意拳を指導されることとなりました。

以前澤井先生より、「どの国にも王様のお抱えのコックとかがいるだろう？　王先生は当時の北京政府のお抱え武術家のようなもので、他の武術家とは身分も異なり、一般人がそう簡単に学ぶことなんかできなかったんだよ」と聞いたことがありましたが、恐らくはこの張璧らを指して言われていたのだと思います。

張璧は、辛亥革命においては、当時の北京市警察沿総監として、紫禁城から溥儀一族を立ち退かせた役を務めています。しかし１９３１年には北京天津一帯の青帮（チンパン）の頭目として、当時奉天特務機関長の土肥原賢二（Ａ級戦犯として死刑となった）の謀略にのり、第一次天津事件を起こし、溥儀を天津から満州に脱出させたことも伝えられています。また日本軍の傀儡政権である北京臨時政府の実力者でありながらも、共産党の地下活動をおこなっていたとも言われ、抗日戦争後直ぐに国民党に逮捕され、その後亡くなりました。共産党早期党員で著名な張秀岩（文革で迫害を受け獄中死）は張璧の実妹であり、また中華人民共和国成立後より長期にわたって北京市市長兼北京市党委第一書記を長く勤めた彭真（共産党八大元老の一人）の夫人である張潔清女史（彭真らと共に革命に参加した）も、張璧の姪で、他の一族もみな共産党の要職に就いていることを考えると、張と共産党の関係にも信憑性が感じられます。

北洋軍閥から日本陸軍、王克敏の北京臨時政府、共産党などの間を暗躍してきた張璧の生涯は謎が多くて本当のことは分かりませんが、事実は小説よりも奇なりで、世にでている歴史などはほんの一部のことだと思います。当時の武術家には、戦争という激動の歴史に深くかかわってきた人たちも多くいたことでしょう。王薌斎先生や澤井先生だけでなく、意拳修行者の多くの先人達が我々の想像できないような大変な時代を生きてこられました。ある者は国民党として台湾や香港に逃れ、ある者は新中国建国に身を捧げ、ある者はひっそりと暮らし、あるいは迫害を受けました。

ちょっと重い話になりましたが、我々もこの武術に係わった先人達の苦労を多少は気にかけて知っておいて頂ければと思います。

「支那武術由来記」(武田熙先生著)

2015／01／13－太気拳意拳コラム

王薌斎先生の拳術が張壁によって、大成拳と称されるようになると、当然のことながら多くの武術家よりの反発が起こったようで、その様子が、武田熙先生の著書に見受けられます。

「支那武術由来記」(昭和15年『北支』掲載より抜粋)武田熙

『王薌斎なるものあり、自ら大成拳の鼻祖宗師と称し他の門流を藐視すること甚だしきを以て我等一同公衆の面前に於いて勝負を決し度きにつき審判の役を御承引願上度候』—と云ふ手紙が数日前私宛に送達されて来た。差出人は『北京武術家一同』とあつた。

支那には庶民相手の小型新聞が存在している。所謂小報と呼ばれるものであるが、この小報のうちで北京で最も売行のいい實報と新北京とに王薌斎なる仁の人を喰った談話が数日間掲載された。それは六月の半頃であつた。そこで武術界には一時に、夏蝉の如くかまびすしい声が湧き立った。その結果が上記の手紙となった次第であらう。(後略)

武田熙先生は、戦前の北京に留学し、その間に通背拳法を学ばれ、後に外務省官僚として戦後まで北京に滞在、更に日本人でありながら、西堂子胡同16号に「中国武術社」という武術館を開き、また名著『通背拳法』を中国語で出版された、もう一人の拳聖と言えるかと思います（この本は、当時の警察や学校などでも参考にされ、今に至るも大陸、台湾に関わらず多くの武術家が教材として用いています）。日本に帰国後は、一切武術を伝えることがなかった為、先生の拳術は失伝されてしまいましたが、この『支那武術由来記』ののち、王薌斎先生の高弟である韓星橋先生との交流があったようです。

当時北京には祁家通背拳を本流として、五行通背拳、劈掛通背拳、白猿通背拳などがあり、田瑞卿、劉月亭、張策、修剣痴、王栄標、賀振芳など著名な名人が多く通背拳を伝えておりました。この賀振芳が武田先生の師であり、また修剣痴はその後大連などの地で通背拳を伝え、その伝が常松勝先生によって日本に伝わっています。

余談ですが、武田先生は自著の中で、ご自身の通背拳の流派を明記せず、伝説として開祖に白猿の名前を記載した為、日本における各出版物には武田先生が学んだ拳術を白猿通背拳としていますが、北京の回族（イスラム族）が伝える白猿通背拳と、武田先生の学ばれたものとはまた別系統のものであり、武田先生ご自身は帰国後に、自らの武術を「私の通背拳法は祁家通背拳である」と明言されていました。

『拳学新編』に見る站樁における要点に関して　その1

2015／01／16 ―王薌斎の言葉

『拳学新編』は、1937年から1938年に王薌斎先生の教えを弟子の斉執度先生が整理出版した『拳術新論』と、『意拳新編』をまとめたものであり、故に内容は重複しているところが多々あるも、1928年の『意拳正軌』後、上海、河北省深県等の10年の指導期間を経て、北京に移住した直後の指導内容である為、この間の研究成果が表され更に豊富なものになっています。

当時、張璧と同じく、王先生のパトロンの一人であったと思われる斉振林（元中華民国陸軍次長）の実子である著者の斉執度先生は、その状況より王先生より多くの話を聞く機会があったのではないかと推測され、その意味でもこの書は当時の王先生の拳学思想を知るに貴重なものと思われます。今回はそこに書かれている站樁の各要点を紹介します。姿勢においては我々がおこなっているものと多少の差がありますが、それよりも身体各部の力感、意感を感じ取ってください。

拳学新編　第七章　渾元樁（一）より

「頭」：人体の最も高い処に置かれ、一身の主宰と為し、傾いてはならず、頭というより首、うなじが比較的適切だが、意を用いて上に持ち上げる。顎を収め頸をぴんと伸ばし、其の直を欲する、〝頂（注：下から突き上げる、押し上げる、突っ張る）〟に似て頂にあらず、縄でつるされ〝提（注：ぶら下がる、引き上げる）〟に似る、全身を統率する意がなければならない。

「足」：両足を等しく置き、親指は外を踏み小指は内をつかみ、土踏まずは虚（注：空）を含み、踵は僅かに起こし、筋絡を舒展（注：伸び伸びと広げ）させ、力を浪費させず、足はひとたび力を使えば、立つと安定せず。足に力が入れば必ずや頭は突っ張り、身体は伸び伸びとせず、気力は阻（はば）まれ、全身の関節は霊活（注：敏感で活発）でなくなり、またどうして其の站椿の安定を求められるであろうか？

「閭骨」：脊神経の殻と為し、人の中部にあり、上下肢体の中枢を支配する。閭骨は真っ直ぐにして、肩と臀部は正しく平行に、顎を収め頸をぴんと伸ばし、みぞおちは僅かに収め、胸を広げて腹部は丸く緩めれば、自ずと頭をそらし、腰を折り、胸を張り、背を寄せる病は無くなる。

「手」：両手を下に垂らし、指は地に差し入れると欲するが、また僅かに上に引き上げ、肘を少し曲げて、筋絡を伸ばし、また外を支えて内を包む意がある。肩と臀部は正しく平行に、脇下は筋を緩め、虚霊守黙、球を納められる如くである。

「歯」：歯型が上下かみ合うが、力を用いて合わせるべきでなく、歯を噛んだり目を見開くのは最大の誤りである。

「舌」：舌先を僅かに巻き、上顎に接触するが、押し上げるように似て押し上げず、其の接するか離れるかの意を悟らなければならない。

「鼻」：気管であり、呼吸は均等で無声とし、気は引き上げてはならず、更に沈めてもならず、均、静、自然を其の要訣と為す。気が静寂に至れば、調息はまさに其の妙を得る。口で呼吸することは避けなければならず、之を犯せば気は其の道を失い、鼻は其の職を失い、疾病し易く、慎まなければならない。

「目」：両目は平らで真っ直ぐ視ることを貴び、何かを気にして目を動かし、きょろきょろ左右を視ず、心意は自然で乱れない。

「耳」：四方八方を聴き、神を用い集中しなければならない。

『拳学新編』に見る站椿における要点に関して　その2

2015／01／17—王薌斎の言葉

引き続き站椿の要点です。特に「膝」の注意点が詳しく述べられており、勉強になります。

拳学新編　第八章　渾元椿（二）より

「歩」：横に開く時、両足先は前に向き平行に立ち、前後の差があってはならない。其の距離は個人の足の長さによって計るが、両足先は約一尺七、八寸を適当とする。胯（注：一般には寛骨、骨盤を言うが、武術では股関節、足の付根をさすことも多い）を開き膝は曲げ、静かに立ち暫くして安定させてから両手を挙げる。

「膝」：胯を開き膝は曲げ、馬に乗り股は其の低さを欲し、其の高さは欲しない。腰は下に坐り、胯（注：腿の付根の関節）は後ろに引き、臀部は前に包みかつ胯は外に張り、両膝は合わせまた外を支える意がある。膝蓋（しつがい）骨の処に力が生じ、動用は最も体認でき、膝頭から足の甲まで、足の甲から膝まで支える力が有り、また直立しようと欲すれば、足の甲と膝が縄でつながり開けないような意が有る。更に膝頭より上の部分は上に向かって常に引き上げる力が有り、同時にまた下に坐る力を具える。膝を内に曲げ太腿と脛（すね）は互いに集まる力があり、同時に相反して支える力を具える。此れ等の力量は自然に生じ、相等相乗、これ名を争力と言い、拳を学ぶに功夫がひとたび至れば、力の動きの状態は自然と悟り知るのであって、述べることは甚だ難しい。

「腰」：人体上下四股の運動の枢軸と為し、全身中線の所在、即ち重心の掛かるところであり、腰や背を湾曲させることを最も忌む。頭は真っ直ぐに肩は緩め胯が坐れば、腰は直となり一気は上下に霊通（注：よく通じる）する。

「手」：両手を高くあげ、意は筋肉を伸び広げるところにあり、肩の方向に沿って左右に伸張し、うでは僅かに前に抱き、肘を曲げて手首は押し指は離して上に向かって伸ばす。此の手の勢は站樁の基本姿勢であり、両手の姿勢がどうであれ、筋肉と骨骸はみな平行に伸び伸びとし、擰裹の力が無くば、みな此の樁が求めるところに属すなり。

『拳学新編』に見る站樁における要点に関して　その3

2015／01／18―王薌斎の言葉

引き続き、站樁の要点です。ここではいくつかの姿勢（手の形）と、更にどの姿勢においいても共通となる、掌、指先の末端の状態を紹介しています。

拳学新編　第八章　渾元樁（二）より（続）

「托式」：両手をみぞおちの処まで引き上げ平行にして、掌を天に向け、指先は互いに向かい合わせ、両うでは環（注：輪）、垂（注：垂れる）。

「按式」：両手は臍の前に引き上げ、親指は臍を指し、掌は地に向け、指先は互いに向かい合わせ、両うでは環（注：輪）、垂（注：垂れる）。

以上の両式において、「托式」は小指を、「按式」は親指を、それぞれ身体から四寸ほど離し、指先は三寸ほど離し、近づけ過ぎてはならない。

「推式」：両手を高く持ち上げ、前に向かって平らに伸ばした後、両手の指先を互いに向かい合わせ、掌を外に向け、肘手首は平行にし、その曲がる形は弓の如し。

「抱式」：両手を平らに伸ばし、掌を内に向け、両手の指先を互いに向かい合わせ、手首肘を平行にし、その形は鼓を抱く如し。

「提式」：両手を下に垂らし、肘を僅かに曲げ、また僅かに巻き各指は物をぶら下げる如し。

「挙式」：両手を高く持ち上げ頭を越え、肘を僅かに曲げて頭部に近過ぎてはならず。両手の指先を互いに向かい合わせ、掌を天に向ける。

手の五本の指は近過ぎてはならず離して、其の活を求めまた力を得る。各指は曲がり、つかむ如く、引っかける如く。虎口（注：親指と人差指の間）は圓にして張り広げ、指先は僅かに収め（集め）、掌の中心は内に吸い、物を以てぶら下げると欲する意が有る。また掌の中心は外に吐き、指先が外に向かって張り広げ、柔らかい糸が縛られて伸び広がらない意が有る。此の種の神情も争力の妙用で、同時に兼備え、自然に生じ、其の妙を得る。凡そ如何なる椿法も、形式はみな此の如し。

意念、欲望、助長について

2015／01／19―王薌斎の言葉

いつも言うことですが、〝意念〟というものに執着すると、何でもつい出来た気になり、実は自分がそれに支配され、反って身体の融通が利かなくなり、本来人間の構造が持っている力を失い、不自然な力を用いていることに気がつかぬことが多々あります。日本において(中国でも指摘されていますが)雑誌などが、〝意念〟を過度に取り上げたこと、また〝意〟というものをあまり研究せず、更に中国語の〝意念〟という漢字をそのまま使用した為にオーバーに解釈されたこと、他の武術との住み分けを強調し過ぎたこと等、多くの原因があるかと思います。姚宗勲先生も常に「知ればそれでよい」と言われ、これに執着することを注意されていました。

『拳学新編』では、〝助長の戒め〟などの例を用いて、この問題を指摘していますので、会員の方は参考にしてください。

(前略) 此の樁を立つ時、全身上下前後八方、頭と足、頭と手、手と肩、肩と膝、肘と胯(注:太腿の付根の股関節) 等どこでも相応じ、交互逆方向に縄で引きあい、あるいは人が互いに推し動かしても、どこも動くところがない意がある。実際には縄や人の引っ張りや推し動かすことはないが、〝存意〟はこの如し。しかしもし本当に引かれたり推されたりした状態に似せておこなえば、また誤りなり。これ欲望に支配され、其の動作は自覚なく既に力を浪費しており、自然を失う。(後略)(『拳学新編』「渾元樁(三)の章」より)

(前略) 拳を学ぶには須く精神と気質を合わせ具え、養練合一の要とし、まさに拳と為す。この境地に達すると欲すれば、〝存意〟から求めなければならないが、〝存意〟を述べれば、先に拳を学ぶ者共通の病が、速効を求めようと欲するところにあることを知るべきである。速効を求めることは即ち〝貪念〟であり、この念がひとたび生まれれば、心身は必ずや力を浪費し、気血の運行を阻害し、真力を外に発することが不可能となる。助長（注：苗を少しでも早く生長させようと思った農夫が、苗を引っ張って枯らしてしまったという故事から、不必要な力添えをして、反って害すること）が過ぎれば、速を欲しても達せず、故に心身に力を用いることを制止するのが第一の要事である。その制止の方法が〝存意〟であり、〝存意〟にて身体を検査し、少しでも力の浪費を感じれば元に戻り、ひとたび動いて感じ、感じれば転じる、これ久しくなれば自然に帰り、全身は心地よく無力の人の如くである。（中略）

〝存意〟を語れば、学ぶ者が最も誤解し易いことは、〝存意〟とは即ち一種の欲望作用と思い込むことである。助長の病の多くは欲望から生まれることを知らなければならず、薌斎先生は嘗て心を放つことを求めることを以て、勿忘を重んじ、助長を免れることを教えた。また、爾雅（注：じが、中国最古の辞典）の言う「勿念勿忘（注：思うなかれ、忘れるなかれ）」を、〝勿〟の真義の解釈の為に用いた。これから見るに、欲望は必ずやその根を除いて、拳功は神化に至るのであり、この理は当然間違っていない。薌斎先生は養気を論じて嘗て曰く、「気を調えれば妄念は平穏となり、無念でかつ神は自ずと清となり、神が清となれば心意は定まる」。心意が定まり、動けば神は帰り気は満ち足り、また不動の時の如く。これまさにいわゆる能動であり、心は外に馳せず、意は外に想わず、神は外に遊ばず、精は妄動せず。即ち存意養気の中で着手し得られる功夫なり。(『拳学新編』「論意の章」より)

枝節片面之刻板方法

2015/02/02―練習日記

王先生の著書はどれも、力、意、気、神などについて多く語られていますが、いわゆる技はおろか、現在広くおこなわれている各試力の動作についても一切書かれていません。意拳は、固定の技を持たないことを唱っていますから、それも当然のことでしょう。王先生は固定化した動きを〝枝節片面之刻板方法〟といわれました。〝枝節〟とは取るに足りないもの、〝片面〟とは全面的でなく一方に偏っていること、〝刻板〟とは板に彫った字や絵のように型どおりで汎用性のないことの意味で、これを無益有害であると断言されています。

澤井先生の指導は、手を廻したり、前後に推したり寄せたり、あるいは上下に動かしたりと簡単な基本の動きこそあるものの、そこから生まれ実戦に活用される練に関しては、特に固定した動きはなく、それらは差手、払手、迎手などに分類されるも、各自が自分に合った動きをそれぞれ練り上げていくものでした。勿論やみくもに動かすのではなく、澤井先生が示す動きを真似するのですが、何しろ澤井先生の動き自体が相手の攻撃の速度、重さ、方向性、間合いなど、色々な条件によって常に変化する為、その動き自体よりも、本質を見抜くことが要求されます。故に練りは個人の資質と練習度合に大きく依存し、センスがあっても練習が足りなければ使えず、逆に一生懸命に身体だけ動かしても頭を使って考えなければ、使い練り上げることは難しいと思います。逆に個人が練り上げた動きは他人が簡単に盗んで使用する事もできません。

以前、朱尭亭先生は、「試力の動作は毎回異なるようにおこなうこと」と言われましたが、例え試力といえども固定化してしまえば、それは王先生が非難する〝刻板方法〟に過ぎません。また健舞と称し、固定化してしまった試力をただ組み合わせておこなっても、それこそ意拳が否定する〝固定套路〟と何の変わりもありません。（と言うより、長い歴史や道理のある伝統的套路の足元にも及ばないかもしれません）

更に王先生は、

「今の拳術家の多くは、偏った一方的な〝単重〟から絶対的な〝双重〟に向かい、絶対的な〝双重〟から〝僵死（注：硬直化して生命力を失う）〟の道へ辿る」

と言われましたが、これも同様のことを指摘しており、まるで将来の練習者の陥るミスを予言していたかのようです。

（考えてみれば、王先生の本は、こうしなさいと言うことより、こうすべきではない、こうしてはいけない、などと練習生に対しての戒めの言葉ばかりが書かれています）

〝単重〟、〝双重〟に関しては、先日の練習で説明したとおりですが、各動作（力）における〝正と斜〟、〝虚と実〟などのテスト（試力）を通してよく研究していただければと思います。

強い意志、忘れず失わず〝拳拳服膺〟

2015／02／08　太気拳意拳コラム

王先生の本に書かれている、〝神〟とは、ある時は〝精神〟をさしており、ある時は〝神経〟を言い、またある時は〝表情〟を言っていることがあり、簡単に訳すことができません。〝意〟に関しても同様で、〝意感（＝感覚）〟を指している場合、〝意念（＝考え、思い）〟を指している場合、あるいは、〝意気（＝気概、意気込み）〟、〝意境（＝境地）〟などと、簡単に一緒にすることはできません。勿論これらはみな、心、脳の働きに関係するものなので全くの別物ではありませんが、単純に考えるべきでもないと思います。前回は意念に執着すべきではないと書きましたが、しかしまた現実感を持たなければならないという言い方もあります。

以前このブログに紹介しましたが、姚宗勲先生は、

「技撃で要求される意はもっと単純で強烈である。簡単にいえば常に大敵に臨むというイメージだ。そこには雑念を挟む余地などありえない。真剣味が必要であり、ちょっとの気の緩みや、過度の緊張は命取りである」

と言われておりました。いわゆる、

「練習の時は、三尺以外七尺以内、四方周辺に大刀や大斧を持った強敵や猛獣、毒蛇がぞろぞろやって来て、生死を共にする状況である、と仮定しなければならず……」

などと言うのがそうですが、これらは、〝意念〟とか〝イメージ〟と考えるよりも、戦うという強い〝意

志〟と理解した方が、実感があるかと思います。

随分前の話ですが、珠海にて韓氏意拳の創始者である韓競辰先生にご指導を頂いた時、「三尺以外七尺以内、四方周辺に大刀や大斧を持った強敵や猛獣、毒蛇がいて云々、というが、それをどんなにイメージしたところで、一体誰が実際にその状況を打破できるのか？　その場になれば、少し離れたところにいる一匹の猛獣でさえ、対応できないだろう。そんなイメージは、無意味な妄想にすぎない」

と言われた先生の言葉が、今も耳に残っています。勿論韓先生は、王先生の言葉を否定された訳ではなく、この様なイメージのみに頼ってその気になっている今の意拳修行者達に対しての苦言を呈したのであり、その後の会話の中で、気構えや気迫の重要性も説かれていました。

私も全くの同感で、このイメージにこだわり、頼るのではなく、この様な状況においても強い意志、気構え、気迫を忘れず失わず、これも王先生の言う〝拳拳服膺〟の意味の一つだと思います。

韓星垣先生の十二趟手

2015／02／18―太気拳意拳コラム

初めてこの練習方法を知ったのは、陳雲開氏著の『形意大成拳』でしたが、その中の動作のいくつかは、澤井先生の差手や迎手、打拳などに似ていた為、興味を持つようになりました。その後2000

年頃、香港出張が増えてきた際に、香港意拳協会に連絡を取ると、多くの先生方が集まってくれました。当時香港の意拳は、韓星垣先生の系統だけだと思っていたが、集まってくれた先生達は、韓星垣先生の高弟の他にも、韓星橋先生、寧大椿先生、梁子鵬先生など他の系統の方々もおり、香港には私の知らない意拳が伝承されていることを知りました。これを機に各派の意拳と交流することができるようになり、それまで北京の意拳は（内容や考え方に多少の違いはあれど）外面的には比較的同じような動きをしていたので、香港も同様かと思っていましたが、各派それぞれ内容や考え方だけでなく、動きそのものが大きく異なるところも多く、意拳に対する認識を改めさせられました。

韓星垣先生が伝えた十二趟手の練習方法は、古いお弟子さんよりその8ミリ映像を頂いておりましたが、実際見せて頂くと、（そもそも韓星垣先生自身が形意拳と意拳を一緒に指導されていた為か）具体的に明確な形があるものの、これを崩していけば、澤井先生の指導されていた動きになるであろうと感じました。（但し、〃白猿献果〃の一動作は六合八法拳的動作と思われ、これは除きます）正しい表現ではありませんが、書道でいう楷書と草書のようなものであり、実用面を考えると共通点が非常に多く感じられました。その後会員の中にも台湾留学中にこの一部を学んだ方もおり、現在も駐在員のUさんらが韓星垣先生系の意拳を学ばれたので、お陰で更に認識が増えました。

姚宗勲先生に学んだものは、いくつかの基本的な試力（動作）はあるものの、このような具体的な動きはほとんどなく、澤井先生に学んだ差手、払手、迎手などのような動きは、全て推手を通して練るもので、その為推手は非常に時間を費やしました。逆に韓星垣先生の指導は推手をほとんどおこなわず、站樁、摩擦歩を基本にして、形意拳の五行拳とこの十二趟手をよく練ったそうです。

現在は韓星垣先生の生前の映像もネットで見られる便利な時代になりましたので、会員の方は是非ご覧ください。
追伸：Uさんもようやく駐在が終わり4月に帰国されますので、宜しくお願い致します。

六合八法拳　その1

2015／03／05　太気拳意拳コラム

２００２年、当時広東省の珠海にご健在であった韓星橋先生の取材の通訳をした際に、韓先生のお弟子さんのK先生と知り合いました。当時私は杭州と大連でドイツS社のERP関連の仕事をしていましたが、偶然にもK先生の本業がS社のERPコンサルタントであり、またその仕事の関係で家内の実家である神戸六甲に滞在していたことが分かり縁を感じていました。後にそのK先生より、六合八法拳に興味はないか？　意拳を研究するのに必ずやあなたの助けになるだろう、との誘いを受け、香港を訪れることになりました。

K先生は、香港で意拳と六合八法を両方教えられていましたが、意拳は動作こそ単純に見えるが、内部の要求は複雑で分かり難い、逆に六合八法は動作こそ複雑だが、要求は単純明快であり、この二つを学ぶことでそれぞれ理解できることが多いと言われ、実技の指導を受けた際の打撃の衝撃力と巧みさにはとても驚きました。

香港には、梁子鵬や、陳亦人の伝えた六合八法が広くおこなわれているが、自分は韓星橋先生の紹介で、呉翼翬に最も長く学んだ盧桂耀先生にも師事しており、盧先生の六合八法は、今広くおこなわれているものとは異なるものだと強調されていました。また王薌斎先生が上海で指導していた時に、趙道新、裘稚和、張長信、韓星橋らの高弟が、みな呉翼翬よりこの拳を学んでおり、張長信は呉翼翬に正式に拝師し六合八法でも有名だが、趙道新、韓星橋らは、王薌斎の預かり弟子という形で、正式な拝師はおこなっていない為、系統図に名前はないものの、呉の指導を継承している、とのことでした。確かに以前中国の雑誌でみた、趙道新先生の弟子、于国権氏による心会掌の分解写真は呉翼翬の六合八法にそっくりで、逆に私がそれまで見てきた六合八法は、呉翼翬の写真とはあまり似ておりませんでした。これよりK先生に六合八法と意拳の指導を受けることになりましたが、私は正式弟子でないので、六合八法の型も66式の動作のうち半分の上段までしか学んでおりません。（六合八法の型は66動作で、上段と下段に分かれています）またK先生には、日本人の正式弟子の方もおり、系統立って学んでおられるので、私がどうこう言える立場でもありませんが、一見すると太極拳と見間違えるようなゆっくりした動きも、ひとたび手を触れるととんでもないもので、意拳を理解する上で、別の角度から見てみると大変勉強になっています。そして結局は門派系統とかは関係なく、本当の六合八法はこうだとか、本当の意拳はこうだとか論じても意味はなく、その瞬間、瞬間の姿勢、動きに道理があるか、適当であるかであり、料理においてもそうですが、本当の回鍋肉はこう作るとか、これが正しい麻婆豆腐だとか言っても、各レストランにはそれぞれの方法があり、美味しくてお客さんを満足させられるかどうかです。拳学においては、本家だとか、外面や一時の強さとかではなく、一瞬、一瞬に道理があるか、永遠に継続できるかではないでしょうか。

澤井先生の一言「プロになるつもりで」

2015／03／11｜練習日記

来月は恒例の太気拳交流会があります。どの会も少子高齢化ゆえ怪我だけには十分注意し、お互い尊重しあう組手をおこなってください。またこの交流会をその場だけのものにせず、何かを得て、更に各自今後の課題を見つけてより一層レベルアップされていくことを期待しております。

私が澤井先生に入門した頃、精神的にだらしなかった私への叱咤だったのか、先生にはいつも、

「やるからにはプロになるつもりでやらなければだめだ！」

と言われていました。当時は、そんな大それたことなど考えられないと思っていましたが、今思えば、この素晴らしい武術にはその価値があり、またそのくらい真剣にやらなければ、その素晴らしさは実感できずに終わってしまいます。そして真剣に向き合えばこれからも更なる境地が待っています。

また留学から戻ってきた時、しばらくは就職せずに練習に集中したい、と先生に話すと今度は、

「仕事もしないで練習だけしていても強くはならん、すぐ仕事を探しなさい」

と言われました。先生は常にその人に合わせて話されるので、当時の私の性格や状況を見て言われたアドバイスだったのだと思います。しかしこの二つの言葉は今思い出しても、私にとってはとても

大きな一言でした。

会員のみなさんは、これからも切磋琢磨して自らのレベルを向上させながら、またそれぞれ弟子をとり、次代へ伝えていかなければなりません。そう言う意味でもプロになることが必要です。別にリングに上がるとかということではなく、次代へ繋げていく使命を常に忘れず今回の交流会に望んでいただきたいと思っております。

六合八法拳　その2

2015／03／14 太気拳意拳コラム

先日、六合八法拳に関してちょっと書きましたが、日本ではあまり紹介されていない武術なので、中国の文献から見つけたものを簡単に紹介します。この武術を伝えたのは呉翼翬（1887〜1958年）という人で、それ以前の系統図もありますが、これは呉自身の書いたものであり、また呉翼翬以外の伝承者を聞かないので、正直なところ疑問が残ります。その為呉翼翬が創始した武術ではないか、との憶測が研究者の間で論じられています。

呉の弟子である、李道立氏は長く呉と接した人物として有名であり、以下はこの李氏の文章の要点を簡単に意訳したものです。

呉翼翚先生は遼寧省の出身で北京に住んでいた。

1895年より六合八法拳などを学び、1915年軍閥時代に軍事参謀の職に就いた。

1924~1932年前後、上海復旦中学などで国文と体育教師を務めた。

1933年、上海八仙橋のキリスト教青年会（YMCA）で八卦掌形意拳を指導していた趙道新先生（注：王薌斎先生にも指導を受けていた）は、父が死去した為、急遽天津に戻ることとなり、その際に後任の武術教師として自分の師である呉翼翚先生を推薦した為、ここで呉先生による六合八法拳の指導がおこなわれるようになった。当時私（李道立氏）と周斯豪氏が助手として先生の指導に参加した。場所は青年会の九階で生徒はみなYMCAの会員だった。私はこの時先生と知り合い、教えを受けた。

1936年、先生は南京の中央国術館より教務処処長及び編教委員会主任として迎えられた。

1937年8月、日中戦争が起ると、南京国術館は昆明に移転、先生も桂林に移住しそこで六合八法拳を教授された。

1945年、戦争が終わると先生は上海に戻り、六合八法拳の指導について私と相談した。そして当時私は梁子鵬氏を先生に紹介し、彼が先生を招いて揚子飯店のダンスホールを練習場として学習班を設けた。この時の会員の多くは広東人であった。梁子鵬氏は鷹爪拳や螳螂拳に精通しており、1939年私は南京路の大陸商場にあった精武体育会で彼と知り合った。ここは私のオフィスにとても近く、私が休憩中に六合八法拳を練習しているのを見て彼はこの拳術に興味を持ち、私は彼の要求に応じて六合八法拳の套路を一通り教えていた。彼は先生より直接指導を受けるようになりその奥妙を得た。

１９４７年、梁子鵬氏は仕事の関係で香港に移住し、そこで六合八法拳を広く伝えた。この年、先生も仕事の関係で天津に戻り、そこで時間のあるとき六合八法拳を指導された。

１９４９年、中華人民共和国が建国されると、先生は再び上海にやってきて、私の紹介で上海電力会社の社員クラブにて指導し、また陳文良師兄の紹介にて江寧区クラブで長拳を指導することとなり、上海に定住された。

その後、何人かの人達がグループを作り先生に個人教授を依頼した。その中の一人、陳楚帆（陳亦人）氏は酒店を経営していたが（注：一説には酒造工場）、先生の名を慕い、姜容樵先生（注：著名な武術家）と張之江先生（注：元南京中央国術館館長）という老先輩に頼んで先生に拝師し弟子となり、深く学んでその奥秘を得た。彼は１９５２年に香港に移住し、香港、マカオ、シンガポールなどの地で六合八法拳を広く伝えた。

１９５３年、先生は病を患い、１９５８年73歳で亡くなられた。以上、私が１９３３年から１９５８年まで25年間接してきた先生の簡単な紹介である。（１９８５年）

呉翼翬先生は王薌斎先生が認めた数少ない武術家の一人でした。六合八法拳が香港やシンガポールなど東南アジアで広くおこなわれているのは、右記のとおり、梁子鵬先生と陳楚帆（陳亦人）先生の功績によるものです。上海は大きな貿易都市であり、その為同じく貿易港の広東からも多くの人が出入りしていました。当時広東同郷会などの人達は自衛の為呉翼翬に個人教授を願ったそうです。故に呉翼翬先生の弟子には広東出身の人が少なくありません。

また六合八法拳は上海でも広くおこなわれており、右記の李道立先生の系統以外にも、張長信先生（１９２８年より王薌斎先生に学び、王先生の紹介にて１９２９年より呉翼翬に学ぶ）、盧桂耀先生、梁啓忠先生、譚兆生先生らの系統があり、それぞれ特徴があるようです。盧桂耀先生は後に故郷の広東に帰られ亡くなられるまでその地で教えられました。譚兆生先生は香港に移住されましたが、お弟子さんは取らなかったようです。

ネットでは、六合八法の動画が実に多くアップされていますが、その動きは様々で大きな差異がありとても同じ門派には見えません。（意拳もそうですが）ただ如何に外面の動きが異なれども必要なことは同じであり、逆にどんなに外面をそっくりにしても中身が伴わなければ意味はありません。何の武術をやろうともその中身を見極めていくことは本当に難しいものです……。

上海時代の意拳

2015／03／15―太気拳意拳コラム

20年代後期より王薌斎先生に学んだ趙道新、張長信、尤彭熙、馬健超（馬成鑫）、王叔和先生らが残した文献はほとんど皆無である為、それゆえ30年代初めに入門された韓星橋先生の残された文章は意拳の確立当時の状況を知るのに大変貴重なものです。
以下は、韓星橋先生の文章と口述より抜粋です。

20年代末に、王薌斎先生は上海に赴き形意門の兄弟子である銭硯堂先生と会った。銭先生は郭雲深先生の直弟子であり、郭先生が殺人事件の刑を受ける時、当時府の知事をしていた銭先生の父親がこの案件を処理した。銭先生の父親は郭先生の名を慕っていたので、府に留めて息子の指導を頼み牢獄には入れなかった。後に郭先生が牢獄の中で拳技の新たな悟りを得たという話が伝わったが、実は全くの作り話である。銭硯堂先生は王先生の技芸を評して、〝師の壁はとても高いが、唯一君のみがその堂に上り室に入る〟という詩を贈った。この時期、王先生は自分が練った拳術に対して、全面的に細かく見直し総括し、不要なものを取り除き訓練方法の改良をおこない、次第に独特の学術と訓練体系を打ち立てた。この過程において王先生と銭先生、六合八法拳の呉翼翬先生の三人は拳学拳術に関して深く討論をおこなった。意拳学術の確立において、銭先生と呉先生の二人の参与は不可欠であった。また銭先生は、新しい拳術を確立する支持と王先生の決心を助けたのである。（注：若い王先生が新しい拳術を確立することは形意拳の先輩達を敵にまわすことになり、そういう意味でも銭先生の王先生に対する協力は不可欠だったようである）

意拳の創立は上海であり、上海南京路（注：上海で最もにぎやかな通り）の先施公司（注：当時の有名な大型百貨店、南京東路と浙江路の交叉点にあった。現在は東亜飯店となり更に改名し錦江之星酒店となっているが、建物は残っている）の後ろの通りの牛庄路に正式に意拳社という看板を掲げ公に生徒を集め指導をおこなった。

意拳の創立に対する歴史の理解は、銭先生が私の中医学推拿の師匠であり、私自身が三名の先生達が討論していた情景を経験していることによるものである。意拳の学理と訓練方法も、とどまることなく進歩し、站樁においては最も初期は、一指禅・易筋経の伝統的訓練方法から抽出し、二十四式樁法が形成された。（注：銭硯堂先生は一指禅、易筋経の伝承者でもあった）

後に先生は繁雑なものを取り除いて簡素にし、渾元樁三式を主要な站樁形式に定めた。先生の改革精神は常人が想像もつかぬもので、随時新しい観点の訓練方法が生まれ、学ぶ者は往々にしてその進展の速度に対応できなかった。銭先生はかつて笑いながら〝君は天才にしか教えられない、しかし世の中の何人の天才が君から習うのだ？〟と言うと、王先生は、〝数を揃えるより粒を揃える〟と答えた。

１９３２年上海の銀行家の余魯伯氏が王先生に提起し、余氏が資金を提供し王先生が拳術の人材を育て、中国の拳術のレベルを証明し、国の栄光を勝ち取る為に、中国からアメリカまで試合をおこなおうと協議した。私は光栄にもその初めのメンバーに選ばれ、同期に張恩桐師弟、張長信師兄が選ばれた。張長信師兄はその後ある理由にて1か月経たずに辞退した。（注：呉翼翬先生の夫人、白書敏女史の口述では、「日本軍の空爆が始まると、王薌斎先生と別れ、王先生は故郷の河北省深県に戻り、我々は張長信が付き添い河南省の劉丕顕（注：河南省国術館館長、梅花拳伝人、かつて中央国術館の試合で好成績を収め、神腿と称された。後に少摩拳を創始する）の家に住み、その後昆明に逃れ八年間過ごした」とのことである）この訓練は32年から36年、上海が占領されるまでおこなわれた。

１９３５年から１９３７年の期間、先生は私と張恩桐を連れ故郷の河北省深県に帰り、引き続き訓練をおこない、この間卜恩傅（卜恩富）師弟が参入した。（注：先に韓先生が王先生の家族を河北省の故郷に連れて行き、王先生は一度天津に出てから河北省に戻ったとも言われており、そうであれば、王樹金先生が１９３５年に王先生に学んだという話も一致する）

かつてある者が、深県の訓練ではサンダルを履いて摩擦歩をおこない、各自一匹づつ鶏を抱いて村に行き、闘鶏をおこないその形と神を学んだ、などと言っていたが、これは全くの作り話である。（注：以前、于永年先生の口述として、張恩桐先生に聞いたとして、サンダルでの練習や闘鶏の話を紹介している）

この後、先生は北京にて意拳を広めたが、それは四存会の名のもとでおこなわれ、四存会の最初の会長は斉振林であり、その後張玉蘅（張璧）に引き継がれた。はじめは羊宜胡同がその拠点だったが、後に金魚胡同の花園に移り、更に弓弦胡同に引っ越した。

（注：韓星橋先生は北京に来た後、１９３８年より華北国医学院で医学を学び１９４２年に国家医師資格を取得して、上海静安寺あたりで開業した。その後再び王先生に呼ばれ北京に戻ったとの話もあり。私が北京にいた頃にお会いした多くの2代目の先生方は、「韓星橋先生には会ったことがない」と言っており、姚宗勲先生も「１９３８年当時韓先生はまだ四存会におり、

私は１９３９年に四存会を離れた」と言われている。また韓星橋先生自身、「私は澤井先生には直接会ったことはないが、澤井先生の話は聞いていた。澤井先生がいた頃、私は上海にいた」と言われていたので、右記の話と一致する）

私は46年に先生のもとを離れ上海に行き医師となった。最後に会ったのは第一回全国運動会の時、シュワイジャオ（中国式相撲）を連れ医務監督の身分で参加した時であった……。

考え過ぎだけど、ちょっと縁を感じます（どーでもいい話）

２０１５／03／16 ― 練習日記

以前、澤井先生の奥様より、「１９３７年に盧溝橋事件が起き日中戦争が全面的に始まると、主人は軍をやめて我々家族は唐山（河北省）から北京に移り住みました。当時は日本人が多くいた北新橋に住んでいました。ここはまるで日本人村のような場所でした。その後西単の穿堂門11号というところに引っ越しました。家のすぐそばには松坂屋だったか三越だったか日本のデパートがありました……」と伺ったことがあります。

後に、この当時の地図を入手してみると、当時の澤井先生のご自宅は姚宗勲先生の自宅で当時練習場所となっていた跨車胡同や興盛胡同のすぐそばでした。

偶然にも、私が青島駐在をしていた頃、当時勤めていた貿易会社の北京事務所が新橋にあり、駐在員の宿泊先としていたのが西単の民族飯店でした。当然私も北京に立ち寄る際には、このホテルに宿泊していました。ここは姚承栄先生や李見宇先生のお住まいに近く、歩いて通えるところにありました。1991年頃鹿志村氏や内村氏とともに北京に行き、このホテルで姚承光先生、姚承栄先生にご指導いただいていた時、たまたま宣伝車がある音楽を大きな音量で流しながら長安街の大通りを通ったのですが、この曲が澤井先生と係わりのある曲で、「こんな偶然ってあるか？　こりゃ縁があるなあ」と鹿志村先生が驚いていました。

また青島駐在が終わって上海に行くようになると、初めは高陽埠頭の近くに宿泊していましたが、コンピュータソフト会社に移ってからは、八仙橋のキリスト教青年会（ＹＭＣＡ）を宿泊先にしていました。このホテルは１９３０年代と変わらず当時のままのレンガ造りで、宿泊楼以外にカルチャースクールもあり、かつて趙道新先生や呉翼翬先生がこのＹＭＣＡで指導をされていたと知ったのは大分後になってからです。更にこの時上海に作った子会社のオフィスが張長信先生のご自宅のすぐ近く（呉翼翬先生は暫くの間、張長信先生のご自宅に住んでいた）だったのも、後々に知ったことです。考えすぎでしょうが、何か縁を感じてしまいます。もっともその縁は全く活かせていませんが……うーん残念！

日曜日は、私が尊敬する武術家で六合八法と意拳のＫ先生の正式なお弟子さんである、Ｕさんが一時帰国され、貴重な日本滞在期間中にも関わらず、わざわざお越し頂き六合八法拳のプチ講習会をしてくれました。会員の皆さんも得るところ多かったと思いますがこれもまた縁ですから、是非とも大切にしてください。

Uさん、誠に有難うございました。

梁子鵬系意拳の墩腰（ドウンヤオ）

2015／03／21｜太気拳意拳コラム

以前、北京でおこなわれた王薌斎先生生誕記念大会に出席した際、王先生の直弟子であった楊紹庚先生は、「意拳を海外に伝えたのは、まずは澤井先生、その次に梁子鵬先生であり……」と演説され、会場にも何名かの香港の意拳家が出席されていました。その時より梁先生系の意拳には興味を持っていましたが、交流する機会はありませんでした。

その後２０００年頃より、香港出張で知り合った多くの香港意拳学会の先生方より、それぞれの系統のお話を伺う機会が増えてきました。

香港には現在多くの系統の意拳が伝わっていますが、梁子鵬先生は１９４７年に香港に移住し、早くから意拳や六合八法拳などを教授されました。梁先生は有名な上海精武体育会の出身で、鷹爪拳や呉式太極拳を学び、その後友人であった尤彭熙先生について意拳を、呉翼翬先生に六合八法拳を学ばれました。当時王先生に直接学ぶには、高額な授業料が必要であった為、医師で経済的に裕福であった尤彭熙先生が代表で学び、それを梁先生らに伝えたとのことでした。既に大陸では消失されたと思われていた王先生の著書『意拳正軌』は、１９６０年代になって、王先生が「恐らく香港に移住した梁子鵬が所有している」と述べたことにより、梁先生に学んだ李英昂氏がその書き写しを王先生に送り、再び世にでたものと言われています。これが事実であれば梁先生が王薌斎先生と全く交流がなかったとも思えません。

梁先生は尤先生の弟子とは言っても、年齢は尤先生よりも年上で、直弟子達はみな既に他界されており、現在梁先生の拳術を伝えている人達はみな梁先生の孫弟子にあたる方達です。故に現在おこなわれている梁先生系の意拳が、当時王先生が上海で指導されたものと同様かどうかはわかりませんが、また独特の体系を持っております。

長洲の何先生にご指導頂いた時は、特に腹部の（北京的に言うと）呑吐と肩の開合を強調され、相手の打撃を透かすというか、飲み込み吸収するような動き（これを〃墩腰（ドゥンヤオ）〃と言われた）を集中的に教えて頂きました（私は戴氏心意拳をよく知りませんが、写真でみる限り似たような感じを受けました）。このような動きは澤井先生もよく指導されていましたが、何先生は、「最近の意拳はこれを伝えるものが少ない、〃墩腰〃はいわゆる龍気であり、今の意拳の多くは虎気に偏り龍気を練らない」とのことでした。また先生が手を差出し、こちらもそれに反応して手を出すと、接触する寸前に手をすり抜けて入ってくるのですが、これも接点のみの変化ではなく、この〃墩腰〃の身体の使い方がもとになっており、更にはこれを応用して相手と接触した瞬間にエビのようにピッと後ろに跳び下がったりと、澤井先生と同じような動きがあったことが興味深かったです。いつも言うことですが、往々にして自分達のものだけが正しいと思い込みがちですが（特に意拳、太気拳修行者はそうですが）、正しい動きは無限にあり、間違った動きも無限にあり、このような意拳も地道に継承されていることは、王薌斎先生を始祖と考えれば、また多くの家族の存在を知り嬉しいものだと思います。

『拳学新編』第四章　習拳六要 第三節　要重樁法粗述（樁法粗述を重視する）

2015／03／24―王薌斎の言葉

拳学新編　第四章　習拳六要　第三節　要重樁法粗述（樁法粗述を重視する）

世の人の多くは拳を以て（たんなる）技と為し、学ぶに値しないとは、これどうして根本の論であろうか？　拳は我々の動きの基と為し、その理は簡単明解、その行動根跡は太くかつ明らかで、その妙用は機微（注：きび＝表面からは知りにくい微妙な心の動きや物事の趣）に在り。

故に拳理を論じ、言葉の深い者は、その根は機微にあり、言葉の浅い者は、その本は粗跡（注：麤跡＝大道正理）なり、粗跡を失えば、その機微の理も存在せず、機微の理を失えば、その粗跡は非なり。粗跡とは、極めて簡単容易な動作、方法なり。この粗跡を得れば、即ち変化は尽きることはない。但しそれは今の拳套招法にはあらず。拳の粗跡とは何を為すか？　即ち樁法である、なぜその平易なものを、また疎かにすることができるだろうか？　拳の功用が神に至るのを観れば、このようにひとたび立つところから出ないものはない。拳を学ぶには須くまず着実な功夫に及ぶ門を求めなければならず、その着手するところは站樁であり、久しく立てば着実な功夫の門と為す。此れを捨てれば恐らく真に着手するところはないだろう。故に学ぶ者は此の教えを以て、必ずや練習も此処にはっきり定め、志の向かうところも此処に在り、一日中勤勉に努力を怠けねば蘊奥（うんおう＝奥義、極意）自ずと得る、教学の道とはこれだけである。微なるかな！　微なるかな！

現代の武術界だけでなく、スポーツでもなんでもそうでしょうが、研究がなされていくと次から次へと新しい理論が発表され、大変勉強になりますが、何の苦労もせずその研究者の研究成果だけを見てわかったような気になると、根本を見失ってしまうことも多々あるかと思います。やたらと理論をひけらかしても自己満足に過ぎず、反対に細かい理論など知らずとも寡黙にただ功を練る者の方が往々にしてその成果を上げることがあります。ここでいう〝粗跡〟を軽んじ〝機微〟を求めても駄目であることは誰もが分かっていることでしょうが、しかしついそうしてしまうのも現実です。インスタント食品は所詮インスタント食品です。

虚中に実を求め、実中に虚を求める　その1

2015／03／25｜練習日記

虚と実は、色々な意味で使われますが、その一つとして有無の意味があります。

王薌斎先生の著書『拳道中枢（大成拳論）』には、〝抽象虚実有無の体認〟の章がありますが、この章はこのことを説明しています。

立禅（站樁）を正しい姿勢、正しい筋肉状態と意識を持って練習を積めば、自然と空気の抵抗感が出てきます。しかしこれを故意に作ろう（感じよう）とすると、多くの場合は知らず知らずのうちに筋肉を固め、〝前に行こうとしても行けず、後ろに行こうとしても動けず、六面すべてに感覚がある〟と思い込んだ偽の感覚に自己満足してしまいます。このことは今まで多くの意拳指導者が指摘しており、意拳学習者における最も陥りやすい病気です。抵抗感は正しい練習によって自然と得られるもので、決して故意に作り出すものではありません。筋肉を強張らせることで作られた抵抗力は気血の流れを妨げ、反射神経を鈍らせ、返って力を放出することはできません。厄介なのは、自分は決して力など入れていない、筋肉を強張らせていない、と実感がないことです。なぜなら強張っている筋肉は腕とか足よりも胴体部分の奥深いところなので、表面上の筋肉が固くなっていない為に、力んでいることにも気が付かず、六面力を感じられたと思い込み、やればやるほど益々硬くなってしまうことです。故に必ずや力を用いず正しい形と筋肉状態を以て地道に練習していかなければなりません。

〝虚中に実を求める〟とは、何もない〝無〟から感覚的な〝有〟を生み出す意味もあり、この場合正しい抵抗感はつまり〝有〟と言うことができます。空気の抵抗力を感じることは、〝虚中に実を求める〟初歩段階であり、この感覚は練習とともに自然と全身各部に養われ、その実感も日々強くなっていきます。故に立禅は大気を相手に全身各部をくまなく鍛える方法となり、王先生の言われた〝空中遊泳〟などはこのような境地の感覚でしょう。

実際に相手との攻防において、接触した場所には相手の力の抵抗が次から次へと発生し、こちらの力の進行を阻止します。この〝実〟の部分から如何に相手の〝虚〟の部分、つまりこちらの力の進行を阻止する抵抗力が存在しないところを探すかが、〝実中に虚を求める〟ことで、その練習方法がぶつかり稽古や、塔手、推手の稽古などになります。合気道などの武術は（私はやったことがないので、正しいかどうかわかりませんが）、この接触時の実の中から虚を見つける、あるいは虚の中から実を見つける練習に長けたものではないかと思います。（続く）

虚中に実を求め、実中に虚を求める　その2（硬打硬進、無遮攔）

2015／03／26　練習日記

しかし実戦において、〝虚中に実を求める〟、あるいは〝実中に虚を求める〟とは、極めて高いレベルが要求されます。意拳の前身である形意拳には〝硬打硬進、無遮攔〟という言葉があり、この〝硬〟とは硬さを表すのではなく、〝強硬、強引、何が何でも必ず〟等という意味です。

近年一部の形意拳家は、詠春拳や白鶴拳などのように非常に早い変化で相手の隙を生み出し、連続して攻撃することを練りますが（これはまた優れた功夫ですが）、〝硬打硬進〟は、相手の隙（虚）ではなく、あえて〝実〟を打ちます。ここでいう〝実〟とは、相手の実体、即ち中心であり、相手の実体ではないところ、つまり中心を捉えていなければ強い力は与えられず、簡単に流されたり、遮られたりしてしまいます。よって攻撃対象点の変更が必要になります。しかし〝硬打〟は、相手の実体である中心を捉えることで、攻撃対象点は変わりません。相手の〝実〟は、こちらの力を明確に伝える点でもあり、よって隙（虚）を見つけるのではなく、如何に実（中心点）を瞬時に捉えるかが要求され、これにより相手と一体化し、自分の力を漏れなく伝えることが、〝虚中に実を求める〟意味です。

澤井先生は、「人間の鼻は日本でいえば東京だ、ここを攻撃されればひとたまりもない」とか、「相手の真ん中を割っていけ」とよく言われました。姚宗勳先生もまた、「人間の中心は鼻である。軽い打撃でもダメージは大きい」と言われていました。勿論鼻を専門に打つのではなく、相手の中心にこちらの圧力が働ければ大きな効果になります。相撲では初めからいなす力士は横綱になれないと言われますが、大相撲の解説を聞いていると、横綱や大関は勝ってもいなすような変化であれば、あれでは駄目だ！と言われるのと同じです。

以前、姚承光先生に、「〝頂牛（注：互いに意地を張って正面衝突する様、一般的には悪い意味で使われ、力のぶつかり合った推手を揶揄する時にもよく言われる）〟も、初めのうちは大切な練習過程である」と言われましたが、これも自分の〝実〟を以て相手の〝実〟を捉える稽古になります。

しかし実戦においては、相手の中心に向かってただ打とうとしても簡単に相手の〝実〟を捉えることは極めて難しく、相手の腕に遮られます。仮にうまく捉えられてもそれは一瞬のことで、すぐに相手に変化されてしまいます。ではどうすれば〝無遮攔（遮るもの無し）〟になるのか？　名人はこの〝実〟の接点の中に、更に〝虚〟を見つけ捉えます。達人と言われる人達の拳は、たとえ相手が遮ってもそれを弾いて構えごと吹き飛ばしてしまいます。それは単純な〝実対実〟ではなく、相手の〝実〟の中に存在する（というかその極わずかそばにある）〝虚〟を打つ、あるいは更にその〝虚〟の中のわずかな〝実〟を打つからです。

これが接点における〝虚実の変化〟であり、それは肉眼では捉えられることはできず、相手もその変化には気づくことはなく、更にこちらの〝実〟の力は常に一定で相手を捉えて離しません。接点における相手の〝実〟の点と〝虚〟の点を制すのは、斜面や螺旋による次から次へと生まれて止まない接点とその四方八方に働く力であり、これこそがいわゆる六面力です。それは正しい立禅（站椿）の形がなければ成り立たず、正にドリルの如くです。ドリルにはドリルたる形状が前提にあり、常に回転し中心に進んでいきますが、その力は先端だけにとどまらず、左右上下全ての箇所と方向に働いています。例えば指先、拳（指関節）、あるいは手首関節などがドリルの先端なら軸は前腕などです。意拳で言ういわゆる〝捲臂〟はこの能力を学ぶものです。この感覚は文字にしてもうまく伝えられません。各自がそのレベルのある指導者の元で、ぶつかり稽古や、塔手、推手などの対人練習によって、地道につかんでいくしかありません。（続く）

虚中に実を求め、実中に虚を求める その3（追風赶月）

2015／03／27｜練習日記

またいつも言うことですが、〝無遮攔（遮るもの無し）〟には、それなりに間合い、空間を奪わなければ、立禅の形状も螺旋も斜面も三角も何の役にも立ちません。〝硬進〟と言うように、必ず前に出て相手との間合いを制した状態（相手の〝実〟を捉えて離さない状態）を保ちながら打たなければ（というか、制した状態を保ち続けることが打であり、制することと打つことは別々ではないのですが）、簡単に遮られてしまいます。これも相撲でよく言われることですが、足が出ていなかったからはたき込まれた、投げられた、と同じことです。横綱でさえ極まれに同じ幕内力士に負けてしまうわけですから、このような技術も一生練っていかなければなりません。しかしまた横綱クラスになれば、幕下力士クラスには負けることなどありえません。それほどレベルが違うのでしょう。我々もちょっと感覚ができたからと言って喜ばず、他を大きく引き離すよう常に努力したいものです。

澤井先生と実際に手を触れた人は、その感覚が分かるでしょうが、まさに水が流れ込むように空いた空間に（時間差がないので、空きませんが……）身体ごと入ってきます。そのタイミングはまさに絶妙でした。

昔の中国の武術家達は、〝追風赶月（風が月を追う）〟とか〝野馬追風（野馬が風を追う）〟などと、様々な言葉で間合いの隙を作らず相手を追う（追い抜かしてもだめで、相手の〝実〟を制しながらも自分の空間を保たなければなりません……）感覚を伝えようとしてきました。

郭雲深先生の〝半歩崩拳打天下（半歩崩拳、天下を打つ）〟や、王薌斎先生が言われた〝只是一下（ただ手を出すのみ）〟とは、まさにこのような境地だったのだと思います。まさに微なるかな！　です。

硬打硬進、遮るもの無し。挎勁について

2015／03／28｜練習日記

中国武術ではよく（にくづきの）〝胯（注：クア＝腰の両側と足の付け根、股の部分）〟の大切さが強調されるので、その為か同じ発音である（てへんの）〝挎（注：クア＝物を腕に掛ける、腕に提げる）〟が見逃されがちですが、意拳の前身である形意拳では、この〝腕に掛ける、腕に提げる能力—挎勁（クアジン）〟も極めて重視しました。孫禄堂の『拳意述真』では、「挎、崩拳なり（注：この出版本でも、誤字で胯の字を用いている）」とあり、昔の形意拳家は崩拳を練る時は、水の入った重い桶を腕にぶら下げ、例えば右拳を出すときは右肘に桶をぶら下げて前進して打ち、続いて左手をそこに差し込み左肘に桶をぶら下げながら歩を進めて左拳を打ち出す、このように左右交互に重い桶をぶら下げたまま功を練ったと言われます。これが〝挎〟の練習であり、鍛えられた達人たちの崩拳は相手がその腕を上から抑えても、お構いなしに持っていかれてしまいます。つまり拳が胴体に当たる以前に、接触した腕や肘そのもので弾き返され、構えたまま跳ばされてしまいます。故に一部の武術家が、形意拳は梢節で打つが、心意拳は中節で打つ、という言い方に対し、形意拳家達が、「中節を以て打てなければ、

どうして梢節で打てようか?」と反論するのも、この理によるものです。そしてここにも〝硬打硬進〟〝実を以て実を打つ〟の要点があります。

さて我々の練習を顧みると、立禅の際に肘を下に沈め前腕を上に引き上げて、肘が籠をぶら下げるような形状、いわゆる〝上兜下墜〟を保って長い時間立つのは、骨格構造と筋肉状態を正しく働かせこの〝挎〟の能力を養う為であり、またその際に指導者が肘を上から力を加えて押え、また下から持ち上げ崩れたりブレたりすることが無いように確認するのは、この〝挎〟の力を体認させる為でもあります。

更に王薌斎先生は伝統的な形意拳の基礎の上に、肘を横にも支えるよう改良したことで、横からの圧力に対しても（相手がこちらの拳を横から遮ろうとしても）同じようにそのまま弾きながら拳を打ち出す能力を求められるようになりました。

よって揺り、練りをおこなう際にも、このように中節を各方向から圧力を加えそれでも何事もないように、前に動かせるかどうかのテストをするのも、この〝硬打硬進、遮るもの無し〟の効果を求める為の試力です。正しい骨格で動くことは、故意に運動路線を作らなくても斜面や三角、螺旋を自然に発生させ、相手がこれに触れればその接点には虚実の変化、四方八方の六面力が現れます。これが姚宗勲先生の言われる、いわゆる〝不直的直拳〟です。故に立禅（站椿）のみを練習しながら空手のような突きを練習することは、全く意味のないこととは言えなくとも、立禅そのものを充分に活かすことはできません。我々は立禅（站椿）と打拳（というか動きそのもの）の関連性をこれからもずっと研究、鍛錬していかなければなりません。

〝胯(クア)(腰の両側と足の付け根、股の部分)〟と〝肩窩(ジェンウォ)(肩のくぼみ部分)〟

2015/03/29―練習日記

意拳だけでなく中国武術全般に言えると思いますが、〝胯(クア)〟つまり股関節や骨盤に対する要求はかなりうるさく言われます。骨盤は人体の中で最も大きな歯車であり、機械と同様に最も大きな動力源になります。同時に胴体と下半身、根節と中節を繋ぐ大切な蝶番です。この関節を有効に活用する為に、腰骨を横に大きく広げ、前に包み、腿の付け根を自然と窪ませ、安定した腰を作ります。相手の力もこの大きな関節が捉え、更に腰で受けた力は太腿を通って膝関節へ、また脛を通り足首関節、足の裏、大地へと伝わります。その反発力も同じく各パーツを通って戻ってきます。途中の関節が安定していなければ、相手の力を身体のどこか一部が負担し崩れてしまうし、自分の力も漏れて十分な威力は出せません。いずれも局部に頼るしかなく、機械であれば不合格品です。

股関節・骨盤をできるだけ広く大きくして網のように前に包んだ形状、いわゆる〝収胯(股関節を収める)〟とか〝掖胯(股関節を押し込む)〟にするのは、この形状(骨格構造)が巨大な力を吸収し、発揮させる為であり、『意拳正軌』に描かれた図形3、4（339頁参照）のように、アーチ型（U形）になるのは当然のことです。また同時に最も大きな臀部の筋肉群も十分に活用する為です。アーチでは力の方向は正面へ向かい、これが内とか外にぶれるとアーチ（U形）はたちまち崩れ、力が入りません。アーチは物理的に非常に合理的な構造であり、古代から東洋西洋を問わず建築物に利用されてきました。

上半身にも全く同じことが言えます。肩関節は、胴体と腕を繋ぐ重要な関節であり、また股関節に次ぐ大きな歯車です。故に骨盤・股関節と肩関節部分の要求は基本的には同一のものです。

〃肩撑肘横（両肩肘は横に張り支える）〃、〃両肩扣（両肩をよせ合わせる）〃、〃心窩微収（みぞおちをわずかに収める）〃などは、みな大きなアーチ（U形）を作る為の要求で、武術家がよく言う〃含胸抜背〃の〃含胸〃も、勿論一緒です。背中の筋肉群は、自然と〃抜背〃状態となり、下半身でいえば臀部の筋肉群と同じく大きな力を発揮します。

さてここで落とし穴ですが、股関節や肩関節を安定させる為に、気が付かぬうちについ力んで却って動きを束縛してしまうことが多々あります。故に門派を問わず、〃鬆肩墜肘〃も同時に要求されます。特に〃鬆肩〃（肩関節を力ませない）は、難しく肩を落とせばそれでOKと思い込みがちですが、肩関節も股関節と同じく複雑で、多くの骨と筋肉、筋膜、腱、靭帯があります。私もよく〃肩窩（ジェンウオ＝肩のくぼみ）を緊張させるな〃と注意されました。

実はこの〃肩窩〃が曲者で、多くの日本人は肩と腕の付け根の上の位置（肩が凝った時に揉んでもらう辺り）と誤解しますが、一般的には鎖骨の上、つまり首と胴体の付け根のくぼみを言い、更に武術では鎖骨の下のくぼみ、つまり胸と腕の付け根のくぼみをさすことが多いです。これも下半身と全く同じ理屈であり、この〝肩窩〟こそが、下半身における〝胯（足の付け根）になり、相手の圧力をこのアーチが受け止め、またこちらの力を正確に上腕を経由して肘、更に前腕を経由して手首、指先、更に外部に伝えるのです。立禅（站樁）における正しい形状と筋肉状態は、動きにおける正しい形状と筋肉状態でもあります。単純な一動作でも一方の掌でもう一方の〝肩窩〟を触りながら動かしてみると、色々な個所で緊張してしまうのがよくわかります。この緊張を取り除くのは相当の努力が必要ですが、力みがないときの出力は、骨格構造は合理的でかつ筋肉は伸び伸びし、大変強大なものです。これがいわゆる〝筋長力大、骨重筋霊、筋伸骨要縮、骨霊則勁実〟などです。

蛇の筋肉

2015／03／30 — 練習日記

以前、澤井先生に「たまには動物園に行って一日中動物をよく観察してみるのもよい勉強だ」と言われたことがあります。実は王薌斎先生も同じことを弟子達によく言われたそうです。動物の動きは人間の想像をはるかに超える能力を持っていますが、それは大型動物に限らず、エビのような素早い反射神経や、シャコが水中で硬い貝をワンパンチで粉砕する力など小動物にも当てはまります。

昔、蛇を捕まえようとつかんだところ、細い体なのにその力強さに驚かされました。その筋肉は力強くても硬いことはなく、かといって柔らかくだらけてもおらず、全ての筋肉細胞が等しい力を以て協調しているようで何とも妙な感覚でした。（本当かどうかは分かりませんが）かつて王先生はとある武術家に対して、彼の力は我々よりずっと太く強く、私が茶碗なら彼は水瓶のようである、しかしまた細いところは竹竿の如くである、と評したと言われています。つまり全身全てに同一の力が必要であり、蛇をつかんだ時はまさにそんな感じがしました。

私が教え受けたいわゆる名人達人と呼ばれる人達の腕の感触は、みなこの蛇の筋肉に似て、力強くも決して硬くなく全ての部分が止まっておらず、例えばその拳を抑えようとしても接した時の感覚はまるで細胞一つ一つが前に進んでいくような、文字では表せない妙な感覚でした。意拳でいう〝捲臂（ジュエンビー）〟は、〝烏龍捲臂（ウーロンジュエンビー）〟とも言われますが、龍はオーバーでもこの蛇のような筋肉状態、つまり筋を長くする練習も兼ねています。〝捲臂〟の試力は、〝鉤掛（ゴウグア）〟試力の元であるとか、昔の名称であるとか、色々な見方がありますが、確かに動作自体は、〝捲臂試力〟も〝鉤掛試力〟も、あるいは太気拳の〝揺り〟も基本的にはみなほとんど同じもので、伝承者によって名称に違いがあるだけのようにも見受けられます。故にあえてその動作の違いを追求し、この動作が〝捲臂試力〟で、この動作が〝鉤掛試力（あるいは鉤搓試力）〟でという考え方は、私にはありません。

但し練習の過程において、腕のねじりを利用して力点の虚実の方向変化を目的として練習する場合（捲臂）、また手首や前腕で相手を下から上に引き抜くように引っ掛ける練習を目的とする場合（鉤）、あるいは手首や前腕で相手の上から下に布団を物干し竿に掛けるようにする場合（掛）、ヤスリをかけるように相手との接点をこすりつけるように手を出す場合（搓）と、それぞれ異なる要求、要点があり

澤井健一先生

ますので、それに合わせ分かりやすいように便宜上言葉を使い分けているだけです。今練習している打拳においては、基本はこの〃捲臂〃の要求に基づくところも多く、拳(こぶし)を固め、前腕を棒のように固定しては、蛇のような筋肉は得られません。蛇は柔らかくも力強く、頭が全身を牽引し進んでいきます。この梢節が全身を牽引しそれを中節、根節が時間差なく追っていく、このような力も〃硬打硬進、遮るもの無し〃の条件の一つとなるかと思います。

魚の群れのように　その1

2015/04/13｜練習日記

「どの練習が澤井先生のもので、どの練習が姚宗勲先生、あるいは韓星橋先生のものですか?」などとたまに聞かれることがあります。確かにおおまかにはありますが、実は明確な区別はありません。どの練習も動きそのものは、澤井先生に学んでいた時とは異なるものになってしまいましたし、姚先生に学んでいた時ともまた異なってしまっています。韓先生のお弟子さんに学んでいるときも、当時はよく見てよく真似することが学習の基本でしたが、次第にその中に含まれる拳勁をどうやって得ていくのかと研究していくうちに自然と今の練習になっていったのが現実です。

恐らくは、会員の皆さんも私の動きとは徐々に変わっていくでしょうし、そもそも形を優先することと自体、王薌斎先生が否定したものなので当然のことでしょう。しかしその拳勁は変わることはありません。例えば趙道新先生は王先生に指導を受け、王先生もその才能と実力を認めていましたが、趙道新先生の伝えた心会掌は外面的には形意拳八卦掌と六合八法拳によく似ています。張長信先生の伝えたものも站樁と摩擦歩、僅かな試力を基礎として、具体的な拳術練習は形意拳や六合八法です。姚宗勲先生は王薌斎先生の指導をもとに独特の練習体系を確立し、兄弟弟子に指導しました。姚宗勲先生とほとんど係わりのない兄弟弟子も、実際には間接的にこの方法を参考にして自己の練習体系を確立させていったと推測できます。

私の場合は、初めに澤井先生に学びましたので、その感覚が全ての動きの根本にあります。例えば、崩拳（だけではなく、実際はすべての動作がそうですが）などの練習での間合いを詰めるというか追っていくとか、このような動きは澤井先生に手取り足取りの指導の中で身体が感じ取ったものであり、他の意拳の先生から学んだものもこの能力を活かせるようにおこなっています。実際に私が接した範囲では、他の門派でも達人と言われる人達はこのような能力に優れていたし、どんなに有名で偉い先生達もこれができていない人は触れてしまえばそのレベルは残念なものでした。

澤井先生から学んだものの中の一つに、身体全てが一瞬に同時に動き出すというものがあります。その動きは魚の群れがみな一瞬に方向転換する様に似て、またエビが突然跳ねる様で、身体の全てが同時に動き出す為、剣術でよくいわれる動きの起こりがわからないものです。多くの人は発力とか打拳の際に最後に加速度をつけようとしますが、それとは反対に初速というか、静から動に移る速さが根本的に異なるものです。

速く見える動きは、どこかと比べて早いのであって、例えば胴体に比べて手先が早いので速く見えるし、相手が遅くてこちらが速い場合も同様です。しかし身体が同時に動き、相手とも呼応していると、オーバーな言い方ですが地球の自転のように速さも感じられません（というか見抜けません）。初速も終速も区別なく、最初から最後まで最高の速度を継続しています。早く動こうとする人は往々にして身体のどこかがその速度に追いついていません。会員の方は、是非この点をよく理解して練習してください。

魚の群れのように　その2

2015／04／15―練習日記

中国の青島に駐在していた頃は、釣りにもハマっていました。青島は三方を海に囲まれた街で、私の宿泊場所も目の前は海でした。私はもっぱらアイナメやソイ、カレイなど根魚狙いでしたが、地元の人達はサヨリなどいわゆる光物（青物）の回遊魚を釣っている人も少なくなかったです。春先のサヨリの刺身や天ぷらなど本当に美味しく私の大好物です。しかしサヨリはかなり繊細な魚で、同じ回遊魚のイワシやアジ、サバと違って群れにあたってもなかなか数が釣れません。一匹釣りあげると、魚が跳ねた瞬間群れが一斉に四方八方に散ってしまうのです。暫くするとまたどこからともなく集まってきて群れで泳ぎだすのですが、結構辛抱が必要です。

前書きが長くなりましたが、前回澤井先生の動きは、全身各部が魚の群れが一斉に方向転換するように同時に動き出すと言いましたが、それは同一方向の場合もありますが、このサヨリの群れのように、左右手足が全く別の方向に動き出し、またすぐに一つとなることもあり、まさに蛸の足の如くでした。意拳ではよく〝整体（ジョンティ）〟と言い身体を一塊にすることを求めますが、整体とは実に深い意味があり、このような身体の各部がそれぞれ同時に動きそれぞれがその仕事をおこなうこともまた整体状態の一つと言えるでしょう。

例えば蛇が進むにしても、頭の部分は前方に向かい、胴体はそれぞれ左右に動きますが、決してその力が無駄に使われているのではなく、蛇の形状に最も適した力であり、それぞれ相乗効果があります。いつも言うことですが、我々の動きも例えば崩拳一つを見ても、それぞれの細胞がそれぞれの仕事をこなし、相乗効果が発揮されて初めて整体となるのであり、いわゆる六面力もまたこのような意味です。

いわゆる争力とか順力逆行も本来はこのようであるべきですが、心地よさを求め意識するあまり、破体となり、力が漏れて、結局はこの効果がプラスマイナスゼロの相殺効果になってしまう人が少なくないかと思います。これも我々が陥り易い病気ですので、わずかな動きにも注意が必要です。

アーチ型の骨格構造と動きについて

2015／04／23—太気拳意拳コラム

中国では意拳以外にも、実に多くの武術を見ることができ、また名人と言われる日本でも有名な先生方にも度々接することができました。特に長春の譚吉堂先生（八極拳）は、多くの八極拳の先生方と比べると、あまり見栄えはしないのですが（失礼ですが……）その力量感、実際に触れたときの打撃力はすさまじく、最も印象に残っています。後に王薌斎先生の弟子で八極拳でも有名な趙華舫先生にも教えて頂きましたが、譚先生の八極拳と趙先生の八極拳は、系統は異なれども（李大忠→李貴章→李万成→李樹雲→趙華舫先生）全く同じだったので比較的学び易いものでした。

また大学近くの林の中で、毎朝一人で通背拳を練習されていた人がおり、その動きもさることながら身体からあふれるオーラと言うか威圧感がすごくて、一目で指導をお願いしました。日本では常松先生が通背拳を広められており、私も短期間ながら教えて頂くことができました。常松先生は大変功夫のある方で、中国においても先生ほどの名人は少ないのではないかと思います。その通背拳は大変コンパクトで無駄がなく、狙った獲物は逃がさないような正確さ、巧みさ、速さがありました。これに対しこの（公園で出会った）先生は同じ祁家通背拳でも、まるでゴリラのようにダイナミックで力量感、重圧感があり、ほとんど別の拳法に見えました。太極拳、八卦掌、六合八法など、同じ門派でも外面上は全く別の動きをするものがありますが、祁家通背拳においてもここまで異なるとは驚きでした。この方は張啓明先生と言い、それより毎朝マンツーマンで教えて頂きましたが、初めの一か月は、伸肩法などの準備運動と捽掌という一手のみをただ繰り返すだけで、次の一か月は別の鑽拳という一手、三か月目はまた初めの捽掌に戻ってそれのみの練習、4か月目はやはり鑽拳の一手に戻って、と結局4か月間、毎日学んでも僅か二手しか習えませんでした。しかし却ってそれが大変勉強になりました。その後張先生は突如来なくなり、会うことができなくなりました。（数か月後北京の南のはずれで一人で練習している張先生を偶然発見し声をかけたら「仕事場が変わったので、あそこではもう練習できなくなった」とのことでした）

今にして思うことですが、譚先生の八極拳にしても、張先生の通背拳にしても、あるいは私が後に学んだ六合八法にしても、みな共通の動かし方があり、それは腰や肩などの身体の回転とその力が直線に出力されるアーチ型の運動です。この動きは特に名前もなく、姚宗勲先生に学んだ時も、「このように動かす」と言われただけで、澤井先生にも同じように説明を受けたことがありました。名前もないので手取り足取りで感覚を伝えるしかないのでしょうが、韓氏意拳を創始された韓競辰先生は、このアーチ型の動きを〝U形転換〟と名付けられ重視されているようで、これは実に分かりやすい説明です。

アーチ型の形状と動きは以前にも書きましたが、回転軸を安易に脊髄と決めつけず、また力の向かう方向も何が何でも相手の居場所と決めつけるのではなく、最も力が出る自然な方向であり、正に圓と方による動きです。これも私が接した範囲ですが、このような動きをしている武術家の打撃力は想像を絶するほどの破壊力があり、逆に有名な名人の先生方もこの運動がない人は、どんなに見栄えの良い演武をしても打撃力はそれほどではありませんでした。

今さらながら王薌斎先生の図形は、実に妙なるものだと思っています。

第二章　佐藤先生通信

（『太気至誠拳法通信講座』より）

佐藤先生通信 vol・1

太気拳との出会いと入門時代

中学生のとき柔道部に入っていましたが、あるとき空手をやっている転校生と手合わせをしてもらい、その結果まったく歯が立たなくてショックを受けました。その後彼とは毎日組手をしてもらいましたが、その度にひどい目にあい、結局私は柔道も辞めてしまいました。

高校生になったある日、音楽をやっていた兄が慕っていたある有名な音楽家が、日本拳法、太極拳や八卦掌、形意拳などを習っているという話を耳にしました。

その音楽家の拳法の先生が、王樹金先生だったのです。王樹金先生は非常に強くて、空手家もまったく相手にならないという話を聞きまして、「空手に勝てる武術があるのだろうか」と昔の苦い経験を思い出しました。

と同時に、非常に興味を持ち、先生が教えられていた麻布にある光林寺というお寺に何回か見学に行きましたが、その後、王樹金先生は台湾に帰られてしまったので、先生のお弟子さんの王勝之先生について習うことになりました。

中国拳法を習い始めてしばらくして、王勝之先生から、日本には澤井健一先生という非常に強い先生がいるという話をうかがい、是非直接先生に会ってみたいと思ったわけです。澤井先生に会いに行ったところ、王勝之先生の紹介ならということで入門を許され、教えていただけることになりました。

それが高校2年生の夏頃のことでした。

神宮に入門した頃は、澤井健一先生のご子息である津井昭男先生など、古い先輩も来られていて、全員で10人位いたかと思います。現、至誠塾塾長の高木康嗣先生とも、いっしょに練習するようになりました。

当時の私は、やせていて50数キロしかなく、澤井先生にも、こんな体じゃだめだと言われました。初めは先生に、立禅と這いを教えてもらい、あとは柔軟と、飛び後ろ回し蹴り、中国拳法で言う旋風脚ですが、澤井先生は〝竜巻蹴り〟と言っておりましたが、これを徹底的にやらされました。

当時私は高校生でもっとも若く、神宮での練習は非常に恐かったことを覚えています。週1回の練習の前の晩は、澤井先生の奥様より必ず電話を頂き、電話にでると先生に替られて「明日も休まずにちゃんと来るように」と念を押されました。私のほうは「明日こそ雨が降るように」と祈って、晴れたら仕方がないので練習に行くという繰り返しでした。当時の練習は、自主的に立禅や這いをやっていて、その後組手というのが普通でした。先生は、組手に対してはあまり注文を出さないで好きにやらせていました。私にとっては、恐怖ばかりが先に立ち、決して面白いという練習ではありませんでした。

ではなぜ辞めなかったのかと言うと、実は恐くて辞める勇気もなかったのです。というのも、ある大学生の弟子が辞めたいと先生に言ったときに、先生は私に対し「彼を辞めさせないよう、引き止めなさい」と何回も言われました。色々と説得してはみましたが、私は彼を引き止めることができず、結局辞めてしまいました。先生に対しては、非常に申し訳ない気持ちで一杯になりました。

とは言うものの、私も辞めたい気持ちがあったのです。そんなある日、澤井先生が突然私の家に来られ、「若いし鍛えれば強くなるので、自分が責任を持つから、ケガをさせないよう注意するので、このまま続けることを許可してほしい」と私の両親に話をされたのです。先生は、「私が来たことは彼には黙っていてほしい」と言って帰られたそうです。私は、たまたま家に来ていた叔父より、この話を聞かされました。そんなこともあって、辞めるに辞められなくなってしまったというのが、本当のところだったと思います。（続く）

佐藤先生通信 vol・2

拳法漬けの少年時代

太気拳に惹かれたのは、澤井先生の強さは勿論のこと、空手とはまったく異なる独特の練習方法にもありました。実は、王樹金先生も王薌斎先生に学ばれた方であり、その練習方法は、澤井先生と同様、立禅を中心としたものでした。それとゆっくりした試力をやって、最後に太極拳等の型をおこないます。

当時私は、太気拳をやりながら、週1回王樹金先生、王勝之先生のもとで太極拳、形意八卦等の指導も受けておりました。王樹金先生は、大変高い功夫をもたれた先生でした。しかし、太極拳のようなゆっくりした練習だけでは、何時になったら先生達のように強くなれるのだろうか？　明治神宮に行けば組手という厳しい現実があり、このまま続けていても即効性は少ないのでは？　と徐々に練習に疑問を持つようになってきました。

そのうえ、自分はもともと痩せていて、体力もないから、仮に一生懸命やったとしても、そんなに強くはなれないだろうし、それも仕方ないかとも思っていました。ただ、澤井先生に弟子にしてもらえたことだけが嬉しく、それが心の支えだったと思います。

やがて、太気拳を学びに来る人も徐々に増えていきました。また彼らのほとんどが空手の経験者であり、突き蹴りもまともにできない自分にとって、彼らとの組手は厳しいものがあり、このままここに存続できるかどうかという問題に突き当たりました。

そこで、基本的な突き蹴りや、基礎体力をつける為、少林拳等の外家拳と言われる、比較的動きの激しい拳法もかじってみました。毎週日曜日は、太気拳を朝7時から10時前まで明治神宮で練習して、その後澤井先生を囲んでお茶を飲んでから、すぐ王樹金先生のところへ行って太極拳を習い、それが終われば少林拳を習いに行くという1日を送っていました。

しかし高校3年生の頃には、太極拳のようにゆっくりした拳法に対する興味はすっかりなくなって、辞めてしまいました。ただ空手をきちんと学んだことのない私にとって、太気拳の練習はつかみ所がなく、一体どうやって相手を攻撃すればよいのか、まったく分からなかった為、少林拳等、他の拳法は続けていました。

太気拳は、いつのまにか強くなる

高校を卒業してから1年間の浪人生活のあと、中国語を勉強する為に、専門学校に進学しました。そこで極真空手をやっている人と友達になり、彼と組手をやろうということになったのですが、どういう訳か彼とは楽に組手ができて、自分でもびっくりしてしまいました。相手の攻撃を自然に迎えたり、払ったりとさばけるようになっていたのです。

また、専門学校の教師の中にも柔道2段の先生がおり、その先生とよく遊び半分で練習をさせてもらいましたが、ほとんどまともに組みつかれることもなく、相手が投げようとしても、這いの練習のおかげで、腰が瞬間的に落ちるので、投げられる体勢まで崩されることはありませんでした。腰が落ちて間合いがとれているので、こちらは自由に相手を打つことができるのです。

また、大学時代アマチュアボクシングのチャンピオンになったことがあるという長身の先生とも、軽くスパーリングをやってみました。身長差がかなりあったので、そう簡単には打ち込めなかったのですが、相手のパンチは迎手、差手で対応することができ、よい経験になりました。

この頃は太気拳を始めて3年位は経っていましたから、迎手や払手、差手の練習もそれなりにおこなっていましたし、高木先生等先輩達からも色々教えてもらっていました。しかし今迄の練習が、これほどまでに実戦に役に立つとは，思っていませんでしたから、自分でも非常に驚きました。

澤井先生は、「太気拳では、自分が強くなったのかどうか気がつかないのだが、いつのまにか、知らぬうちに強くなっているものだ」とよく言われておりましたが、まさにその通りだと思いました。

これ以来、私は太気拳に対して大変興味を持つようになりました。情けない話ですが、太気拳をはじめて3年以上かかって、やっと本当に興味を持てるようになったのです。

姚宗勲先生のビデオ

一度興味を持ち出すと、太気拳の練習の意味するところも、なんとなくわかるようになり、積極的に練習したり、色々な相手に胸を借りてみたりするようになりました。他の武道の人と組手をしても、太気拳の技が不思議と自然に出てきて、自分でも信じられないくらいでした。

入門して5年目に入ってくると、ある程度の自信も持てるようになっていました。と同時に、神宮の稽古生も30人位に増え、空手のチャンピオンクラスなど、実力のある人達がどんどん集まってきました。

そんなある日、王勝之先生が、北京に行って姚宗勲先生のビデオを撮ってきたので一緒に見ましょうということになり、澤井先生や数人の先輩達と、岩間先生のご自宅で拝見することになりました。

しかしそのときは、ビデオを見ても腰も高く、どうなのかなという感じで、まったく良さがわかりませんでした。ただ、澤井先生は「姚さんは強くなった」と、非常に誉めておられました。そのビデオを見た後に、澤井先生の動きも少し変わってきたのを覚えています。（続く）

佐藤先生通信 vol・3

初めての中国留学

専門学校を卒業する頃、自分が北京で意拳を学ぶことはまったく考えていませんでした。漠然と本場で中国語を学んでみたいなということと、あわよくば本場の意拳も見ることができれば、くらいにしか思っていませんでした。実はこの時点では、北京の意拳の実力をそれほどとは思っていなかったので、あまり意識もしていませんでした。

またその頃、身体の大きい、他流でもそれなりの経験をされた人たちが大勢入門してきたので、ちょっと落ち込んでいました。ようやく太気拳が身についてきたと思っていたのですが、それでも身体も大きく、武道の経験豊富な人達には勝ちにくい、上には上がいる、自分はもう限界だろうと思うようにもなっていました。そして留学すれば、武術から足が洗えるかもしれないという思いも少しはあったかもしれません。そんな中、結局就職せずに中国に留学することを決心し、澤井先生に報告すると、是非、姚宗勲先生に会って教えてもらい、向こうで練習を続けるように言われ、紹介状を書いて頂きました。

学校を卒業してから半年間ほどアルバイトをして、資金を貯めてから、北京に出発しました。到着後すぐに姚宗勲先生に手紙を出しましたが、澤井先生から教えて頂いた姚先生の住所に手紙を書いても、住所違いで、戻ってきてしまいました。もう一度出すと、今度は戻っては来なかったのですが、返事はありませんでした。澤井先生からは、毎日のように国際電話があって「はやく姚宗勲先生に会いなさい、姚先生の息子さんと組手をしなさい」と言われるのです。

どうすればいいかわからなかったので、色々な武術の先生に会って、姚宗勲先生の事を尋ねたりして探しながら、大学の武術部に入ったり、近所の武術家を見つけて教わったりしていました。北京に着いて1か月位たった頃、姚宗勲先生から返事の手紙を受け取りました。先生は外地に行っていて、連絡できなかったとの事で、練習をしている公園を教えていただき、ようやくお会いすることができました。

中国に行って見えた澤井先生の感覚

公園に行くと20人位の人がいました。みんな1時間ぐらい平気で、立禅をしているのです。お爺さんもお婆さんも病人も。私も見ているだけではつまらないので、一人で練習を始めていました。暫くすると若い人が立禅をしながら、ずっとこっちを見ているのに気づいたのです。その人が立禅を終って、揺りをやりだしたのですが、その雰囲気が非常に澤井先生に似ていたので、びっくりしてしまいました。あまりに以ているので、頭の中がパニックになりました。

私も含め、神宮で練習しているほとんどの人の揺りは、実は澤井先生にはそんなに似ていなかったのだと、その瞬間わかってしまったほどです。その人の動作は、澤井先生のように姿勢を低くしているわけで、はないのですが、私達と雰囲気が違う。澤井先生の雰囲気を持っているのです。今迄私は、腰を落としたり、手の形といったことばかりを気にしていたんだということがわかったのです。

あとで太気拳の本や澤井先生の写真を見ると、頭の角度、股関節、膝（前膝と後膝の位置）、肘の位置、それと腰を引き上げる感じ、さらには視線等が同じなので雰囲気がそっくりだったのです。それに手首のやわらかさ、空気をこねるような動き。空気というものに抵抗力を感じてはじめて、空気をこねるような動きができるわけで、そういう澤井先生の感覚が、そのとき見えたのです。後でわかったのですが、これらはすべて偶然ではなく、そうしなくてはいけない原理原則だったのです。

この人はすごい人だと思って話しかけると、その人は姚宗勲先生の弟子の劉普雷先生から習って、ときどき姚先生からも教えてもらっているということでした。劉普雷先生は、現在中国の散打チームの教練をやっている人です。（続く）

佐藤先生通信 vol・4

待ち焦がれた姚宗勲先生の指導

そうこうしているうちに、姚宗勲先生が公園にやって来られました。そこで自己紹介をして、澤井先生の紹介状を渡すと、その場で読んでくださいました。姚宗勲先生は、「澤井先生も心配しているので、ここでしっかり練習しなさい」と言われ、すぐその場で立禅（站樁）、揺り（勾掛試力）、這い（摩擦歩）を教えていただきました。

姚先生が説明される時は、体、頭、手、脚等すべてが一体化して動くので、まるで周りの景色の方が動いているか、あるいは自分が動かされているような妙な感覚に一瞬捕らわれました。ちょうど停車している電車の中にいて、隣の電車が動き始めたとき、まるで自分の乗っている電車が動き出したような錯覚を覚えるのと、同じような感覚でした。

立禅は、澤井先生から教えて頂いたものとほとんど同じでしたが、這いに関してはいくつかの相違点がありました。澤井先生の這いは、両手を高く持ち上げ、腰を深く落として這いますが、姚先生から教えて頂いたものは、両手を下げて横に広げておこなうものでした。

「手を下げるのは二つ意味がある。ひとつは体のバランスを取る為。体をふらつかせないようにする為だ。もうひとつは、最初から手を上に構えてやったら、手でもって相手の攻撃をさばこうとする癖ができる、まず顔でさばけないとだめだ。まず、手に頼らないように体で動けるように、手を下げてやりなさい」と教えられたのです。

また姚先生は、文化大革命時に相当苦労されたとの事で、「すべての練習に言えることだが、武術としてはっきり分かるような練習はしないように。腕を下げてゆっくり歩いていたら、武術か何なのか、分からないだろう。また、私から意拳を学んでいる事はあまり言わないほうがよい。知られれば、面倒なことが起こる事もありえる」と言われました。事実、その後姚先生より学んでいる事を聞きつけて、大学の寮や、クラブ活動中に試合を申し込みに来たり、挑発をしに来る者が少なくありませんでした。

しばらくその場で一人で練習していると、再び先生が来られ、「天津から敖石朋先生が来ているから紹介しよう。敖先生は澤井先生とも一緒に練習された人だ」と言われ、早速自己紹介をおこないました。しばらくお話ししたあと、敖先生から這いをやるように言われました。

私は、自分が今迄練習してきた通り、腰を深く落として、両手を高く持ち上げて這ってみました。敖先生は、それを見てただ一言、「よく練習をしている」とお褒めの言葉を言ってくださいました。

そして両手を押さえてみろと言われ、両手でそれぞれの手首を握った瞬間に、掴まれた手首を突き出して、「腕を掴まれた場合は、こういうように左右の力を交差させて、相手を持ち上げて崩しなさい」と言われ、身体を浮かされてしまいました。

この動作は、澤井先生が王薌斎先生と初めてお会いした時に経験された技であり、我々はよく、澤井先生の実演を交えたこのお話を何度も聞いていたので、すぐピンときました。

それは澤井先生が、王先生の両腕を上から掴んだら、王先生は手首を突き出し、そのまま澤井先生を壁際まで押していき、あと1～2メートルまで、というところで、「よいか?」「どうぞ」と答えた瞬間、壁に叩き付けられた、というものでした。

敖先生の動作は実に簡単な、何気ない指導なので、「ああ、なるほど」というような程度で、あまり気にはしませんでしたが、それから15年以上も経ってから、推手の練習をおこなっていた時、この力の出し方が非常に参考になりました。（続く）

佐藤先生通信 vol・5

さまざまな先生から学んだ、貴重な中国留学

それから、北京での週3回の練習が始まりました。練習時間は朝の7時半から11時半頃までです。7、8か月過ぎた頃、先生の息子さんを紹介していただき、そこではじめて推手をやることになりました。

推手は、神宮ではほとんどやらなかったのですが、実は既に大学で推手を経験していました。大学の宿舎の庭で練習していると、推手や組手を挑んで来る者が頻繁にありました。彼らはみな大成拳、意拳の練習者であり、私が姚宗勲先生から学んでいるということをどこかで聞いて、「ちょいとやってやろう」と思って来るようでした。彼らとの交流は、お互いに面子がありますから、それなりに緊張し、よい経験になりました。

ところが、姚先生のところでご子息の姚承光先生、姚承栄先生と推手をやってみると、別格でまったく歯が立ちませんでした。それどころか、推手においても、相当の恐怖心を植え付けられました。

姚先生のところでは、練習生は養生班と技撃班とに分かれていましたが、どちらもほぼ同じ練習内容でした。練習内容は、站樁（立禅）、試力（揺り、練り）、走歩（這い）、発力、推手であり、ただその人が若いか歳を取っているかだけです。技撃班の推手はかなり激しくおこなっていましたが、実作と呼んでいた組手練習は、技撃班でもやっていませんでした。

そのうちに午後の練習にも、週2、3回出るようになりました。そこでは組手中心の練習でした。白先生という姚先生のお弟子さんの家の中庭で、外から見えないような場所で練習していました。その練習に来る人は少なくて、多くて5、6名ほどでした。

中国で練習を始めてから1年ぐらい経ったとき、姚先生がご病気で入院されたので、姚先生の弟子である竇世明先生から、自分が教えている夜の練習に来てみてはどうかと誘われました。もともと姚先生が教えていた公園には、姚宗勲先生のほかにも、王薌斎先生一門の竇世明先生、張中先生、趙華舫先生、司徒柱先生、王玉頻先生、張志学先生や、天津からは卜恩富先生、敖石朋先生、落陽の楊紹庚先生も頻繁に来られており、たまに指導を受けることもあったのです。竇世明先生には、せっかく北京にいるのだからと、気をつかって頂き、指導してくれました。

ここでも組手が中心の練習でした。当時は主にグローブをつけてやりますから、勝ち負けははっきりします。はじめの頃は、グローブに慣れなくて随分打たれましたが、慣れてきたら、何とか先輩達ともそこそこ戦えるようになり、ある程度の自信も出てきました。ただし、ご子息の承光先生、承栄先生や高弟の崔先生は別格の強さで、まったくかないませんでした。

姚宗勲先生が入院されてから、すぐ「北京意拳研究会」が発足しました。会長は姚宗勲先生が就任され、二代目の先生方も副会長に抜擢されました。承光先生、承栄先生は会の総教練に、高弟の崔先生、薄先生は、確か秘書長になられたと思います。私は、澤井先生から送られてきた祝辞を持って発足式に参加させて頂き、その席で澤井先生の祝辞を述べさせて頂きました。

しかし、その1、2か月後のある日、私が学校の授業から戻ってくると、崔先生が部屋で私の帰りを待っていて、「姚先生の病状が悪化し、昨日亡くなられた」と言われました。その後私は、先生の葬儀に参加し、一年半の留学生活を打ち切って日本に戻ったのです。（続く）

佐藤先生通信 vol・6

帰国後、組手が変わった

中国に1年半滞在した後、日本に帰国（1985年）して神宮の練習に行き、久々に仲間達と組手の練習をおこないました。なぜかはわかりませんが、組手のときの構えが、両手を広げ比較的ノーガードに近いスタイルになっていました。

それはたぶん、体を動かして、顔で相手の功撃を見切ろうとする動きになっていた為、手を顔の前に構えると、攻めが遅くなると思ったからかもしれません。これは北京で別にそういうスタイルをしていた訳でもなく、その場で自然にそうなってしまったようです。

それに、帰国したばかりの頃におこなった神宮での組手は、不思議と相手の動きが比較的遅く見えました。それは自分のレベルが上がったのではなく、姚承栄先生、姚承光先生の速い動きを見ていたので、相手の動きが遅く見えたのだと思います。その為、今まで苦労していた相手に対し、比較的楽に組手をおこなうことができました。

ただし、私のとった組手のスタイルに関しては、仲間内でも「大変いい動きだった」と誉めてくれるものや、「顔ががら空きだった」という人もいて、賛否両論でした。

日本に戻ってきた翌週に、澤井先生とともに仏子の岩間先生宅にお伺いしたときのことです。西武線の乗換えの所沢駅のホームで、先生が突然「これは習ったか」と言って、姚宗勲先生そっくりの動きで、意拳で言う、側発力や、神亀出水の試力等をされ、本当に驚きました。その動きは、今までほとんど見ることがないほど、動きに気分が入り実にすばらしいもので、この動きを見せて頂いた時に、改めて澤井先生、姚先生のすごさを認識でき、自分の学んできたものに対しても誇りが持てました。

ところが帰国した後、私はすぐに就職し、それまでのように練習ばかりしていられなくなったのです。中国への長期出張やら、武術以外の付き合いもできた為練習量も減り、徐々に神宮の練習へ行くことが少なくなっていきました。そんな矢先、１９８８年の7月に、澤井先生がお亡くなりになったのです。

「太気拳・意拳拳学研究会」の発足

みんなでこれから先のことを話し合っているとき、一度北京に行ってみてはどうか？　と提案し、天野敏先生（横浜太気拳研究会会長）、斎藤昭先生（太気拳6段錬士）、久保勇人先生（日本太気拳協会会長）をさそい、4人で、姚承光先生、姚承栄先生を訪ね、稽古をつけてもらいました。

その後2年の間に、島田道男先生（太気拳気功会会長）や、内村匡人先生（太気拳5段錬士）、鹿志村英雄先生（太気拳5段錬士、太気拳鹿志村道場）や、また高木康嗣先生（太気拳・意拳研究会至誠塾塾長）、筧田正夫先生（東武太気拳研究会会長）らとともに北京を訪れるということが続きました。この間には、姚承栄先生、姚承光先生のご指導のみならず、二代目の趙華舫先生、竇世明先生、李見宇先生、朱尭亭先生等にもご指導を頂くことができ、大変勉強になりました。

この頃、私の友人達が太気拳をやってみたいとのことで、少しずつ太気拳を教えるようになりました。しかし、私は仕事の都合で中国出張が多くなったこともあり、なかなか日本にいる時間もありませんでした。そんな中でも、彼らは練習を熱心にやるようになり、今の「太気拳（意拳）拳学研究会」の前身ができたのです。

1992年末、天野敏先生が中心となって、中国の姚承光先生、姚承栄先生を日本に招聘され、横浜でも本格的に指導を始めるということになりました。私も未熟ながら少し本腰を入れて教えてみようかと、拳学研究会を本格的に始め、現在に至っています。

太気拳、意拳、この貴重な文化

いま振り返ってみると、北京に留学していた頃は、あまり詳しい説明を受けることはなく、教えて頂いた試力（練り）や、打拳も数通りだけで、ひたすらそれを繰り返し身体に練り込み、推手で闘争心を養うような練習でした。当時は、ほとんど理論はわかっていませんでしたが、体で覚えた感覚だけはしっかりとありました。

その後澤井先生が亡くなられてから、仲間と北京に行き、姚承光先生、姚承栄先生達に学んだときに、はじめて各練習の理論の説明を詳しく受けました。それらは、これまで自分の感覚でつかんだものと、特に大きな差はありませんでした。しかし、改めて説明を受けることによって、明確な練習方法がわかってきたのです。

姚宗勲先生は、あまりあれこれ言葉で説明されない方でした。また姚宗勲先生は、『現代実戦拳法意拳』という名著を書かれていましたので、わからないところは当然自分でそれを読んで、まず考えてみることが礼儀だと思っていました。

また姚承光先生、姚承栄先生は質問すれば親切に答えてくれますが、お二人の先生方も私を同門の兄弟弟子と思っていてくれ、また私の面子も考え、あれこれとは言われませんでした。しかし、短期間で日本から勉強に行った時は、日本の兄弟弟子達の時間が限られていることを話すと、積極的に色々説明していただいたものです。姚承光先生、姚承栄先生は、現在も我々の技術顧問となって頂き、北京へ訪れた時には会員一同お世話になっております。

太気拳、意拳は本当に奥の深いものであり、その優れた技撃性もさる事ながら、健康法としても人体の仕組みを実によく研究されており、その理論も大変すばらしいものがあります。

また王先生、姚先生、澤井先生をはじめとする、多くの諸先生方の波瀾万丈に充ちた生涯が、更にこの武術を彩っているようにも思えます。姚先生、澤井先生と同期の二代目の先生方の貴重なお話を聞いていると、澤井先生が生前話されていた断片的なお話が、まるでジグソーパズルを解くがごとく見えてきて、実にロマンに充ちております。

王薌斎先生が編み出された、このすばらしい武術は、現在中国大陸、日本のみならず、香港（鄭志松先生、韓星垣先生等）、台湾（竇世成先生、焦金剛先生、管篠文先生等）、マカオ（李立先生）、アルゼンチン（冬国操先生）、アメリカ（尤澎熙先生等）等にも伝えられております。現在私は、台湾、香港等にも足を運んで、この貴重な文化の歴史を確認し、いつか皆さんに発表したいと思っております。

みなさん1年間、本当にごくろうさまでした。（おわり）

第三章　──中華料理について（２０１５年2月10日～２０１５年4月20日）

中華料理にハマって……

2015／02／10｜中国料理

もともとこのブログは、会員の皆様への連絡を主にしたものですが、誠に申し訳ありませんが、とある理由により料理のことも書くことになりました。（サーフィンに対抗している訳ではありません……）興味のない方は無視してください。

私が中華料理の虜になったのは、学生時代に約3年間アルバイトをしていた赤坂のとある高級中国レストランのまかないからです。有名なレストランで、芸能人、政治家、スポーツ選手など著名人が頻繁に来店されていました。

澤井先生に入門当時、神宮の練習に来る人は、私以外はほとんどが空手などの有段者で、満足に蹴り突きもできない自分にとって、練習の中心となる立禅や這いは物足りず、また知識も経験もなかった為、こんな練習だけではいつまで経っても先輩達のサンドバッグのままではないのか？と不安に思っていました。

当時このレストランには、ハルピン出身の残留孤児帰国者で、H先生というマネジャーがいらっしゃいました。H先生は子供の頃よりハルピン第一武術館で、著名な八極拳家、孫亮亭師より武術を学ばれ、日本に帰国後１９７０年代前半に一時日本太極拳協会で少林拳を指導されていたことがあり、とても功夫のある方でした。

中国東北地方で八極拳と言えば、李書文の大弟子、霍殿閣先生とその甥の霍慶雲先生らによって吉林省長春（旧満州）に広く伝わったことが知られていますが、同じ東北地方でも（何しろ中国は広いので）、孫亮亭のものは別の系統のもののようで、その継承を調べると、

呉鐘→呉鐘毓→呉梅→呉世科→王栄→黄煥章→孫亮亭

あるいは、

呉鐘→王栄→黄煥章→孫亮亭

などとありました。

チャンスがあれば、このH先生より突き蹴りなど武術の基本を学ぼうと思っていましたが、アルバイト期間中はあまり学べませんでした。ただH先生は姿勢に厳しく、馬歩など一度立ったら暫くは動くことを許さず、先生自身の姿勢も全くブレず、一たび動けばとても大きく見えました。また香港から来たKさんという、詠春拳と螳螂拳を長く練習されていたマネジャーもおり、この人は長身で体格もよくその上非常に手が早くて、仕事中に寸止めですが随分と打たれました。Kさんはその後世界的に有名な香港の某レストランの支店を日本に出店させ、現在はご自分のレストランを経営されたりとその業界では著名な方です。

仕事が終わってから食べるまかないは、お客さんに出すものとほとんど遜色なく、全てが美味しくて余ったものは毎日持ち帰って翌日の朝食にしていました。

特にフカヒレは、その後食べたどの店よりもここが一番美味しかったと思います。その他、北京ダッ

ク、四川燻製ダック、上海蟹の老酒漬け、田鰻と黄ニラの炒め、ナマコと蝦子の煮込みや、その日に余った各種の前菜、例えば叉焼、ピータン、蒸鶏、クラゲ、湯葉、胡瓜などを混ぜ合わせたもの（勿論、通常はそれぞれ別の料理ですが、これらを一緒に和えた正にまかない料理です）などの味は忘れることができません。また一度熊の手を頂いたこともありました。ここで働いたおかげで、中華においては若いくせに変に舌が肥えてしまい、いつの間にか他の中華料理店では満足できなくなってしまいました……。

長春で食べた東北料理、大拉皮（ダーラーピー）

2015／02／11―中国料理

初めて中国を訪れたのは東北地方の長春でした。現在も活躍している八極拳の李英先生は日本に帰国された当時、私の家に近いところに住まわれていました。年齢も近くおかげで随分とご指導を頂きました。李先生はその功夫もずば抜けていましたが、武術家としての気構えも素晴らしく、今でも会うたびに学ぶこと多しです。その李先生に勧められ、１９８１年に語学の短期研修で長春の東北師範大学に一か月滞在した際、李先生の師匠である譚吉堂先生にご指導を受けることができました。その際に譚先生や一門の方々に御馳走になった料理も大変素晴らしく、衝撃を受けました。

中国の宴会では、必ず先に何種類もの前菜が所狭しとテーブルに並びますが、北京や上海などの小皿の前菜と異なり、長春ではレストランでも家庭でも、いつも〝大拉皮（ダーラーピー）〟という大皿の豪快な前菜がテーブルの真ん中にドーンと置かれました。一見すると日本の冷やし中華か、韓国料理か、と思うくらい、錦糸卵、キュウリ、赤大根、キクラゲ、ニンジン、干し豆腐など千切りになった多くの具材がきれいに盛られ、その上に肉汁タップリの豚肉の細切り炒めと香菜がかけてあります。そしてこれらの具の下には、つるつるしたコシのある板ハルサメがひかれています。タレは店によって異なりますが、ニンニクの利いた酢醤油や、胡麻だれなど様々で、ここに唐辛子を含んだラー油をかけ、みんなで一緒にこれを和えて食べるのです。

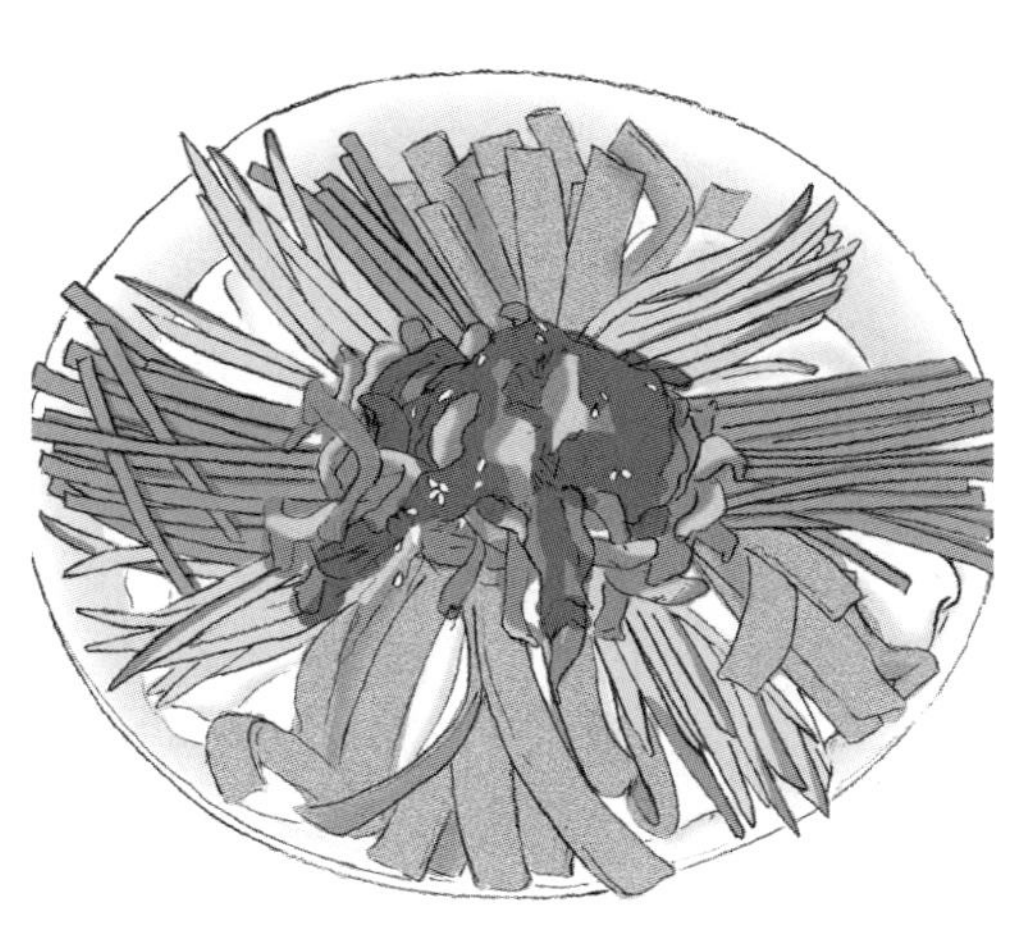

大拉皮（ダーラーピー）

以前（嘘かホントか）、お相撲さんのちゃんこ料理とは、「ちゃん」は父、つまり師匠を意味し、「こ」は弟子の意味で、つまり師匠と弟子が一緒に食べる料理だ、と聞いたことがありましたが、この〝大拉皮〟を譚先生一門がみんなで箸を突っ込み混ぜ合わせて突っつきながら、アルコール度数の高い白酒（バイチュウ）で乾杯する姿は、まさにちゃんこ料理でした。しかしこの〝大拉皮〟は、白酒にもぴったりなので、見かけは日本の冷やし中華にやや似ているといっても、比べることなんて全くできません。まるで幼稚園児と経験豊富な大人の違いがありました。作り方は至って簡単ですから、板ハルサメを入手した時には、是非作ってみてください。

清蒸海上鮮（清蒸石斑魚）＝ハタの姿蒸し

2015／02／18 ― 中国料理

香港の話のついでに、香港の料理についてちょいと……。

香港の先生方と食事をする際、必ずと言っていいほど、最後の一品はこのハタの姿蒸しでした。香港人は海鮮料理の宴会では最後の一品はこれで、シメはそのタレをご飯にかけて食べるそうです。そもそも中国料理では魚（Ｙｕ）はその文字の発音が、〝余（Ｙｕ）〟と同じ為、まだ余裕があるとか、縁起ものとして最後に食べることが多いのですが（中国でよく見かける金魚の絵柄などには、お金が余る、の意味があります）、私もこれにはハマりました。香港の海鮮レストランでは、マナガツオやヒラメなどでも作りますが、やはりハタが一番おいしいかと思います。ハタは香港でも高級魚で、皮と身の間のコラーゲンはウナギなみ、口の周りがベトベトになりますが、個人的にはハタは刺身よりもこちらが一番美味しい料理法だと思っており、和洋中を問わず最も好きな魚料理のひとつです。

この料理、レストランでは必ず活魚を使いますが、家庭で作る時はある程度新鮮であれば（あるいは冷凍でも）おいしくいただけます。

【清蒸海上鮮の作り方】

1．問題は蒸し方で、時間が長すぎると身がパサパサになりますので、魚の大きさにもよりますが、必ず蒸気が上がっていることを確認した後に入れ、10分以内で強火で一気に蒸しあげます。また蒸しムラのないように、身の厚い所に包丁を入れたり、蒸す前に水分をよく拭き取っておくのがポイントです。

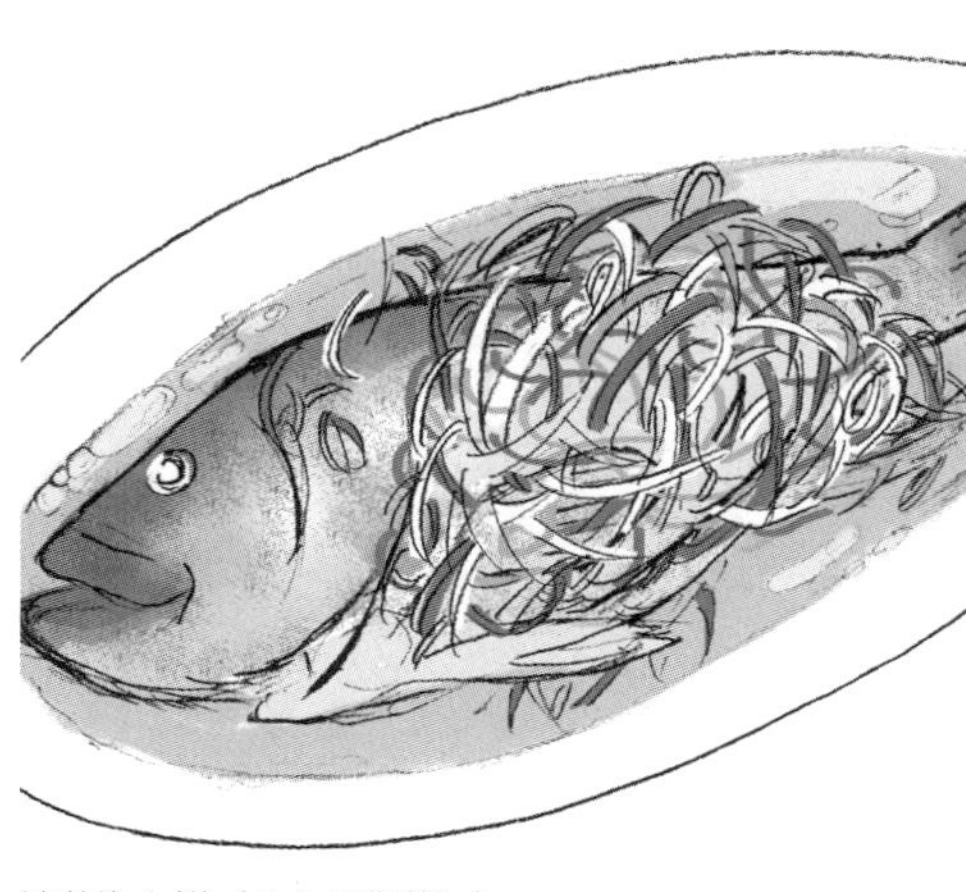

清蒸海上鮮（ハタの姿蒸し）

2．また臭みを抜く為に、魚の下にネギとショウガを包丁で叩いたものを敷いて、割り箸などで隙間を作った上に魚をおくと、皿と魚の隙間にも蒸気が周り、裏もきちんと蒸し上がります。

3．蒸し上がった魚を皿に移し、その上に大量の白髭ネギを盛り、その上から高温に熱したネギ油をジュワッとかけます。ネギ油がなければサラダ油でも大丈夫ですが、白髭ネギの量はケチらないでください。油の温度が低いと香りがなくなるばかりか、油っぽくなってしまいます。

4．最後に、ネギ油（サラダ油）を熱した鍋でタレに火を入れて、それを魚にかけ、香菜（シャンツァイ）を盛ります。

5．尚、タレは、美極醤油＝シーズニングソース（目安として大匙2）と魚露＝ナンプラー（目安小匙1）、老抽＝たまり醤油（目安小匙0・5）、紹興酒、胡椒、砂糖を少々入れ、それをスープかお湯（目安180cc）でのばしたものです。（※シーズニングソースやナンプラーは業務スーパーやハナマサなどでも小瓶で安価なものが売っています。

日本ではネギ油を最後にかけるお店もありますが、香港人のコックさんに言わせると、この方法では、タレが魚の身に入ってしまい、魚本来の味が失われるそうです。故に必ずや先に高温のネギ油で魚をコーティングし香りのみを移し、後にタレをかけることで魚本来の味を失わないようにするそうです。

家庭ではハタは高くて難しいかもしれませんが、カサゴやソイなどの根魚やメバルなどでも十分美味しく食べられます。是非一度試してみてください。必ずハマります！

避風塘炒辣蟹（香港式カニのニンニク風味揚げ）

2015／02／19―中国料理

もう一つ、香港の海鮮料理の代表的な、〝避風塘炒辣蟹〟を紹介します。この料理は路上の屋台などでも見かけますが、とんでもなく高い値段なので、屋台だからと安心できません。避風塘とは、風や波をよける防波堤に囲まれた港であり、つまり船上生活者達の料理から発展していったものです。蟹はワタリガニの一種でハサミの大きなノコギリガザミ（青蟹）が使われます。この蟹は東南アジアなどでも人気のある南方の蟹で日本ではあまり見かけないので、家で作る時はワタリガニを代用すればよいでしょう。

作り方は至って簡単、蟹に軽く片栗粉をふりかけ、高温の油で一気に揚げておき、鍋にラー油を少々入れて、生姜、ネギ、鷹の爪を炒め、辛い香りが出たところに、揚げた蟹を戻し入れ、〝金沙粉〟という調味料で絡めるだけです。

以前はこの〝金沙粉〟を作るのが大変な作業でしたが、今ではこの材料も入手しやすく、更に、中国や香港では、完成されたものも売っているようです。

避風塘炒辣蟹（香港式カニのニンニク風味揚げ）

【金沙粉の作り方】

※フライドガーリック（油蒜蓉＝目安１００グラム）とフライドエシャロット（油葱酥＝目安１００グラム）、ココナッツファイン（目安70グラム）、一味唐辛子（目安大匙２）、塩（目安小匙１）、砂糖（目安小匙１）、チキンパウダー（目安小匙１弱）、胡椒少々を鍋に入れそのまま軽く煎る。油は入れません。

※フライドガーリックやココナッツファインは、業務

スーパーなどで売っています。油酥葱は中華食材店で買えます。ココナッツファインは粗挽きのココナッツの粉です。ココナッツパウダーはケーキなどに使いますが、料理ではファインの方がよく使われます。
※フライドガーリック、フライドエシャロットの比率は、ここでは1：1ですが、店によっては、ガーリックが強めとか、エシャロットが強めとか様々です。さらにパン粉を加えている店もあります。
（ちなみに居酒屋で出てくるエシャロットは実はらっきょうで、ここで言うエシャロットとは別物です）

【避風塘炒辣蟹の作り方の注意点】

1. ワタリガニは、スーパーなどですでに処理されているものなら良いですが、丸々一匹を自分でさばく場合は、タワシで汚れをよく洗い、
2. 食べたときに怪我をしないよう、殻やハサミにあるトゲをよく切っておく。
3. また蟹の食べられない部分（肺や砂袋など）もよく取っておく。
4. 活きたものを使うときは、ハサミに挟まれて怪我をしないよう、十分注意する。
5. 高温で一気に揚げる時は、油が撥ねないようよく水分を拭き取っておく。
6. 揚げた蟹を鍋に戻して、金沙粉と絡める時は、焦げないように火を止め余熱でやると失敗しません。

この金沙粉（ガムサッファン）で和える避風塘料理は、香港ではシャコでも殻付きエビでもあります。最近ではカリッと揚げたナスなどの野菜類でも作るようです。金沙粉はきちんと密封して冷蔵庫に入

れておけば結構持ちます。

スーパーで、ワタリガニのから揚げや甘エビのから揚げなどを見つけたら、あっという間に出来ますので、試してみてはどうでしょうか？

杭州名物　東坡肉(トンポーロー)　その1

2015／02／22 ― 中国料理

以前とあるコンピュータソフト会社に勤めていた時、上海と杭州の子会社を行き来していたので、華東地区のいわゆる上海料理にもハマっていました。しかし上海と杭州は距離的には近いものの、料理はそれぞれ特徴がありました。杭州は浙江東省の省都であり、南宋時代の首都の臨安で、山々に囲まれ、西湖を望む風光明媚な観光地でもあります。実は姚宗勲先生の原籍もこの杭州でした。

杭州の名物料理でもっとも有名なものは、東坡肉（トンポーロー）、叫化童雞（乞食鶏＝鶏を丸々一羽ハスの葉でくるみ、更に土で包んで蒸し焼きにした料理）、西湖醋魚（西湖の淡水魚を使った黒酢あんかけ）、龍井蝦仁（ムキ川海老の龍井茶葉炒め）などですが、他にも多くの名物料理があります。

著名な北宋の詩人、蘇東坡（１０３６年～１１０１年）は知事として杭州に赴任し、当時ヘドロ状況だった西湖を浚渫し、その水草と泥で西湖の西側に湖中の堤いわゆる蘇堤を作りました。（西湖の北

にある白堤は、同じく著名な詩人、白楽天が築いたと言われています）
東坡肉は、一説には、その工事の際に人足達に故郷四川省の豚の角煮（正しくは豚の角蒸し）を振舞ったが、これが後に東坡肉と言われるようになったとのことで、長崎などでは豚の角煮を東坡煮（とうばに）と言いますが、この東坡肉が由来です。日本ではトンポーローを角煮と言いますが、日本の豚の角煮は、中国では紅焼肉といい、炒めてから煮詰める、あるいは煮詰めてから炒める料理です。これに対し東坡肉は、炒めた後に蒸し仕上げる、あるいは煮てから蒸す調理法です。
皮つきのバラ肉を使う為、脂身が多く、中国人でも好き嫌いに分かれますが、好きな人にとっては、御飯が何杯でも食べられるし、お酒にもぴったりです。

また上海を中心とする華東地区では、この東坡肉や紅焼肉を作った時の煮汁を常に保存しておき（日本の鰻や焼鳥のタレとか、蕎麦汁のようです）、各料理に使います。
例えば、紅焼魚（魚の醤油煮込み）や紅焼丸子（肉団子の醤油煮込み）だけでなく、葱油拌麺（ネギ油そば）なども、茹でた麺にこの煮汁を少々入れて、ネギ油で和えただけで、とても美味しく頂けます。またこのタレに黒酢を加えただけで、糖醋肉（黒酢の酢豚）、糖醋魚（魚の黒酢餡かけ）も簡単に作れます。というか、雑誌やテレビで紹介される酢豚のレシピよりも絶対美味しいし、なによりも化学調味料が一切不要となります。私も色々試しましたが、ある時ふと大量に余った東坡肉の煮汁に黒酢を加えて酢豚を作ったらどうだろうか？　と思ってやってみたところ、バカウマでした。後に北京の五つ星レストランで働いていたコックさんに話したところ、彼から「実は私が働いていたレストランもそうやって作っていました」との答えが返ってきました。考えてみれば豚肉の旨みが濃縮されたこのタレが美味しくない訳はなく、当たり前のことでした……、ということで少しずつ上海を中心とする華東地区の料理も紹介していきたいと思います。

東坡肉（トンポーロー）

杭州名物　東坡肉　その2

2015／03／01｜中国料理

東坡肉の作り方は、ネットなどで色々書かれていますので、そちらを参考にしてみてください。いい加減なものもありますが、結構本格的なものも見つかります。私の場合は、一度に大量に作るので、保存が利くようにタレを多めにつくり、出来上がった東坡肉をタッパーに入れ空気が触れないようタレを目いっぱい入れます。

【東坡肉の作り方】

1．皮付きの豚バラブロックを買う。スーパーでは皮付き肉は入手しにくいですが、肉屋さんであれば、皮付きで頼めば入手できます。その際に脂身が少ないところを頼みましょう。

2．豚バラブロックは、必ず水から煮ると良いです。肉の大きさにもよりますが、アクを取りながら数十分煮て、竹串などを刺して血が出なければ大丈夫です。

3．煮上がった肉はよく洗って、肉についたアクのかたまりを取り除きます。（この肉は、炒めて回鍋肉にしたり、薄く切って前菜の雲白肉、蒜泥白肉などにも使えます）

4．煮汁は一度冷やして、表面に浮いたラードを取り除いてください。（ラードは炒め物に使えますから捨てずに保存しましょう）このスープは冷蔵庫で冷やすと煮凝りとなりコラーゲンたっぷり、プルンプルンになります。

5．煮たばら肉のブロックを4、5センチほどに切り、老抽（たまり醤油）を振り掛けてから鍋で炒め、さらに余分な脂を出し、また肉に色を付けます。

6．本来の東坡肉はここから肉を蒸しますが、大量に作るときは、一度煮たほうが便利かと思います。（実際に本場杭州の有名店でも、煮ているところが多いようです）

鍋にネギを敷き色のついた肉をその上に並べ、肉を煮たときのスープを戻し入れます。そこに醤油、ザラメ、紹興酒を加え（私は1：1：1の比率で作ります）、更にオイスターソース、老抽（たまり醤油）ともに醤油の3分の1程度とショウガ、大蒜を加えて、1時間ほど弱火で煮込みます。（よく八角やシナモン、五香粉を入れるレシピが紹介されていますが、私は入れません）

7．煮上がったものを冷ましてからタッパに入れて保存し、食べるときに必要な分だけ取り出して、必要に応じて1センチくらいの厚さにカットしてもよいし、そのままでも良いですが、15分ほど蒸せば、とても柔らかく口の中でとろけるほどです。

おすすめは白飯にのせてほんの少しタレをかけて食べるのですが、勿論お酒のお供にも実によく合います。難しそうですが、休日にたまに作ってみてはどうでしょうか。

西湖醋魚（西湖の淡水魚を使った黒酢あんかけ）

2015／03／02｜中国料理

糖醋魚（魚の甘酢あんかけ）といえば、魚に片栗粉をまぶして丸ごと油で揚げ、ケチャップ味のあんをかけたものが多いですが、上海で食べたものは、川魚には粉をまぶさず油通しをして、黒酢のタレでからめたものが多かったです。

また杭州には、西湖醋魚といって、西湖の淡水魚を使った黒酢あんかけが有名で、こちらは油通しをせず、サッと湯通しした魚に黒酢のあんをかけたもので、杭州でお客さんを接待する際には、よく西湖のほとりにある著名なレストランの「楼外楼」（ちなみに赤坂にある同名の高級レストランは、姉妹店ではなく、この料理や乞食鶏などはありません）で、この魚料理を食べました。一般的には草魚という川魚を使いますが、「楼外楼」は草魚の他に、鯇魚、筍殻魚という三種類の淡水魚が用意されていて、特に筍殻魚で作ったこの料理は、身が柔らかく骨離れもよくて、また淡水魚といっても泥臭さが少しもなく絶品でした。筍殻魚は、日本のカジカやドンコ（東北のドンコ鍋などに使う魚＝チゴダ

西湖醋魚（西湖の淡水魚の黒酢あんかけ）

ラやエゾアイナメではなく、西から九州などに生息するハゼ科の魚です）によく似た淡水魚で、身がふんわりとしてこの黒酢あんにとてもよく合います。

日本では手に入り難いので、私は普通の白身魚（ハタ、マゴチ、カレイなど）で作りますが、ナマズなんかもよいと思います。いずれにせよ海の魚でも、また一匹でなく切り身でも、東坡肉のタレさえあれば美味しくできます。

【西湖醋魚の作り方】

1．タレは、東坡肉のタレ、カップ半分くらいに黒酢を大匙1から2を加えておきます。

2．魚は、湯通しでも油通しでもどちらでも大丈夫ですが、湯通しの場合は、お湯にショウガやネギ、お酒を加え、更に油を少し入れて必ず沸騰してから弱火で3、4分程度火を入れます。湯通しでも油通しでも火を通しすぎないことが、ポイントです。火が通った魚を皿に移し、少々たまり醤油を振り掛けておきます。

3．鍋に油をひいて、ネギとショウガを入れ、強火で先に油に香りを移し、火を弱めてから先ほどのタレを入れ、魚の煮汁か水を少々加え、味を調整します。（濃ければ更に水を加え、薄ければ醤油や酢で好みの味に調整する）

4．タレが沸いてきたら、水溶き片栗粉（片栗粉1：水1）を少しずつ加えて、とろみをつけ、ネギ油を少々たらして光沢をだし、皿に盛った魚にかけて出来上がり。

※東坡肉のタレがなければ、醤油、ザラメ、黒酢を1：1：1（目安）に、たまり醤油（老抽）、オイスターソース、ラードを各少々加えて、魚の煮汁か水でのばして、代用してみてください。

「飲み会にも礼儀あり！」の山東省

2015／03／03｜中国料理

澤井先生が亡くなられた年より3年余り、山東省の青島市に駐在しました。青島はかつてドイツの租界であった為オレンジ色の屋根のドイツ建築と並木のきれいな街で、三方を海に囲まれ、また軽井沢のような林の中の広い別荘地がありました。青島駐在といっても、毎週濰坊、淄博、臨朐、煙台、莱陽、海陽、威海、済南、明水、泰安など、山東各地の工場を回っていました。そもそも山東は、蟷螂拳、孫濱拳、臨清潭腿、燕青拳、八極拳、八卦掌など、実に多くの武術がおこなわれている土地で、私が宿泊していたホテルのすぐそばにも青島市市南区形意拳研究会という道場がありました。またいつも行く「小海燕」という小さなレストランの親父さんも、若いころから蟷螂拳と孫濱拳を練習されていたそうで、他のお客さんがいないと、色々見せてくれました。しかし当時は、意拳以外の中国武術には全く興味がなかった為、積極的に他の武術を見に行くこともせず、公園やホテルの庭で自分の練習をおこなったり、ホテルの服務員達に教えたりしていただけで、今考えると実にもったいないことをしたもんだ、と思います。

山東省では、日本からのお客さんや現地の取引先、工場などとの宴会も多く、この土地の宴会におけるルールというものも少しずつ理解していきました。

特に座席の位置は、たとえどんなに親しくなったつもりでも、自由に座ることはなく、席の位置によって上下関係がはっきりしており、故に給仕する店員も、お酒を注ぎに来るときは順序に従って注いでいくし、料理を置くにも、一番大事なお客さんの目の前に置くよう教育されていました。

ところ狭しと並べられる小皿の前菜も、一見無造作に置かれているように見えますが、これにも意味があり、青物（セロリ、キュウリ、ちしゃとう=茎レタスなど）は、青龍を意味し東に置かれます。同様に赤いもの（龍髭牛肉、赤大根、トマトなど）は、朱雀を表し南に、白いもの（ホタテやクラゲなどの魚介類、蒸し鶏、ピーナッツの砂糖まぶしなど）は、白虎を表し西に、黒いもの（糖醋排骨などの肉類、シイタケ、ピータンなど）は、玄武を意味し北に、それぞれ置かれます。

また乾杯と言ってグラスをあわせたら、読んで字の如く、杯（さかずき）を必ず飲み干（乾）さなければならず、これには苦労しました。

グラスをあわせる時は、必ず目上の者のグラスより低い位置であわせることが常識で、北京においてもそうですが、接待を受けたり、師や兄弟弟子達と飲みに行き、乾杯、乾杯とその時は盛り上がり、打ち解けあったつもりでも、日本と同じようにグラスをぶつけては、知らぬこととはいっても、礼儀を知らない奴だと思われてしまいます。はたから見ていると無礼講に見えるのですが、どんなに酔ってもこういった礼儀は守られるようです。会員の方の中には中国に学びに行くこともあるでしょうし、来日した中国からの先生方と食事をすることもあるでしょうから、頭に入れておいてください。

北京の麺料理

2015／03／04―中国料理

中国では、北は麺を食べ、南は米を食べる、とよく言われますが、この麺の解釈は、日本と中国では、やや異なります。故に、ラーメンを食べるなら北のほうがよいと思ってはいけません。簡単に言えば、麺とは小麦粉など、穀物を粉状にしたものです。勿論、北方は麦畑が多く、南方は水田が多いので、北方は小麦を食べることが多いのですが、ラーメンとか中華そばとかではなく、饅頭（マントウ＝具の入っていないパン）などを主食に、更におかずと主食が一体となった水餃子や、肉包子（肉まん）、餡餅（おやき）などが良く食べられます。私も留学中、大学の食堂では、主食は白ごはんとマントウが半々でした。

また広東や香港では、蒸餃子などは飲茶の点心として食べ、餡を包む皮は小麦粉ではなく、上新粉（米粉）なので、きれいな半透明になります。さて、餃子の話は後にして今日は麺（麺条＝日本でいう長細い形状の麺）です。

留学当時の北京の麺は、今ほど種類が豊富ではなく、私が食べていたのは主に三種類でした。意外でしょうがまずは延吉朝鮮冷麺、それから日本でもおなじみの炸醤麺（ジャージャン麺）、そして家庭でよく食べられる打鹵麺（あんかけ麺）です。

延吉朝鮮冷麺は、吉林省延吉に住む朝鮮族の冷麺で、つまり日本の韓国冷麺です。北京には多くの朝鮮族が住んでおり、小さな店で手軽に朝鮮冷麺が食べられました。麺は圧麺といってオーダーが入ってから蕎麦粉とサツマイモやジャガイモのでんぷん粉を練ったものをトコロテンのように押し出してその場で作ります。日本の韓国冷麺よりもやや緑色でしたが、弾力のある食感やのど越し、味はほとんど同じです。後で知ったことですが、日本でも蕎麦粉の種類で緑色が強いものがあるそうで、二番粉とか三番粉といわれるものは緑色で香と栄養が強く、北海道の釧路では蕎麦は緑が常識だそうです。また新蕎麦であればあるほど緑色があるとも聞いたことがあります。この延吉冷麺、具は少量のキムチと牛肉（一説には犬肉？）一枚、リンゴ一枚、キュウリの千切りと極めてシンプルですが、とにかく安く貧乏学生の強い味方でした。

炸醤麺は、北京の名物です。麺は細いうどんで、日本の中華料理屋のジャージャン麺よりも、盛岡のじゃじゃ麺に近いでしょう。また日本では具はキュウリ、あるいはキュウリともやしなどがほとんどですが、北京ではキュウリ、もやしの他に、赤大根、白髭ネギ、ニンジン、ちしゃとう＝茎レタス、セロリなど豊富で、これらの具を〝メンマ（麺碼）〟といいます。日本でメンマといえば、ラーメンに入っているタケノコの煮たもの、いわゆるシナチクですが、実はメンマとは、この麺に入れる具の総称です。麺にかける肉みそは、ひき肉を醤油と甜麺醤で炒めたものにスープと片栗粉でとろみをつけ、肉以外にシイタケやジャガイモ、タケノコなどを小さく切って入れているお店もありました。私は家で作るときは、中華麺ではなく、水沢うどんとか細いうどんを使っていますが、夏にはぴったりの麺料理です。

打鹵麺（あんかけ麺）

打鹵麺（あんかけ麺）も、やはり細いうどんのような麺で、キクラゲ、黄花菜（金針菜、ユリ科の植物のつぼみを乾燥させたもの）、シイタケなどの乾物と肉を炒めて片栗粉でとろみをつけた餡をかけたもので、ほかにもトマトと卵の餡とか、肉とナスの餡とかがありますが、これもジャージャン麺と同じく、スープなしの和え麺です。手軽に作れるので、北京の家庭ではよく食べられ、私も姚承栄先生の家ではよくごちそうになりました。

ラーメンの原点？　蘭州牛肉ラーメン

2015／03／06｜中国料理

１９８４年甘粛省の蘭州市でおこなわれた全国武術観摩交流大会の観戦と取材の通訳として、この地を訪れました。蘭州はシルクロードの拠点の一つで、回族、ドンシャン族、ユグール族、サラール族など多くのイスラム系民族が住んでおり、大きなイスラム寺院がありました。市内を流れる黄河は川というより、まるで黄色い大地そのものがうねっているようで、あの光景は今でも忘れません。

ここでは取材で知り会った馬明達先生に、せっかく北京からはるばる来たのだから、何か学んで帰ったらどうか、と高弟の張さんという人を呼んで劈掛拳を教えて頂きました。ちょうど大学の部活で王華峰先生に劈掛拳を学んでいたので、比較的学びやすく勉強になりました。

市内には、多くのムスリム料理屋（清真菜館）があり、ファストフードとしては、牛肉拉麵や、羊肉烩麵（ラグマン）などの店が至る所にあり、滞在中はよくお世話になりました。蘭州拉麵は今では中国全土で食べられ、日本でも少しずつ知られてきましたが、当時の北京の麵からみると、見かけも日本のラーメンに似ており、なぜこんなシルクロードの地にこのようなラーメンが存在しているのか不思議でした。

蘭州拉麵は、かん水を使った手打ち麵で、オーダーすると同時に麵打ち職人が、「平べったくするか？細くするか？」と好みの麵の形を聞きます。日本でも麵を手で伸ばす職人は多いでしょうが、手できしめんのように平べったく伸ばす技には驚きでした。ここで間髪入れずに答えないと後ろから割り込まれるので、とりあえず「細くして！」と言います。何回か食べているうちに気が付いたのですが、職人たちは自分の技を見せたいのか、あるいは食べに来る人の好みなのか、細くして、と言われると極力細くし、人気店ほどその傾向が強く、細すぎてソーメンのようになりコシがなくなってしまいます。そこで、「あまり細くしないで！」というと丁度日本の中細麺位になり（人気のない店なら、中太麺になり）、コシの強さも丁度良い加減になりました。

蘭州拉麺

スープは牛肉と牛骨を弱火でじっくり煮だした清湯（チンタン）であり、あっさりしつつも味がしっかり出ています。（清湯＝チンタンは、長時間弱火で沸騰させずにつくる、濁らない澄んだスープであり、逆に強火でぐつぐつ煮込む白濁したスープを毛湯＝マオタンと言います）日本のラーメンのように脂っこくありません。具は醤油で煮込んだ牛肉で、丁度日本のラーメンのチャーシューのようです。これに香菜（シャンツァイ＝パクチー）をのせます。最後に大声で、「ラー油をかけるか？かけないか？」と聞かれますので、つい反応して「かける！」と答えると、とんでもない量のラー油をかけられます。そこで落ち着いて、「少しかけて」と答えなければなりません。（一度、「ラー油が多すぎる」と言ったら、「遠慮するな！」と言われました……）

後に青島駐在になっても、北京に練習に行っても、どこでも蘭州ラーメンが食べられるようになり（勿論どの店も同じ味ではありませんが）、店を見つけると必ず入ってしまうくらい好物になりました。もう十何年も前の話ですが、会員の皆さんと北京に練習に行ったとき、夜中に何名かと食べに行った蘭州ラーメンは、本当においしかったですね。

上海の夏はこれ！　お酒のお供の必需品、紹興酒の酒粕風味の冷菜

2015／03／07｜中国料理

香糟あるいは糟鹵（紹興酒の酒粕に、水、塩、砂糖、ショウガ、桂皮、八角などの香辛料をなじませ漉したもの）という漬汁に漬けた、紹興酒の酒粕風味の冷菜を紹介します。初めて上海の友人宅でお酒を飲んだ時、これと黄泥螺（揚子江の河口付近や、寧波の湾の泥底にいる1、2センチ程の小さな貝を紹興酒などに漬けたもので、これも糟鹵漬けの一種です）をつまみに出してもらったのですが、ビールや紹興酒にピッタリでハマってしまいました。恐らく、塩辛とかホヤとかで一杯やる人なら、誰でも好きになってしまうのではないかと思います。

一般的には枝豆や蒸し鶏、砂肝、ハチノス、豚タン、ハツとかのモツ類、鶏の足（これだけは私も苦手ですが……）、豚足、牛のアキレス腱や蝦、タニシ、太刀魚などの魚介類も漬けこみます。個人的には、枝豆、蒸し鶏、豚のタン、砂肝が特に美味しいと思います。また黄泥螺は家庭で漬けるという

より、瓶詰めなどの完成品を買ってくることが多いようです。（勿論モツ系の糟鹵漬けも、専門店では計り売りしています）

【紹興酒の酒粕風味の冷菜の作り方】

1．鶏（もも肉）を茹でる時は、筋を切って皮と身の間に脂があれば先に取り除いておくと良いでしょう。必ず水から煮て沸騰したら弱火にします。鶏を茹でる時は、水に紹興酒とショウガ、ネギを入れておいてください。

紹興酒の酒粕風味の冷菜

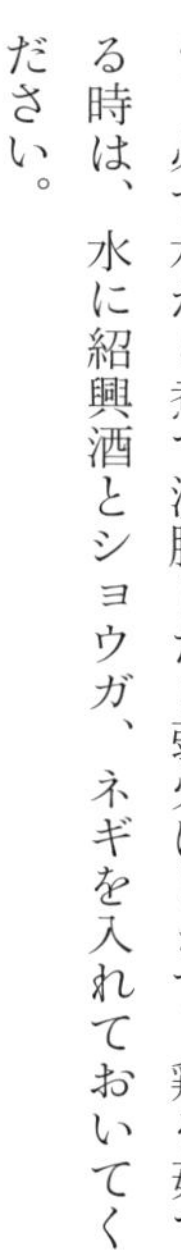

2．15分程度煮たら火を消して、そのまま冷めるまで放置して余熱でじっくりと蒸し火を入れてください。それから水でよく洗い肉についたアクをきれいに落としましょう。（もも肉1枚であれば10分程度で十分ですが、2、3枚作るときは15分くらいが目安です。長くなったり強火にすると、パサパサになってしまいます）

3．なお茹汁はそのままスープとして活用できますし、もしスープに油が多く浮いていれば、冷やしてとっておき鶏油として炒め物などにも使えます。

4．茹でたものを、この糟鹵に3、4時間から半日ほど漬けて食べます（漬けすぎると塩辛くなるので気を付けてください）。糟鹵は中国物産店で安く売っていますから、近くにあれば買って試してみてください（一瓶200円〜300円程度）。紹興酒にぴったりのおつまみが出来上がります。

5．枝豆で作るときも、普通に茹でた枝豆をザルにあげ、よく水を切って水分を乾かしてから、漬けてください。

※更にこの糟鶏（蒸し鶏の酒粕漬け）の横展開として、酔鶏（紹興酒漬け）も作れます。この糟鹵に少し紹興酒を加えて同じように漬ければＯＫです。

蒸し鶏の生姜ソースがけ　姜蓉（姜茸）白切鶏（白斬鶏）

2015／03／09｜中国料理

早速天野先生より、「東坡肉を作ってみたら美味しくできた」とメールを頂きました。武術のみならず思い立ったらすぐ試してみるところが、さすが天野先生！　恐れ入りました。

さて今回は蒸し鶏です。蒸し鶏は中国各地にそれぞれ多くのバリエーションがあり、一般的な白切鶏（白斬鶏）、香港の油鶏、四川のよだれ鶏（口水鶏）、椒麻鶏、バンバンジー（棒棒鶏）など様々で、前回紹介した上海の糟鶏や酔鶏もこの白切鶏の横展開です。

更に以前紹介した、ハタの蒸魚と同様、熱いネギ油をかけシーズニングソースベースのタレをかけるのも、人気の食べ方です。

今回は、姜蓉（姜茸）白切鶏（白斬鶏）を紹介します。上海では一般的に〝姜蓉〟という漢字を書きますが、広東や香港では〝姜茸〟と書くレストランが多いようです。どちらが正しいのかよくわかりません。また骨付きの鶏肉の場合、包丁で骨ごとぶった切るので白斬鶏と言い、骨がない場合はふつうに切りますので、白切鶏と言うようです。骨付き肉は身が痩せないので、お店では通常骨付き肉を出しますが、家庭で骨ごとぶった切るのはとても危険なので、普通のもも肉で作ってください。（凝る人は、骨付き肉を買って、茹で上がってから、骨をうまく切りはずして、それから肉を切るようです）

姜蓉白切鶏（蒸し鶏の生姜ソースがけ）

【姜蓉白切鶏の作り方】

1．まず葱姜油（葱姜茸）ソースを作ります。葱のみじん切り約１００グラム、ショウガのみじん切り約80グラムをボールに入れて混ぜておく。（生姜をみじん切りにするのが面倒であれば、フードプロセッサーで細かくしてもよいですが、生姜の汁が出るので、絞っておいてください。なお生姜のしぼり汁は色々活用できます）

2．サラダ油180グラム（つまり葱と生姜のほぼ同量が目安）を熱して、180度前後になったら、少しずつボールの中の葱と生姜にかける。熱いうちに味見すると火傷しますので、少し冷めてから、塩小さじ1、チキンパウダー少々、砂糖少々を加え、味を見て調整してください。店によっては、これをベースに少量の醤油とかシーズニングソース（美極醤油）、あるいは生唐辛子を加えるところもあります。

3．鶏の茹で方は、前回書きましたが、補足として茹でる前に塩を少しまぶし紹興酒をふって下味を入れておくと更においしくなります。茹でてから蓋をしてそのまま余熱で蒸しますが、身をパサパサにしない為、茹ですぎないよう火加減と時間に注意してください。

4．きちんと火が通ったか最後に竹串を刺して血が出ないことを確認してください。水で肉についているアクを取ったら、氷水で冷やしてください。

※レストランでは一匹丸ごと茹でますが、この場合は先に沸騰したお湯に何度か浸して皮を張らせます。家庭で切り身を茹でる場合は水から茹でるのが良いと思います。

※中国のコックさんには、鶏を茹でるは、「三分煮、七分浸」という言い方があります。つまり茹でる時間とそのまま蒸す時間の比率です。人によっては良く煮てあまり蒸さない派、ほとんど煮ないで蒸す時間を長くする派と様々です。また鍋の保温度合によっても異なるでしょうから、飽くまでも参考にしてください。

※茹で汁はとてもおいしいので、濾して鶏そばとかスープに使えます。
※中国の家庭では、鶏を茹でる時に、お米を一緒に入れて茹でるやり方もあります。いわく鶏が柔らかくなり、互いの栄養が移るそうで、鶏を取り出した後はさらに煮て鶏お粥にします。

広東や上海などでは、昔はこのソースを蒸し鶏に直接たっぷりかけていましたが、最近は香港の焼腊店（鵞鳥のロースト、子豚の丸焼き、蜜汁叉焼などの直火焼きと、白鶏、油鶏などの蒸し鶏の専門レストラン）などで食べると、ソースの塩気がつよく、小皿に入れて出し、これに鶏をつけて食べます。よって塩加減とソースの量はお好みで調整してください。

また蒸し鶏だけでなく、海鮮料理ではイカやミル貝のサッと茹でたものにも、このソースをかけて提供しています。

四川式蒸し鶏　よだれ鶏（口水鶏）

2015／03／10｜中国料理

日本では四川料理の蒸し鶏といえば棒棒鶏が有名ですが、中国ではこちらの方がポピュラーです。かつて著名な近代文学、歴史学の先駆者で、また詩人、政治家でもあった四川出身の郭沫若が、子供のころ食べていた白砍鶏（白斬鶏）は、今思い出してもよだれが出るほどおいしかった、と述べたことより、この名前が付いたと言われています。この料理のタレは、店によって大きく異なり、ゴマだれベースとか、醤油ベースとか様々です。共通点はラー油がたっぷりかかっていて、山椒がめちゃくちゃ利いているところでしょうか。

今回紹介するタレは、私が中国や香港で食べたよだれ鶏の中で、最も印象深かったものをできるだけ再現したものです。但しこの店は四川料理店ではなく湖南料理店でした。湖南料理の辛さは四川に勝るとも劣らずとも言われますが、中国では大変人気のある地方料理です。

まず泡辣椒（パオラージャオ、唐辛子の漬物）を作っておきましょう。保存できるのでジャムとかの空瓶一個くらい作っておくと、後々便利です。泡辣椒は四川料理や湖南料理には欠かせない調味料です。四川料理と言えば豆板醤を連想しますが、この泡辣椒はそれと同じくらいよく使うもので、湖南料理ではこちらの方がメインです。生の唐辛子か冷凍の唐辛子を用意します。生唐辛子が出回るときは安く買えますし、冷凍物でも一袋（結構な量です）何百円です。唐辛子をサッと洗って、煮沸したきれいな空き瓶に入れておきます。そこに瓶の三分の一から半分位になるよう、焼酎を入れます。更に塩水を沸かして瓶一杯になるまで入れふたを閉めて冷蔵庫で寝かせてください。ネットではよく塩の濃度は4〜5%とか書かれていますが、中国では各家庭それぞれで、ほとんど水を入れない人も多いです。ちなみに私は大匙山盛り一杯とか適当です。またほんの少しの砂糖も加えておくと酸味（乳酸菌）が早くでるようです。

【タレの配合】
醤油大匙2、シーズニングソース大匙1、黒酢大匙1、砂糖大匙1、チキンパウダー少々、にんにくみじん切り小匙1、右記の泡辣椒の粗みじん切り3～4本、煎りゴマ適量、山椒油大匙2、油辣椒（ヨウラージャオ）適量。（分量は目安ですからそれぞれお好みで調節してください）

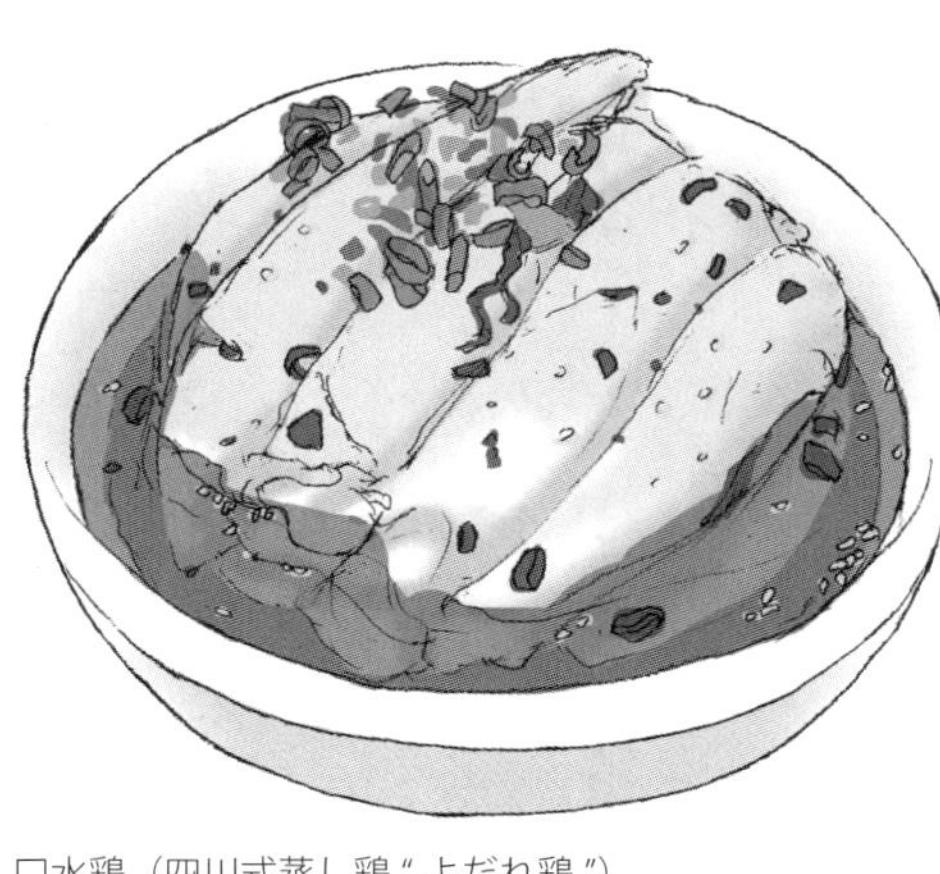

口水鶏（四川式蒸し鶏“よだれ鶏”）

山椒油は市販のものもありますし、自分でも簡単に作れます。お椀に大匙2杯位の花山椒（中国山椒）と数本の鷹の爪を入れて、そこに180度に熱した油をかけ、冷えたらOKです。市販のものは、花椒油（赤山椒）と藤椒油（青山椒）の二種類がありますが、私の好みは藤椒油（青山椒）です。でも自分で作ったほうが美味しいでしょう。また山椒油を作った後の山椒もお好みで、包丁で細かくたたいて振り掛けると一層痺れます。

ラー油も同様に、お椀半分の一味唐辛子を入れ、焦げないようほんの少しの水で湿らせ、その上に熱い油をかけて冷めたらOKです。この沈殿した唐辛子が油辣椒（ヨウラージャオ）です。

切り分けた蒸し鶏に、このタレとラー油大匙3、4と（レストランでは、ラー油を目一杯かけます）、小葱のみじん切りをかけ、あればピーナッツを砕いてかけると更に本格的になります。

なおこのタレは、蒸し鶏だけでなく、蒸ナスやピータンでも使われておりました。

1．蒸ナスは、レンジで簡単に蒸す方法が色々紹介されていますが、レンジで蒸す場合は皮が固くなるので、皮をむいておくと良いかと思います。（私は皮を剥かないで、丸ごと一本ずつ蒸し器で蒸してしまいます）蒸し器で蒸す場合は、レンジよりふっくらしますが、皮を剥けば10分以内に蒸し上がりますし、皮ごとであれば最低でも15分は蒸した方がよいでしょう。なおナスは水分が多くまた油を吸うので、タレに少し塩を加えて味を調整し、ラー油も蒸し鶏ほど掛けない方が良いです。
2．ピータンは、1センチほどのサイコロ切りにして、同じくサイコロ切りにしたキュウリと和えて、このタレをかけて出来上がりです。ラー油は少しで結構ですが、油辣椒（ヨウラージャオ）を少し入れておくと良いでしょう。

衝撃的湖南料理、魚の頭の唐辛子蒸（剁椒魚頭）

2015／03／11　中国料理

湖南料理の代表的な大衆料理です。これを初めて食べたときは驚きました。でも一度食べると箸が止まらずヒーヒーしながら食べた記憶があります。そして中国では割と安価な料理でした。この料理、実は先日の白切鶏のタレを活用して作ると、あっという間にできて便利です。例えば昨日に白切鶏を作ったなら、今日は余ったタレで、剁椒魚頭を作るというようにすれば、キッチンも楽になります。

中国では鰱魚（レンギョ、ハクレン、コクレン、日本では利根川に生息しているとのこと）という大きな川魚を使うそうですが、この魚は頭に肉が多くてやわらかく、また身も結構残して切りますので食べごたえがあります。日本で作るなら手ごろなサイズの小鯛とか、カレイとか魚丸々一匹でも良いし、タラの切り身とか、鯛やブリで身の多い大きな頭を選ぶのが良いと思います。また魚の頭を開くのは大変ですので、あらかじめ開いたものを買うか、魚屋さんで切ってもらってください。

剁椒魚頭（魚の頭の唐辛子蒸）

【剁椒魚頭の作り方】

1．まずタレを作ります。先に紹介した泡辣椒（パオラージャオ、唐辛子の漬物）を粗く叩いておきます。泡辣椒がなければ生の唐辛子でも結構ですが、泡辣椒より更に辛くなるので注意が必要です。いずれも赤ピーマンの粗微塵切りを加えて辛さを調整した方が良いでしょう。（勿論中国では、やらないでしょうが……）

これに、以前紹介した白切鶏のタレ、葱姜油（葱姜茸）ソースをまぜ、更にシーズニングソースあるいはオイスターソース大匙1と紹興酒大匙1を加えます。

※葱姜油（葱姜茸）ソースがなければ、葱と生姜をみじん切りにして、鍋に油を引き泡辣椒の粗みじんとともに、シーズニングソースあるいはオイスターソース、紹興酒を入れ軽く炒めておいてください。

※店によって、オイスターソース派とシーズニングソース派があります。以前シーズニングソースを美極醤油と書きましたが、最近では蒸魚鼓油の名でよく見かけます。読んで字の如く、蒸魚によく使われる醤油の一種です。業務スーパーなどでは一瓶2、300円程度です。

2．蒸気が魚の下にも入るように、皿に箸をおいてその上に魚をのせタレをかけます。蒸器が沸いたのを確認してから、皿を入れ、魚の大小にもよりますが、10分前後強火で一気に蒸しあげます。くれぐれも蒸しすぎてパサパサにならないよう、注意してください。

3．魚に箸を刺して、スーッと入れば火が通っていますから、皿を取り出してください。魚に小葱のみじん切りを振り掛けておきます。

4．鍋に少量の油を熱し、180度位になったら、これを魚の上にかけ出来上がりです。

最近では、片面を赤唐辛子、もう片面を青唐辛子にするレストランも増えています。いずれも唐辛子は風味をつけるものなので、これをそのまま食べるとひどい目にあいます。唐辛子を上手に外して、魚を食べてください。

上海の麺

2015／03／12｜中国料理

上海は、街のあちこちに麺店があり、朝からみな「朝ラー」しています。私が上海で仕事をするようになった頃は、それこそ10名程度しか入れない小さな麺屋さんが路地の至る所にありました。店のガラスや壁にはペンキで「蓋交面」と書かれていましたが、蓋交面とは具を上にのせる麺という意味で、この具も豊富で美味しく、土日などの休みの日には朝の練習後、二杯位平気で食べていました。

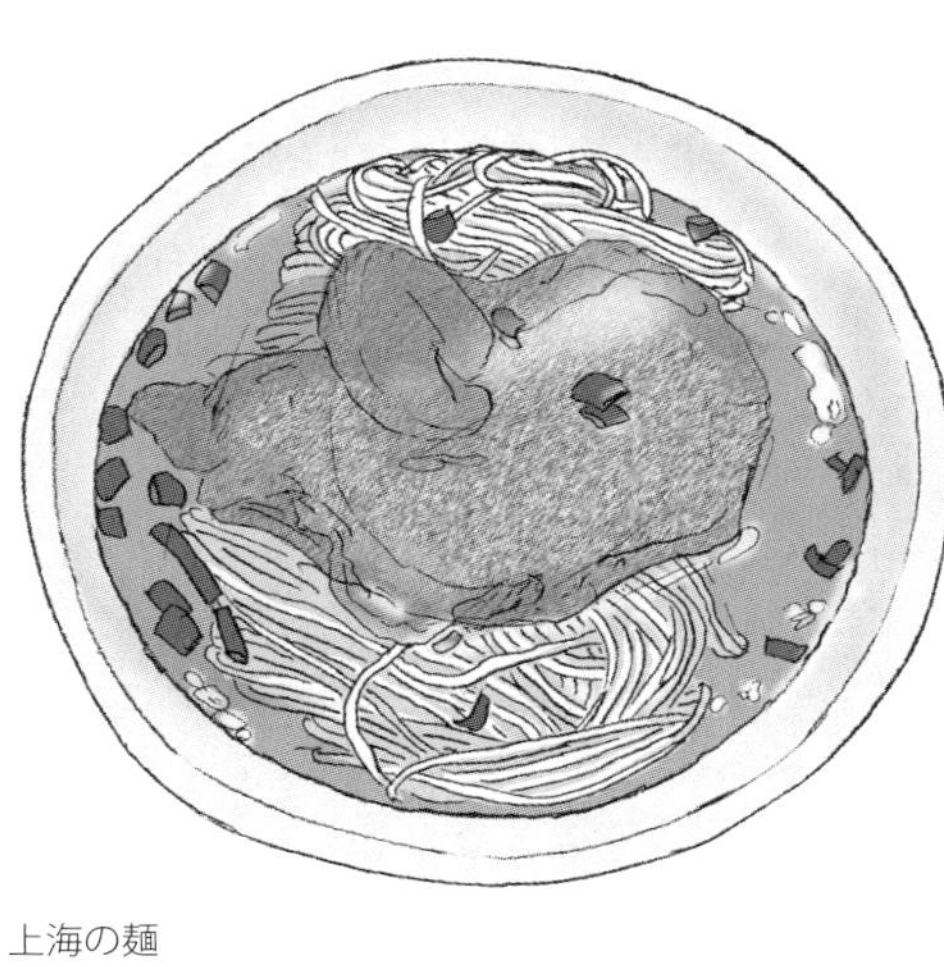

上海の麺

主な具は、大排肉（パーコー）、辣肉（挽肉あるいはサイコロ切りの肉の辛口炒め）、鱔絲（田うなぎ炒め）、爆魚（魚のから揚げ）、荷包蛋（両面焼いた目玉焼き）などの肉卵類から、雪菜や咸菜（日本の高菜漬けとほとんど同じ）、辣醬（ジャガイモや豆腐、ピーナッツなどを辛く炒めたもの）、三絲（ピーマン、マコモダケ、押し豆腐などの細切り炒め）、面筋（油麸）、素鶏（湯葉に近い大豆食材、日本にはがんもどき＝雁擬きがありますが、中国でも精進料理として素鶏＝つまり鶏肉擬きや素鴨＝鴨擬きがあります。雁＝がん、かりは、鴨よりも首の長い鵞鳥とか鵜とかの水鳥の総称です）などの野菜類も多く、これを出来上がったタンメンにかけます。最近のネットを見ると、具を別の皿に入れ、麺と別々に出すのが上海スタイルだなどと書かれていますが、私がいた頃はこのようなスタイルは、ほとんどありませんでした。また店によっては、日本のお蕎麦屋さんの揚げ玉のように、雪菜や咸菜は入れ放題のところもありました。

上海のタンメンは、スープは澄んだ清湯（チンタン）の塩味ですが、蘇州など江蘇省から来た人たちのお店は醤油ベースでした。

また麺をスープに入れる時は、日本のラーメン屋よりもきれいに折りたたみ、この技術は結構見事です。どれも大変安いので、人によっては大排と面筋とか、辣醤と荷包蛋とか贅沢に二つのせをします。

これとは別に、菜肉麺と言う煮込み麺もあります。交蓋麺は細麺ですが、こちらは肉と青菜を炒めたところにスープを加えるので、スープが白濁し、そこに太麺を入れて煮込みます。日本の長崎ちゃんぽんに近い味になります。

また焼きそばも太麺を使い（極たまに細麺の店もあり、私はこっちが好きですが）、日本のウスターソースによく似た、辣醤油というソースで味付けします。なおレストランの焼きそばになると、二面黄（両面焼きのあんかけ焼きそば）がメインです。

麺屋さんには、更に大ワンタン（大餛飩）と小ワンタン（小餛飩）と二種類のワンタンがあり、大ワンタンは水餃子のように大きく、小ワンタンは日本のワンタンのように皮が薄くてつるつるしています。しかし何故かワンタン麺はありません。（ワンタン麺は広東や香港の名物です）

そして最も安くて上海人が好むのが、葱油そば（葱油拌麺）です。日本の油そばはこれをもとに作ったものと思いますが、スープのない和えそばです。少量のスープに茹でた麺を入れ、ネギ油をかけただけの至ってシンプルなものです。高いお店で食べると干しエビとかが入っていますが、多くの上海人はそんなものは余計だと言います。まあ、蕎麦屋でもりそばを食べる感覚でしょうか。純粋にこの麺と葱の香を楽しむようです。

ということで、次回は葱油そば（葱油拌麺）の作り方です。

葱油そば（葱油拌麺）

2015／03／13｜中国料理

上海でタンメンを食べにいくと、いつも多くの人が黒い、きゃらぶきの佃煮のようなものが数本のっているスープのない和えそばを食べており、あれはなんだろう？　と思って壁に貼ってあるメニューを見てもそれらしいものは見つけられませんでした。実はこの麺は一番安いので、メニューも目立たぬところに貼ってあったのです。でも多くの人がこれを食べているので、一度食べてみたいと思い注文しました。出てきた麺を見て黒いのは葱が焦げたもので、あまりにシンプルなので、つい荷包蛋（両面焼いた目玉焼き）を追加してのせてもらいましたが、麺をかき混ぜて一口食べたとき、何とも言えない葱の香が漂い、感動したのを覚えています。簡単ですから是非一度作ってみてください。

【葱油そばの作り方】

1．まず葱油を作ります。油にラードを少々加え（ラードがなければ入れなくてもＯＫです）葱を入れて葱が焦げ出すまで熱する。葱の香が漂いだしたら火を止める。上海では一般的に小葱を入れますが、別に長ネギでも構いません。家庭で余った葱の青い部分とかを捨てずに、この葱油を作っておいてください。冷蔵庫である程度保存できますから、まとめて作っておくと便利です。

葱油拌麺（葱油そば）

2．器に、トンポーローの余ったタレを入れておく（なければ、醤油大匙1、老抽＝中国たまり醤油小匙1、チキンパウダー小匙三分の二程度を入れ、少量のお湯で伸ばしておく）

3．麺は、市販の中華麺でも、日本の冷麦でもＯＫです。どちらでも美味しいですが、太麺はやめましょう。茹で上がった麺を入れ、ネギ油を大匙1かける。上海の麺屋さんでは、ネギ油を作った時の焦げた葱も多少入っています。私も作るときはそうしますが、なぜかそちらの方が美味しいです。

上に小葱のみじん切りなどをさっと振り掛けるお店もあります。これだけではあまりに寂しいと感じるなら、荷包蛋（目玉焼き）などを加えましょう。

食べる時はよくかき混ぜてください。またお好みで黒酢を少々いれるとさっぱりします。実に簡単なものですが、きっとハマると思います。

孜然羊肉／牛肉、（ラム肉・牛肉のクミン炒め）

2015／03／17｜中国料理

北京には、名物の涮羊肉（羊のしゃぶしゃぶ）や、羊肉串（シシカバブ）、爆肚（羊や牛のセンマイなどホルモンのサッと茹で）など、多くの羊料理があります。これはイスラムを信仰する回族が多く住んでいることよりも、それ以前にモンゴル人が伝えたものだと思います。故に純粋な北京っ子も大好きで、冬などは街中どこでも涮羊肉です。私は羊料理と言えば、特に孜然羊肉（ラム肉のクミン炒め）と西北地方の手抓羊肉（羊肉の塊を茹で手づかみで食べる料理）が大好きでした。孜然羊肉（ラム肉のクミン炒め）は、北京の新街口や西四などのムスリム食堂でよく食べた記憶があります。手抓羊肉は近年になってからその美味しさに目覚めましたが、韓競辰先生にごちそうになった新疆ウイグルレストランのものが大変美味しかったです。

孜然羊肉ですが、羊肉以外にも、牛肉でもおいしくできます。ラムやマトンが苦手な人は、牛肉で作ってみてください。

料理をする前に、羊肉の癖の抜き方を紹介します。これは羊だけでなく、牛肉でもおこなう方法で、臭みを取り、肉を柔らかくふっくらさせ（増量になります）、安い肉を高級な肉に変える中華料理独特の方法です。四川の代表的激辛料理の水煮牛肉や広東料理の定番、牛肉のオイスターソース炒めなど、ふっくらした肉はこの方法を使います。

【孜然羊肉の作り方】

1．ラム（あるいは牛ロース）スライス６００グラムを例に紹介します。（スーパーのスライスは薄いので、お肉屋さんで３～４ミリの厚さにしてもらってください）一口位の大きさに包丁を入れ、水に浸して何度か軽く絞って血抜きをする。水が澄んだらＯＫです。

2．水１５０cc、食用の重層大匙１弱、紹興酒大匙３、醤油大匙１程度で漬け汁を作り、ボールにこの漬け汁と絞った肉を入れ、優しく揉んで一晩冷蔵庫で寝かす。（肉にこの汁を十分に吸い込ませる）

3．漬け汁を十分に吸い込んだ肉は、４等分に小分けしてジップロックに空気を抜いて入れ、冷凍保存すれば、使うときに一袋だけ解凍でき便利です。冷凍するときは、後に解凍しやすいように、ジップロックをできるだけ平べったく伸ばして冷凍してください。

さて孜然羊肉の調理開始です。

4．クミンホール大匙１を鍋で乾煎りし、香りを出す。（山椒でも鷹の爪でもこのようにすると湿気が飛び、香りが良くなります）。取り出したクミンに一味唐辛子大匙1（お好みで調整してください）、塩少々、チキンパウダー少々を入れて香辛料をつくっておく。

5．解凍したラム肉に醤油少々、紹興酒少々を加え、軽く片栗粉をふって、油を加えておく。

6．5の肉を油通しする。この時くっつかないように注意してください。（肉に油を入れておかないとくっつきます）揚げた肉は油をよく切っておく。

孜然羊肉・牛肉（ラム肉・牛肉のクミン炒め）

7．皿に、薄く切った玉ねぎを敷いておく。

8．油通しした鍋の油を切り、鷹の爪数本を入れ、香りを出したら、先ほど油通しした肉を戻し、4の香辛料を加えて手早く絡め、皿の上に敷いた玉ねぎの上に盛る。

9．最後にシャンツァイ（香菜、パクチー）をのせて出来上がり。

※これは油を入れて炒めるのではなく、干炒（ガンチャオ）という炒め方ですので、炒める際に油を入れないように注意してください。

※スーパーなどで売っている鶏のから揚げに、右記4の香辛料を使って、鷹の爪と干炒（ガンチャオ）すれば、孜然鶏塊の出来上がり、とても簡単です。

北京の小吃（軽食）

2015／03／18―中国料理

以前、通背拳法の武田熙先生の話をしましたが（355頁）、先生のインタビューの中に、「当時、中国では『一度米、一度麺』の二食で、人々の身体は皆、貧弱だったね」という話がでてきます。しかし実は日本でも昔は一日朝夕の二食だったそうで、その分、間食文化も発展したのかもしれません。江戸時代にはお寿司やてんぷら、鰻なども屋台の軽食で風呂上がりにちょっとつまんで帰った、なんて話も聞いたことがあります。

北京では〝小吃（シャオチー）〟と呼ばれるちょっとした屋台などの軽食が実に多く、朝から安い値段で食べることができ、当時我々貧乏学生の強い味方で、これだけでも十分お腹が一杯になりました。これも一日二食が生み出した食文化なのかも？　とも思います。また北京の小吃は、漢民族、満民族、蒙古族、回族など色々な食文化が混ざり合って実に豊富です。

煎餅（お好み焼きのようなもの）、餡餅、包子、豆腐脳（あんかけの汲み豆腐）、焼麦（シューマイ、広東では焼売と書く）、餛飩（ワンタン、広東では雲呑と書く）、爆肚（センマイ茹で）、鍋貼（棒状の焼き餃子）等よくお世話になりました。

特に煎餅や包子は二日か三日に一度は食べていたかと思います。煎餅はクレープのような薄い生地に卵と揚げパンを入れ、葱、パクチーをまき、甘辛い味噌を塗って包みます。

包子は日本の肉まんより小ぶりで、かといって上海の小籠包（ショーロンポー）ほど薄皮ではなく、皮に肉汁がしみていて何個でも食べられそうでした。

水餃子は、中国の中で北京が一番おいしいかと思います。天野先生や斉藤先生らと北京に行ったときに、天野先生が見つけてきた西四交叉点の水餃子は絶品でした。

焼麦は、前門にあった〝都一処〟という古いシューマイ専門の国営レストランで鹿志村先生、内村先生らと山のように頼んで三人で音を上げながら食べたのが懐かしい思い出です。（この店は、昔の乾隆皇帝がひそかに紫禁城を抜け出した時、食事をしようと思ったが、既に夜遅くどの店も閉まっていたが、唯一開店していたこの店で食事をとられた。それより、みやこでただ一軒、という意味で、都一処と言われるようになったそうです）

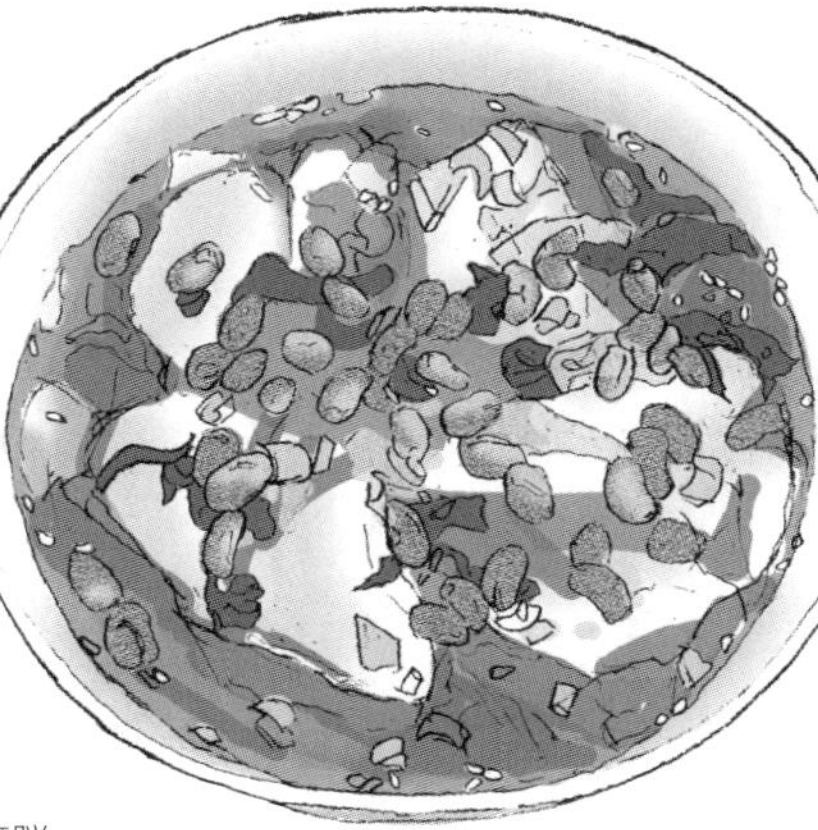

豆腐脳

鍋貼は、一般的に水餃子を焼いたものと言われていますが、鍋貼と煎餃は同じ焼餃子でもやや異なり、鍋貼は皮が薄く棒状の形で両端は空いていて、東京・神田神保町にある餃子の名店スイートパオズの焼餃子によく似ていました。また山東系は水餃子と同じ形であり、天津系は棒状だとか、鍋貼はモンゴルから伝わったのであって、そもそも山東の水餃子とは別物だ、という人もいるようです。かつて姚承栄先生が教えていた、二龍路には餃子ストリートがあり、水餃子だけでなく、鍋貼専門店が数多く並んでいました。

豆腐脳は、北京の朝の定番です。柔らかい汲み豆腐にとろみのある汁をかけます。上海では豆腐花といい干しエビや海苔を入れ醤油やお酢で味付けたあっさりスープが多いですが、北京では打鹵麺のように、キクラゲ、黄花菜（ユリ科の植物のつぼみを乾燥させたもの）、シイタケなどの乾物と肉を炒めて片栗粉でとろみをつけた餡や、ラー油たっぷりの酸辣湯（サンタータン）風味や麻婆豆腐っぽいものまで、屋台によって味付けは様々でした。これも会員の皆さんと北京に行ったとき、よく食べましたね。

日本の絹ごし豆腐は、とても柔らかいので、丸々一丁を塩水で煮て、これをスプーンですくってどんぶりに入れ、上からお好みのとろみをつけたたれと最後にパクチーとラー油をかければ本格的になります。尚、酸辣湯の味付けは、ふつうのスープ（お湯を沸かして、塩とチキンパウダーで味付けしたもの）に胡椒どばどばと黒酢を加え、片栗粉でとろみをつけてから溶き卵を流して、ラー油を加えれば十分です。キクラゲとかタケノコとか、具はお好みでどうぞ。

香港屋台の定番、椒塩富貴蝦（シャコのニンニクと唐辛子風味のから揚げ炒め）と、椒塩茄子、七味椒塩豆腐

2015／03／19｜中国料理

最近では香港も屋台がかなり減ってきましたが、以前は高架道路の下とか、駐車場とかあちこちに屋台村がありました。香港人はレストランではほとんどお酒を飲みませんが、屋台ではビールを飲みながら新鮮な海鮮をつまんでワイワイやる姿がそこいらで見られました。練習が終わった後の疲れを癒してくれるのもこのひと時です。そして屋台の定番は、やっぱりシャコのから揚げ炒めです。香港のシャコは肉厚で大きくどの店もとても新鮮です。またこの料理はシャコ以外でも色々あうので、是非試してみてください。

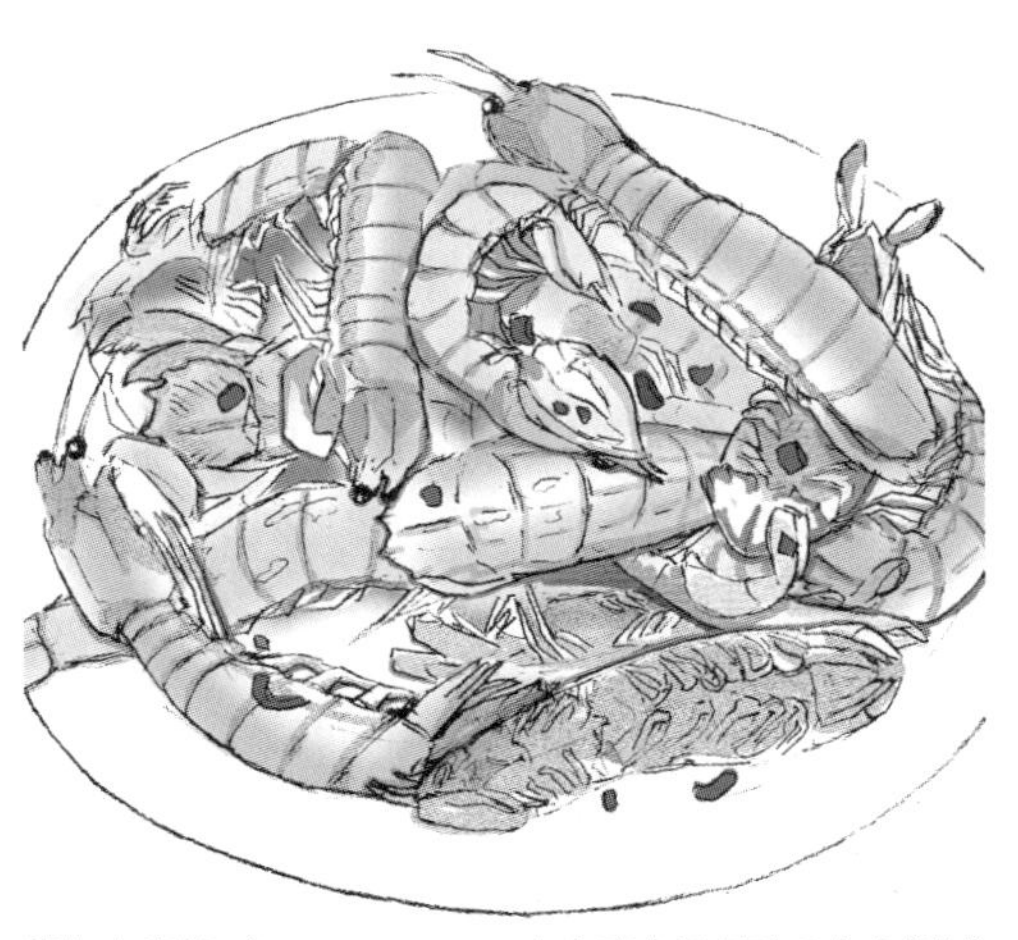

椒塩富貴蝦（シャコのニンニクと唐辛子風味のから揚げ炒め）

【椒塩富貴蝦の作り方】

1．淮塩（ワイイム）を作る。
塩90グラムを鍋で軽く煎り、水分を飛ばし、更に砂糖30グラム、チキンパウダー10グラム、五香粉10グラム目安を加えて乾煎りする。これがあると、から揚げとか色々な料理につかえますので、このくらいまとめて作って保存しておくと便利です。

2．生の唐辛子、ニンニクみじん切りを用意しておく。

3．シャコは水分を拭き取り、軽く片栗粉をふって高温180度位の油で皮がカリカリになるようにしっかりあげる。

椒塩七味豆腐（豆腐のから揚げ）

4．鍋に油を少し入れ、ニンニクのみじん切りと唐辛子のみじん切りを弱火で炒め、香りがでたら、揚げたシャコを入れ、火を止めて淮塩（ワイイム）を振り掛けてよくからめて、皿に盛って出来上がりです。

※これを蝦で作れば、〝椒塩蝦〟、イカのから揚げ（天ぷら）で作れば、〝椒塩墨魚〟となる。（シャコやエビは殻があるので片栗粉は少し振るだけでよいですが、イカの場合はから揚げやてんぷらのように必ず衣をしっかりつけてください）魚のから揚げは、〝椒塩魚片〟とか、各魚の名前のついた料理になり、魚やイカの練り物では、〝椒塩魚丸〟といい、これらも大変美味しいです。

【椒塩茄子（ナスのニンニクと唐辛子風味のから揚げ炒め）の作り方】

この調理法は海鮮だけでなく、ナスやジャガイモなどの野菜類でもつくります。

1．ナスは1センチ程の薄さにスライスして、水に浸しておく。

2．水をよく切ってペーパータオルで完全に水分を取ってから、片栗粉をつけて高温でカラッと揚げてよく油をきっておく。
3．その後はシャコの右記4と同じです。

【椒塩七味豆腐（豆腐の唐揚げ）の作り方】

淮塩を使った簡単な豆腐料理を紹介します。こちらは右記の料理とは作り方は異なりますが、とても簡単な一品です。

1．木綿豆腐を2センチ程度の四角に切り、キッチンペーパーを敷いてよく水を切っておく。
2．十分に水が出たら、片栗粉、一味唐辛子、淮塩（ワイイム）を混ぜた粉をつけて、油でカリカリに揚げ、皿に盛って出来上がり。

※　豆腐を揚げる時に鍋の中でくっつくことがありますが、無理してはがさず、ほっておいてください。カリカリになれば自然にはがれます。
※味が薄かったら、食べる際に淮塩を少しかけて食べてください。

白灼蝦（マキエビのサッと茹で）

2015／03／20｜中国料理

香港の楽しみの一つに、飲茶、ワンタン麺やお粥、焼味（豚の丸焼き、鳥のロースト、叉焼などの

左から、于永年先生、常志朗先生、郭夫人、王玉芳先生、王選傑先生、郭貴志先生

直火焼き料理)、海鮮料理など実に幅広い広東料理の食べ歩きがあります。西貢(サイクン、最近は値段も街中より高くなってきました)や鯉魚門(レイユームン、ここはよくボラれるとの噂あり)の港などは、海鮮料理の有名な場所ですが、離島の長洲(日本の旅行本には、長洲島と書かれていますが、洲という文字自体が島の意味だそうで、香港では長洲と言います)も、香港島からフェリーで一時間程の比較的気軽に行ける小島で、港には多くの海鮮レストランが並んでいます。

またこの島には、子供の頃王薌斎先生の晩年に数年間住み込みで学んだという常志朗先生(当時王先生と常先生の家は隣であり、家庭の事情等により王先生の家に住んでいたとのことです)や梁子鵬系の意拳、六合八法を指導している何家興先生らも住んでいらっしゃいました。常先生には以前二度ほどお会いしましたが、お話しを伺った程度にとどまりました。何先生には二度ほど港の魚市場の屋上等で手取り足取りと実に熱心にご指導頂き、大変勉強になりました。

さて、港の海鮮料理の定番には、既に紹介した清蒸海上鮮（清蒸石斑魚＝ハタの姿蒸し）、避風塘炒辣蟹（蟹のニンニク風味炒め）、椒塩富貴蝦（シャコの唐辛子とニンニク風味の揚げ炒め）、椒塩墨魚（紋甲イカの天ぷらの唐辛子とニンニク風味）の他にも、イセエビや紋甲イカ、タイラギ、マテ貝など各種の魚介料理が実に豊富です。

白灼蝦（マキエビのサッと茹で）

白灼蝦（パクチョッハー、マキエビのサッと茹で）も外せない一品で、これに使うマキエビはクルマエビの小ぶりのもので、更に小さいサイズをサイマキと言います。この料理は活きた蝦を手早くサッと茹でるだけです。皮を剥いてシーズニングを薄めて唐辛子や葱、生姜等を入れたタレに付け食べるのですが、茹ですぎては身が固くなるし、かといって火が入らないのはダメですから、クルマエビほどの大きさに成長したものは使えません。素材と茹で加減が勝負の料理です。茹でる時は、葱と生姜、料理酒を加えて臭みを取り、茹で時間は蝦の量にもよりますが、1分以内と極わずかな時間です。

アメ横などでもマキエビサイズの活きエビが売られていますので、手に入れれば家庭でも簡単に作れます。手が蝦臭くなるので、フィンガーボールのジャスミン茶で指を洗いながら食べるのですが、それでもプリプリしたエビとシーズニングソースの相性はバッチリで、手が止まらなくなります。香港に行ったら是非食べてみてください。

鼓椒炒蟹（カニのトーチー風味蒸炒め）

2015／03／22 ― 中国料理

もう一つ、海鮮料理の定番である、カニのトーチー風味蒸炒めを紹介します。

蒸炒めは、広東料理では本来、「火局」という漢字を使い、〝鼓椒火局蟹〟と言ったそうですが、この漢字は広東語独特の漢字で現代の中国語（普通語）にはなく、その為今は香港でも〝鼓椒炒蟹〟と書いているようです。

これも広東や香港では、ワタリガニの一種のノコギリガザミを使いますが、日本では入手困難なので日本のレストランの多くはワタリガニで代用しているようです。また家庭で蟹を自分でさばくのは大変でしょうから、切ってあるワタリガニをスーパーで買ってください。出来上がりを見ると大変豪華に見えますが、覚えてしまえば簡単に作れる料理です。

【鼓椒炒蟹の作り方】

1．タレを作る。目安として、オイスターソース大匙1強、醤油小匙1、老抽（たまり醤油）小匙1、砂糖少々、水120cc、紹興酒大匙1をよく混ぜておく。
2．ワタリガニ2匹分を、片栗粉をまぶして、180度の高温の油でサッと揚げ、油をきっておく（蟹の香が出て、七分ほど火が入ればOKです）
3．熱した鍋に油を入れ、ニンニクのみじん切り小匙1、生唐辛子のみじん切り小匙1、トーチーのみじん切り大匙1、ネギ1／2本を5センチ位に切ったものを加え香りを出す。
4．そこにタレを入れて沸騰したら、揚げたカニを入れ、蓋をして約1分蒸してから、よくヘラで炒め和え、最後にゴマ油を少々入れて出来上がり。

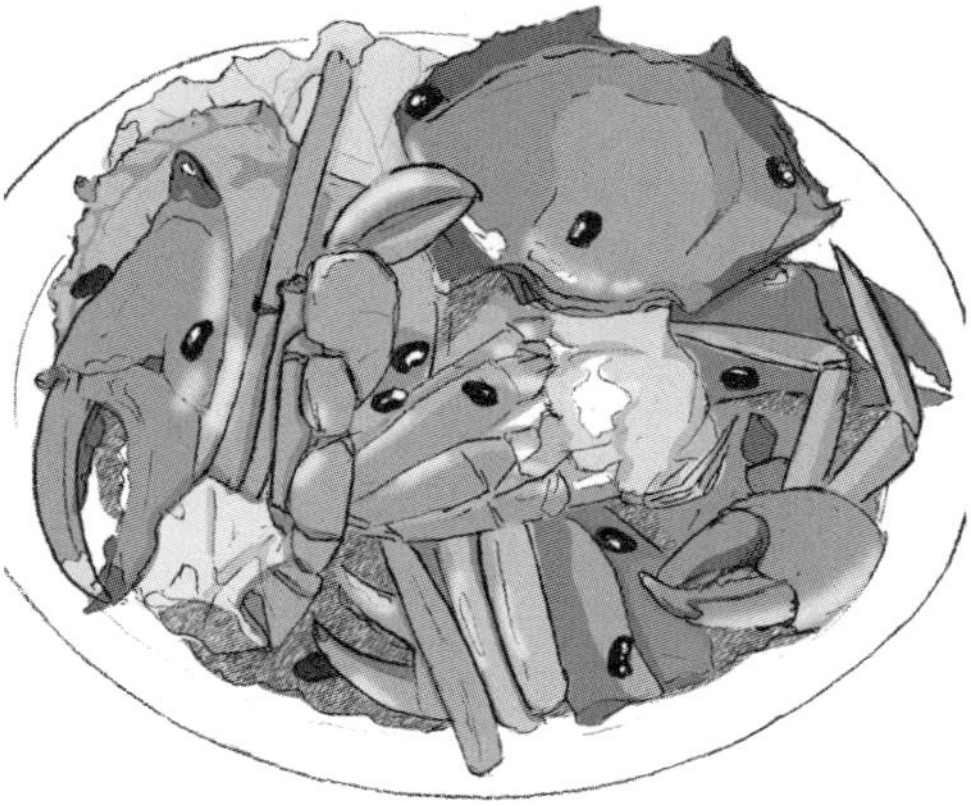

鼓椒炒蟹（カニのトーチー風味蒸炒め）

この料理は、殻つきの有頭エビでも全く同様に作ります。家庭ではカニよりもずっと楽かと思います。蝦の場合は大きさにもよりますが、右記のタレに対して8匹程度になるかと思います。エビは蟹よりも殻が薄いので一瞬で火が入りますから、手早く揚げてください。

なお、トーチー（豆鼓）は、中国食材店や中国物産店で売っていますが、一袋で結構な量ですから、封を開けたものは冷凍庫で保存してください。またスーパーでは最近ペースト状のトーチージャン（豆鼓醤）も売っていますので、そちらを代用してもよいでしょう。

鼓椒炒海蠣（カキのトーチー炒め）と鼓椒炒蜆（アサリ・ハマグリのトーチー炒め）

2015／03／23｜中国料理

海鮮のトーチー風味の蒸し炒めは、蟹や蝦だけでなく、カキやアサリ、ハマグリ、マテ貝の貝類や、カエルなどでもよく作ります。今回はカキとハマグリやアサリの炒めものを紹介します。

【鼓椒炒海蠣の作り方】

1．カキは水に片栗粉と塩を入れ、身を破らないように優しく洗ってから、軽く茹でる。この時お湯を沸騰させたり、長時間茹でるとカキの味が出てしまうので、飽くまでも軽く茹で表面が白くなってふっくらしてきたら上げて水分を拭き取っておく。

2．水で洗ったカキに片栗粉をしっかりつけて、１７０度の中温で揚げておく。

3．鍋に油を入れ、低温でトーチー、ニンニク、ショウガ、唐辛子のみじん切りと、ネギを入れて香りが出たら、タレを入れて沸いたところに、揚げたカキを入れ蓋をして、1、2分蒸したあと、よくヘラで炒め和え、最後にゴマ油を少々入れて出来上がり。

※　なお火を通す料理では、必ず加熱用のカキを買ってください。生食用のカキは火を入れるとすぐ縮んでしまいます。加熱用と生食用の違いは、鮮度ではありません。生食用は滅菌洗浄をおこなう為2～3日間断食をしいられるので、身が痩せて水っぽくなっています。（勿論加熱用は生では食べられません）また冷凍のカキでも十分美味しく作れます。

鼓椒炒蜆（アサリ・ハマグリのトーチー炒め）

【鼓椒炒蜆の作り方】

蜆とは中国語でも一般的にはシジミなのですが、広東料理では、ハマグリや、アサリの炒め物も炒蜆と言います。このハマグリやアサリのトーチー炒めも、広東、香港の海鮮料理の定番で、カニと違って家庭でも簡単に作れます。

タレやトーチーなどの分量は、カニやエビの時と基本的に同じですが、貝類の場合オイスターソース少量にして、生姜のみじん切りを加えてください。

〇作り方その1

1. 鍋に油を入れ、低温でトーチー、ニンニク、ショウガ、唐辛子のみじん切りと、ネギを入れて香りが出たら、タレを入れて沸いたところに、よく洗ったアサリやハマグリを殻ごと鍋に入れ、蓋をして殻が開くまで蒸します。

2. 殻が開いたら、軽く炒め、少量の水溶き片栗粉でわずかにとろみをつけて、タレを貝に絡めます。

※この方法は簡単ですが、貝から塩分が出てしょっぱくなるので、タレは少なめに入れてください。

〇作り方その2

1. レストランではアサリやハマグリを一度軽く茹で、貝が開いたらザルに上げて水で軽く洗っておきます。

2. 鍋に油を入れ、低温でトーチー、ニンニク、ショウガ、唐辛子のみじん切りと、ネギを入れて香りが出たら、タレを入れて沸いたところに、貝を戻し入れサッと炒めたら、少量の水溶き片栗粉でわずかにとろみをつけて、タレを貝に絡めます。

※先に貝を煮ているので、身がプリプリ状態を保つ為に炒める時間はわずかにしてください。

青島の海鮮料理

2015／04／20｜中国料理

青島では料理も海鮮が中心となります。また香港とは異なった北方の海鮮料理です。例えば山東名物の水餃子でも、中の具は豚肉よりもサワラが多く（鲅魚水餃）、時にはヒラメもありました。

青島の食堂での定番は、アサリの唐辛子炒め（辣蛤蜊）、シャコの塩茹で（原汁蝦虎）、アイナメと豆腐の煮込み（黄魚頓豆腐）、カキの天ぷら（軟炸海蠣）、カレイのから揚げ（椒塩偏口魚）、ヒラメの揚げ煮込み（葱焼牙鮃魚）、イイダコの和え物や炒め物（炒八帯蛸）、小さいイカの炒め物、ほら貝やバイガイ、サルボウ貝（赤貝に似た貝）の葱炒めや、カキと海苔のスープなどで、どこでも食べられます。またクラゲやナマコ、アワビなど他の地方ではお高い食材もここでは割と手頃な値段で食べられました。

私が住んでいたのは海の目の前でしたので、休日や夜はよく釣りもしたし、漁民から直接魚を買うこともしばしばで、近所の市場に行っても新鮮な魚介類が豊富に並

黄魚頓豆腐（アイナメと豆腐の煮込み）

んでいました。青島の料理は、味付けは比較的単純で新鮮な素材の味を活かしたものが多かったような気がします。

定番のアサリの唐辛子炒めも実に簡単で、砂抜きしたアサリをよく洗って、唐辛子（店によって、赤唐辛子、青唐辛子、あるいは一味唐辛子と異なります）とニンニク生姜、ネギのみじん切りを入れ、ただ炒めるだけです。簡単ですから旬のアサリで是非作ってみてください。ビールにもぴったりです。

アイナメと豆腐の煮込みも、実に簡単です。アイナメでなくても黒ソイや、カサゴ、メバルなど小ぶりの白身の根魚であればなんでも美味しくできます。魚屋さんやスーパーで鱗や内臓を取ってもらったものを選んでください。油を引いた鍋にニンニク、生姜、ネギ、魚を入れてよく焼きます。そこに熱いお湯を入れると一気に白濁した白湯になります。更に豆腐を入れて煮汁が少なくなるまで煮込み、塩と胡椒、好みで唐辛子を入れ味付けし、最後に黒酢を加えて出来上がりです。

お店によってはスープが多くて、スープとともに魚や豆腐をご飯にかけて食べるスタイルと、煮汁が少なくなるまでしっかり煮込んで、魚と豆腐を食べるスタイルがありました。

尚、黄魚とは青島ではアイナメをさしますが、一般的にはイシモチや関西のニベなどの魚を言い、上海ではこのイシモチと豆腐で煮込みます。（ちなみに青島ではイシモチを黄花魚と言っていました）またここに咸菜（日本の高菜や雪菜の漬物と同様のもの）や春雨を加えたりしますが、これもまた大変美味しく、身体も温まります。

武道そのものの人生

澤井清

私と聖二君との出会いは、父の墓参りに行った時、彼の弟子に会ったことに始まる。その弟子は墓の前で立禅を組むそうである。そういう弟子を持つ師匠はどのような人であろうかと連絡をとってもらい家へ来てもらった事がはじまりである。指導を求め各地から弟子も集まり田端を拠点に神戸、博多と飛び回り指導するなか中国に出向き修業をかさね武道一筋に燃えていた。

父のもとへ弟子入りした時はまだ高校生くらいだっただろうか、心身共に未熟だという理由で父は断り続けていたようだが王勝之氏の紹介状を持っての熱心な頼みに受け入れることになったようである。父は、彼のご両親に「怪我はさせませんから」と挨拶に行ったと聞いている。

中国の大学に進み姚宗勲師のもと武道に精進した。
売名行為を禁じ純粋に武道を愛した父の意志をそのままに受け継ぎ
彼の人生は武道に力を注ぎつくした。武道そのものであった。
探究心に燃え疑問があれば中国、台湾とかけまわったとの事である
彼の事を話す時の父のあの嬉しそうな顔が目に浮かぶ。
彼との出会いは父の引き合わせではないかとさえ思う。

父の意志に反し跡を継がずに来たわたしだが、それもまた聖二君のような素晴らしい弟子が生まれたのだと自分を正当化している。

聖二君の意志を継ぐ弟子たちがたまに私を訪ねてくれる。

聖二君の残された弟子たちへの強い思いに、地道に修業に励み大きく成長していくことを願っている。

ここに聖二君の御冥福を御祈りします。

佐藤聖二君を想う

岩間統正

私と佐藤聖二君との出会いは明治神宮の稽古場でした。太気拳は大きく一期生と二期生と呼ばれるグループに分かれており、一番最初に澤井健一先生に学んだのが私たち一期生（私、佐藤嘉道氏、盧山初雄氏）で、佐藤君はその次の二期生（高木康嗣氏、守田岳志氏、島田道男氏、天野敏氏など）の世代になるので、神宮で私と直接稽古を一緒にしたことはほとんどありませんでした。

その代わりというわけではないのですが、当時、澤井先生が月に一度、二期生の弟子を連れて私の自宅にいらっしゃることがあり、私が彼らの組手の相手をしていました。一度に連続で二十人からの相手をするために私もそれなりに体調を整える必要がありました。後で知ったことですが、澤井先生は私の自宅にいらっしゃる前に、彼らに向かって「岩間君の顔面に一発入れてみなさい」と焚きつけていたそうです。恐らくは彼らの稽古であるとともに、当時仕事で忙しかった私へも稽古をつけようという先生なりの親心であったと思います。

佐藤君と出会ったのはその際のことでした。その当時、恐らくまだ十代の佐藤君は、太気拳に入門してからそれほど経っておらず、その真面目さからくるセンスの良さは感じましたが、正直に言えば組手についてはそれほど印象には残ってはいませんでした。ただとても素直な性格であったことはよく覚えています。武道をやる人間はどちらかと言うと我が強く、癖のある者が多いのですが、佐藤君は非常に温和な性格で、優良な社会人といった雰囲気でした。ですから恐らくですが彼と門下生との関係は、いわゆる先生と弟子と言ったものではなく、〝面倒見の良い兄貴分〟という感じではなかったかと思います。

印象に残っているのは、それから数年を経て、佐藤君が中国から帰ってきてすぐに行った二度目の組手のことです。本書でも触れられていますが、佐藤君は語学勉強のために訪れた北京で、姚宗勲先生の元で稽古をしており、澤井先生は「(北京修行の)成果を試したい」と中国から帰ってきたばかりの佐藤君を私の自宅に連れて来ました。

その際の佐藤君の動きは初めての時とは異なり、意拳らしく斜めにジグザグにサッサッと動き、その機敏さと鋭さに大変刺激を受けました。私自身、緊張して相手を務めたのをよく覚えています。それが佐藤君と手を合わせた最後となってしまいました。

佐藤君の果たした役割は、やはり二期生の人間にとって大きかったと思います。体系だって太気拳を学ぶ機会が少なかった彼らが、澤井先生を失った後、どうやってこれから太気拳を後進に教えていくのか、また自分たち自身がどう修行を続けるかという課題に直面した際に、中国で姚宗勲先生から意拳を学んで来た佐藤君の存在と、彼らと中国とのパイプとなった功績は非常なものだったと思います。またそうしたことを可能にしたのは、佐藤君が中国で流派を越えて、様々な人たちと交流を可能にしたその人柄にあったと思います。

佐藤君が癌と闘っていると聞いたのは亡くなる三月前でした。もう少し早く知っていればと残念な思いですが、これも運命と思うしかないでしょう。今はただ故人のご冥福を祈るばかりです。

畏友、佐藤聖二氏へ

天野敏

本文中特に佐藤聖二氏が余命宣告を受けてから書き綴った文章の数々。リアルタイムでブログを読みながら生の無常について思った。少しでも文章を書いた経験のあるものなら、そこに注がれた精力が生半可なものではないと分かる。多くの読者は書き残された内容の豊富さと見識の高さを読み取るだろう。しかし私にはこれが単に紙に印刷された文字には見えない。余命宣告を受け、その上で自らの生を確認し築き上げたものを岩に鑿で刻み込む様に文字を積み重ねる。生きた時間を凝縮して残されたこの一連の文章。そこには、宣告を受けたものに特有の感傷やりきみは一切見られず、自身の生に対する強く明確な肯定的意思、誇りと集中力が静かに伝わってくる。それがより一層彼を失った無念と残した影響の大きさに思いを至らせる。

気が付くと馬齢を重ね、大して自慢できることはしてきていない私だが、それでも時折来し方を思う事もある。振り返り見ると、人生は十分に生きるに値する豊かなものだと思う。人は定まった時間と場所の制約の中を生きるしかないが、そこで夢を持ち、実現しようとする努力が希望を生む。夢と希望は生きる原動力。そして忘れてならないのが人生を豊かに彩る出会い。僅かな時間しか与えられていない人生に於いてこれは奇跡に等しい。中国に「英雄時を得ず」と言う故事がある。どんな才能に恵まれようと、時流を得ずには生かすことが出来ない意。この「時流」とは即ち人の作り出すものであり、即ち出会いだ。ある時間、その場所でしか起き得ない奇跡。私の人生はその出会いに支えられている。

人生金が無ければ始まらない、それに出来れば地位が欲しい、名誉も欲しい。欲とは次から次へと果てしない。筑豊の炭鉱王が金と名誉を得て、更に華族の名を求めるのと同じ。しかし、彼がもし余命半年と言われたら、金・地位も名誉も実は何ら自分のものでないと気づくだろう。真実自分のものと言えるのは、己の精神と身体を以って過ごした時間と記憶、そして自身の中に築き上げたもの以外には何一つない。そして残された者は、その存在の記憶を心の隅に置き更に先に生きていく。

10歳下の氏と師澤井健一門下では兄弟子として出会う事になった。しかし、それは単なる同門の兄弟弟子に過ぎなかった。それが一変するのが氏を介しての太気拳の訪中と翌年の姚兄弟の訪日。意拳のレベルの高さに驚いた私は改めて稽古に真剣に取り組み直す。それまでの単なる闇雲な稽古から明確な目的を持ったものに変化していった。その時から我々は単なる兄弟弟子ではなく、困難だが共通の目標に立ち向かう同志とも戦友とも言える関係になったのだと思う。年を経て武術の深奥に触れる事になったのは氏のほうが早かった。ある日稽古で発力数メートル飛ばされ地面にたたきつけられたのは、決して忘れられない記憶だ。この時期、先輩ではあれ歳下の氏に先んじられ後を追う微妙に屈折した気持ちは鮮明に覚えている。ある者とない者の違いは決定的で、その溝を埋めるのは徹底的に孤独な稽古以外にはない。その記憶をバネに稽古を重ね、数年後追い付く事でようやく屈折から解放、晴れやかな気持ちで本当の意味の同志となれた。

武術の深奥とは何か？　師澤井健一の兄弟子に当たる姚宗勲師は著書『意拳』で明言する。「拳術で求める力量……、拳術の訓練を通して獲得する力を「功力」という。拳術に用いる特有力である」。この功力と呼ばれる特有の力こそ師澤井健一が気と気分と表現したものであり、武術を志した者が求めてやまないもの。これを求め孤独の中に己の弱さと戦い志しを失わず、遂に手にした者のみが持つ矜持。氏が人生の最後に見せてくれた強靭さこそ、小手先の技術や華麗さを競うものではない本当の強さであり精華だろう。武術は何処かにあるものではなく人そのものの中に在る。私が育んだ武術には常に氏が居り、私を追う者達は、私の中に氏の影を見るに違いない。私が居なくなっても、弟子たちの中に私と共に氏が生きる。そうして伝統は人から人へ伝えられる。

写真提供・天野敏氏

弔辞

姚承光

お電話で佐藤聖二先生が２０１５年６月９日の夜に病気で逝去されたと聞き、私は心底悲しくてなりません。一門、そして北京の友好団と意拳の同門、同人を代表して佐藤聖二先生に哀悼の意を表するとともに、佐藤先生の親類、ご家族の方々に心よりお悔やみ申し上げます。

佐藤先生は誠実、かつ高貴な人となりで、太気拳の発展に生涯の精力を注いで貢献され、今では教え子が全国至る所にいらっしゃいます。澤井先生の太気拳と、中国の意拳を緊密に結びつけ、日中両国の武術文化の発展のために傑出した貢献をなさいました。また、中国北京への留学期間時には、澤井先生の師命通りに、北京から40年間連絡が途絶えていた姚宗勲さんとの連絡を取り付けられました。それ以来、意拳と太気拳の新しい時代が始まりました。

佐藤師兄、安らかにお眠りください。あなたにはまだまだやらねばならないことがあったでしょうが、それは必ずやあなたが手塩にかけて育てた生徒やお弟子さんが努力して完成させてくれます。きっとご満足なさることでしょう。それから、澤井先生が手塩にかけて育て上げた非常に優秀な生徒やお弟子さんたちがともに手を取り合い、きっと太気拳を日本および世界に大々的に広めていくことでしょう。

最後に、もう一度哀悼の意を表するとともに、佐藤先生（の業績や精神が）永遠に不滅でありますように。（２０１５年６月12日　北京にて）

（原文）

悼词

来电获悉

佐藤圣二先生于 2015 年 6 月 9 日晚因病去世。我内心非常悲痛。我代表家人、代表北京中友馆及意拳同门同仁向佐藤圣二先生致以沉痛的悼念、并向其亲人、家属表示诚挚的问候。佐藤圣二先生为人正直、人品高尚、在太气拳发展方面奉献了毕生精力、现桃李满天下。已把泽井老师的太气拳和中国的意拳紧密地联系起来、为日中两国武术文化的发展做出了杰出的贡献。亦当年在中国北京留学期间、遵照泽井先生师命在北京联系上了时隔近 40 年未见的姚宗勋先生。从此、开创了意拳、太气拳发展的新篇章。

佐藤师兄、安息吧。你未尽的事业必由你亲手培养的好学生、好弟子去努力完成。值得欣慰的还有泽井老师亲手培养的非常优秀的弟子和学生共同携手将太气拳在日本及世界发扬光大。

最后、我再一次悼念佐藤圣二先生永垂不朽。

2015 年 6 月 12 日于北京

姚承光

あとがきにかえて

佐藤聖二が他界して、今年で3年になります。亡くなってすぐに「ブログを書籍として出版しませんか」というお話があり、時間がかかってしまいましたが、皆様のご協力をいただき、このたび出版することができました。

1988年の4月、主人が勤めていた商社へ私が入社し、彼の所属している部に配属されたのが、主人との縁でした。彼の武術の師である澤井健一先生が亡くなられたのはその年の夏でした。その日は朝からいつもの饒舌さはなく顔色も悪く、お通夜へ参列するため、会社を早退したのを今でも覚えています。その数か月後、彼は中国山東省の青島に駐在員として派遣されました。

それから3年半ほどは3か月間青島に駐在、一週間日本に帰国するということをくり返していました。青島から日本に帰国する時は、北京経由で帰国していたので、北京の姚承栄先生、姚承光先生のお二人と交流、また澤井先生の兄弟弟子の方々を訪問していたようです。

青島の滞在しているホテルの服務員に太気拳を教えていたとも聞いています。一度私も彼が駐在中に出張で現地に赴いた際「店の主人が蟷螂拳をやる料理店があるから行こう」と連れて行ってもらいました。

彼は食事をしながら、お店のご主人が嬉しそうに拳法の話をしているのを聞いていました。自分の学んでいる拳法だけでなく他の流派の拳法にも熱心に質問をする彼を不思議に思い、他の拳法もどうして知りたいのか聞いたところ、「他の拳法を知ることで太気拳との違いを考えるので、より太気拳について自分ではまだ解っていないところに気がつくんだ」と言われたのを記憶しています。

毎回の帰国時には、平日の夜は神田、北千住で自身の練習、土日は夢の島でお弟子さんに教え、結婚後も上海、浙江省に出張しつつ、短い帰国時の土日には自宅近くの田端で練習をしていました。

まだ独身時代に「サラリーマンではなく、拳法家にはならないの?」と彼に聞いたことがあります。そんな質問をしたのは、仕事しながら拳法の教えるのが大変に思えたからでした。

私の質問に対する彼の答えはこうでした。

「澤井先生から武術だけではなく、社会人として会社勤めをすることでバランスの取れた人間になることもあるのだから、会社勤めをした方が良いと言われたんだ」

主人は全く武術の経験のない私にも色々拳法についての興味深い話をしてくれました。若き日の北京での練習時に、姚宗勲先生は地面に字を書いて説明してくれるのですが、すぐに足で消してしまい絶対に残さなかったそうです。

それを聞いて私は、やはり奥義のようなものなので他に漏れないようにするためなのかと思い聞いたところ、そうではなく、恐らくは「文化大革命の時代、武道家であることで大変つらい目に遭われたからだろう」と説明してくれました。また、澤井先生の奥様のご自宅に二度ほどお邪魔をし、一緒に戦時中の中国での澤井先生の練習のことなどもお聞きいたしました。

亡くなる10年前より岩本町に中華料理店をサラリーマン時代の同僚の方と開店させ、厨房に入った後も、土日は変わらずお弟子さんと練習していました。２００８年ぐらいから香港へ練習に行くようになり、私は主人と知り合う前から香港が好きでしたので、短いお休みを作っては二人で香港へ行きました。

香港に昼過ぎに到着すると夕方から帰国する日の朝練までは武術一色で、その間の夜は二人で中国料理を探求するという幸せな時間を過ごさせてもらいました。

本書の元となっているブログは、以前から少しずつアップしていたのですが、病気がわかってからは、その力の限りを尽くしてパソコンに向かっていました。改めて武術以外に料理について書かれているのを読むと、サラリーマン時代、接待などで現地の美味しい中華料理をかなり頂いていたのだと驚きもいたしました。


主人は余命を告げられてからも、決して私の前で弱音を言いませんでした。ただベッドに寝ていることが多くなった頃、一度だけ「ああ、料理がしたい」とつぶやきました。それは痛みに苦しみながら、食欲ももうない主人と私が、なんとか気持ちだけも盛り上げようとYouTubeで中華料理の紀行動画を毎日観ていた時のことでした。

亡くなる一か月前くらいからは、お弟子さんに自宅に来てもらい、ベッドに寝たままの稽古でした。カレンダーには毎週土日にいらっしゃるお弟子さんのお名前を書いていましたが、最後の方は、立ち上がれず、書いてほしいと頼まれました。亡くなった２０１５年６月９日の次の土曜日、その次の土曜日も来てくださるお弟子さんのお名前を書いていました。

本書の出版にあたり、お忙しい中お手伝いいただいた西松正彦様、追悼文を書いてくださった澤井清先生、岩間統正先生、天野敏先生に厚く御礼を申し上げます。姚宗勲先生の私信の掲載を快諾してくださった姚承栄先生、姚承光先生にもこの場をお借りしてお礼を申し上げます。出版までご心配をいただきました元拳学研究会の皆様、有難うございました。最後になりましたが、何もわからない私をサポートしてくださった日貿出版社の下村様に感謝いたします。

２０１８年　立春　佐藤美穂

著者
佐藤聖二（Seiji Sato）
1961年生まれ、東京都出身。高校2年生（18歳）で、太気拳創始者・澤井健一宗師に入門。以後、太気拳の指導を受ける。1983年、22歳の時に北京に留学、その際に、澤井宗師の兄弟弟子の姚宗勲師に入門。澤井宗師より「太気拳と意拳を結ぶ"架け橋"になってほしい」と託され、これに務め、澤井宗師没後も太気拳と意拳の交流・発展に貢献する。1985年帰国。1989年「太気拳（意拳）拳学研究会」を発足、多数の後進の指導に尽力する。また、中華の料理人として2004年より東京・岩本町に本格四川料理店「巴蜀」を開業する。
2015年6月9日永眠、享年53。

【本文中に登場する主な参考文献】
『意拳正軌』王薌斎著、『拳学新編』王薌斎著、『拳道中枢（大成拳論）』王薌斎著、『樁法概要』韓嗣煌著、『論矛盾在拳術訓練的中的地位及其他』韓嗣煌著、『試力』韓嗣煌著、『回憶向王薌斎先生習拳』何鏡平著、『站樁功概論』楊德茂著、「大成拳祖師王薌斎先生談拳学要義」、「大成拳祖師王薌斎先生訪問記」、「支那武術由来記」武田熙著、『生涯の空手道』盧山初雄著（スポーツライフ社）、『新装増補版　実戦中国拳法　太氣拳』澤井健一著（日貿出版社）

佐藤聖二遺稿集
太気拳・意拳研究ノート

●定価はカバーに表示してあります

2018 年 2 月 28 日　初版発行

著　者　佐藤 聖二
発行者　川内 長成
発行所　株式会社日貿出版社
東京都文京区本郷 5-2-2　〒 113-0033
電話　（03）5805-3303（代表）
FAX　（03）5805-3307
振替　00180-3-18495

印刷　株式会社ワコープラネット
本文料理イラスト　渡辺恵美

ISBN978-4-8170-6022-8
http://www.nichibou.co.jp/